Grund- und Aufbauwortschatz
Deutsch

| Deutsch Englisch | German English |

bearbeitet von
compiled by   Heinz Oehler

Klett Edition Deutsch

Als Wiederholungs- und Übungsbuch zum
Grundwortschatz Deutsch:

**Grundwortschatz Deutsch
Übungen und Tests**

Von F. Eppert   Klettbuch 51962

1. Auflage   1 8 7 | 1993

Alle Drucke dieser Auflage können im Unterricht nebeneinander benutzt
werden, sie sind untereinander unverändert. Die letzte Zahl bezeichnet das
Jahr dieses Druckes.
© Verlag Klett Edition Deutsch GmbH, München 1980. Alle Rechte vorbe-
halten.
Druck: Wilhelm Röck, Weinsberg. Printed in Germany.
ISBN 3-12-519910-7

Inhalt

VI. Haus / Haushalt

VII. Gemeinschaft / Gesellschaft

VIII. Staat / Verwaltung / Politik

IX. Arbeit / Technik / Wirtschaft

Vorwort / Preface

Dieser Grund- und Aufbauwortschatz Deutsch ist als ein Ganzes entworfen und als ein Ganzes erarbeitet und dargestellt worden. Er ist jener Grundbestand an deutschem Wortgut, der es ermöglicht, sich mündlich wie schriftlich über einfache Dinge und einfache Themen auf deutsch zu verständigen. Er ist das Ergebnis von zwei Jahrzehnten intensiver Forschung und will dem Lernenden wie dem Lehrenden helfen, den deutschen Wortschatz zu erarbeiten, den er für Selbststudium und Unterricht braucht.

Entscheidend für die Auswahl war nicht allein die millionenfach gezählte Häufigkeit des einzelnen Wortes, sondern auch seine Verfügbarkeit und sein unmittelbarer Gebrauchswert. Eine große Rolle spielten außerdem Erwägungen der Lern- und Lehrbarkeit sowie der Fähigkeit des Wortes zu Ableitung und Erweiterung, zu Veränderung und Übertragung von Bedeutung.

Der Grundwortschatz von etwa 2000 Wörtern wird mit deren englischen Äquivalenzen in alphabetischer Folge geboten. Jedes Wort wird von Angaben zur Betonung, zur Form und zur Fügung gestützt. Es folgt, in Sachgruppen geordnet, der Aufbauwortschatz von weiteren 3000 Wörtern mit deren englischen Äquivalenzen. Jeder Sachgruppe ist auch der jeweils zugehörige Grundwortschatz vorangestellt. Ein deutsches und ein englisches Register erfassen den Aufbauwortschatz nochmals in alphabetischer Folge. So ist versucht worden, ein Optimum zu leisten an Verläßlichkeit, Übersicht, Einprägsamkeit und Auffindbarkeit.

In einigen Tausend Beispielen wird das einzelne Wort ergänzt vom Wort der Wortfamilie oder vom Wort in der syntaktischen Fügung.

Das Bemühen des Autors ist im ganzen darauf gerichtet gewesen, mit diesem Corpus von Wörtern und Wendungen, Phrasen und Sätzen all denen beizustehen, die mit Hilfe des Deutschen Wege finden wollen von Land zu Land und von Mensch zu Mensch.

Heinz Oehler

This basic and further vocabulary in German was planned as an integral whole and is presented as such. It is the basic stock of German vocabulary needed in order to be able to communicate orally and in writing about simple matters in German. It is the result of twenty years' intensive research, and is intended to help the student and the teacher acquire the German vocabulary needed for self-instruction and teaching purposes.

The choice was based not only on the frequency of an individual word, but also on its availability and immediate usefulness. Other considerations, such as whether a word is learnable and teachable, as well as its capacity for derivation and extension, change and transfer of meaning were also taken into account.

The basic vocabulary consists of approximately 2,000 words which are listed alphabetically with their English equivalents. Each word is accompanied by information on stress, form and construction. Then comes the further vocabulary, listed according to subject areas and consisting of a further 3,000 words with their English equivalents. The basic vocabulary relating to the individual subject groups is also listed at the beginning of each group. A German and an English index then list the further vocabulary alphabetically. An attempt has thus been made to provide optimum reliability and orientation, to help the learner find and remember vocabulary as easily as possible.

Thousands of examples show the individual word supplemented by groups of related words or the word in its syntactic construction.

With this collection of words and phrases, the author has endeavoured to provide support for everyone who wishes to get to know other lands and other people with the help of the German language.

Hinweise und Zeichen / Explanations and signs

1. Die Betonung zwei- und mehrsilbiger Grundwörter wird durch Akzent (') bezeichnet; betont wird die dem Akzent folgende Silbe ('Deutschland).
2. Dem Substantiv mit besonderer Endung im Genitiv Singular folgt diese Endung (der Deutsche *n*: des Deutsche*n*; das Land *es*: des Land*es*).
3. Nach dem Schrägstrich (/) wird die Endung des Substantivs im Nominativ Plural angegeben (der Deutsche n/*n*: die Deutsche*n*). Bindestrich nach dem Schrägstrich gibt an, daß der Nominativ Plural die gleiche Form hat wie der Singular (der Lehrer s/-: der Lehrer, des Lehrers/die Lehrer). Steht nach dem Substantiv im Singular weder Schrägstrich noch Bindestrich, hat das Substantiv keine Pluralform (der Mut (e)s; die Liebe; das Blut (e)s).
4. Bei umlautenden Pluralformen steht nach dem Schrägstrich erst der Umlaut des Stammvokals und nach ihm die Pluralendung (das Land es/*ä-er*: die L*ä*nd*er*).
5. Von umlautenden Adjektiven werden die Steigerungsformen aufgeführt (h*o*ch/h*ö*her/am h*ö*chsten).
6. Starken Verben folgt die Ablautreihe (fallen *ie-a/ä*), also der Stammvokal im Präteritum (*ie* für f*ie*l), im Perfektpartizip (*a* für gef*a*llen) und beim Umlaut, durch Schrägstrich getrennt, auch dieser (*ä* für f*ä*llst, f*ä*llt). Alle im Grundwortschatz vorkommenden starken Verben sind auf S. XIX—XXI zusammengestellt.
7. Trennbarkeit der Partikel (Vorsilbe) in unfesten Verbzusammensetzungen wird durch (|) bezeichnet (*an*|fangen: ich fange *an*).
8. Auf das Gegenwort (Antonym) zu Substantiv, Adjektiv und Verb weist der Pfeil (→) hin: (Leid → Freude, tief → hoch, fallen → steigen).

———

1. The stress in words of two or more syllables is shown by an accent ('); the syllable following the accent is stressed ('Deutschland).
2. If the genitive singular of a noun has a special ending, this follows the noun (der Deutsche *n*: des Deutsche*n*; das Land *es*: des Land*es*).
3. After a diagonal stroke (/) the nominative plural ending of a noun is given (der Deutsche n/*n*: die Deutsche*n*). Hyphen after the diagonal stroke indicates that the noun has no nominative plural ending (der Lehrer s/-: der Lehrer, des Lehrers/die Lehrer). Nouns without diagonal stroke or hyphen after them exist only in the singular (der Mut (e)s; die Liebe; das Blut (e)s).

4. Where there is vowel modification (Umlaut) in the plural, the modified vowel appears followed by the plural ending (das Land es/*ä-er*: die Länder).

5. Where vowels are modified in the comparative and superlative forms, the three forms are given (hoch/höher/am höchsten).

6. Vowel modification in strong (irregular) verbs follows the verb in question (fallen *ie-a/ä*); thus we have the root vowel for the Preterite (*ie* for fiel) and the Perfect Participle (*a* for gefallen) and the modified vowel after the diagonal stroke (/ *ä* for fällst, fällt). Verbs with more than modification of the root vowel only are listed on page XIX—XXI.

7. If a particle (prefix) is separable from the verb, it is shown by a vertical dash (|) (an|fangen: ich fange an).

8. Antonyms of nouns, adjectives and verbs are shown by (→): (Leid → Freude, tief → hoch, fallen → steigen).

Abkürzungen/Abbreviations

adj	Adjektiv	*adjective*
adv	Adverb	*adverb*
akk	Akkusativ	*accusative*
am	amerikanisch	*American*
art	Artikel	*article*
card	Kardinalzahl	*cardinal number*
cond	Konditional	*conditional*
conj	Konjunktion	*conjunction*
dat	Dativ	*dative*
dem prn	Demonstrativpronomen	*demonstrative pronoun*
det prn	Determinativpronomen	*determinative pronoun*
etw	etwas	*something*
f	Femininum	*feminine*
fut	Futur	*future*
gen	Genitiv	*genitive*
ger	Gerundium	*gerund*
HV	Hilfsverb	*auxiliary verb*
imp	Imperativ	*imperative*
ind prn	Indefinitpronomen	*indefinite pronoun*
int adv	Interrogativadverb	*interrogative adverb*
int prn	Interrogativpronomen	*interrogative pronoun*
jd	jemand	*someone*
jdm	jemandem	*to someone*
jdn	jemanden	*someone*
m	Maskulinum	*masculine*
mil	militärisch	*military*
mod HV	modales Hilfsverb	*modal auxiliary verb*
n	Neutrum	*neuter*
o's		*one's*
o.s.		*oneself*
part perf	Partizip Perfekt	*past participle*
pass	Passiv	*passive voice*
perf	Perfekt	*present perfect*
pers	Person	*person*
pers prn	Personalpronomen	*personal pronoun*
pl	Plural	*plural*
plusqu	Plusquamperfekt	*past perfect*
poss prn	Possessivpronomen	*possessive pronoun*
präs	Präsens	*present tense*
prät	Präteritum	*past tense*
prn	Pronomen	*pronoun*
prn adv	Pronominaladverb	*adverbial pronoun*

prp	Präposition	*preposition*
refl prn	Reflexivpronomen	*reflexive pronoun*
rel prn	Relativpronomen	*relative pronoun*
s	Substantiv	*noun*
s.	siehe	*confer*
sg	Singular	*singulár*
s.o.		*someone*
s.o.'s		*someone's*
s.th.	etwas	*something*
v	Verb	*verb*
v.	von	*of*

Strukturwörter/Structural words

Strukturwörter sind die häufigsten Wörter einer Sprache; aus ihnen besteht rund die Hälfte jedes Normaltextes. Sie begleiten und vertreten das Substantiv (Artikel, Pronomen, Zahlwort), bezeichnen Verhältnisse (Präposition) und Umstände (Adverb), verbinden Satzteile und Sätze (Konjunktion) und bestimmen so den inneren Bau des Satzganzen, seine Struktur. (Die Adverbien sind aus praktischen Erwägungen dem eigentlichen Grundwortschatz eingeordnet worden.)

Structural words are the most frequent words in a language; approximately half an average text is made up of them. They qualify and replace the noun (article, pronoun, numeral), indicate word relationship (preposition) and circumstances (adverb), join parts of speech and sentences (conjunction) and determine the inner structure of the whole sentence. (For practical reasons adverbs have been included in the basic vocabulary itself.)

aber conj	but, however
als conj	when; than; as
als ob conj	as if, as though
am = an dem	
an prp + dat, akk	at; on; upon; by; against; to; in
auf prp + dat, akk	(up)on; in; at; of; by; to; for
aus prp + dat	out (of); from; of; by; through; (up)on; in; off
außer prp + dat	out of, outside; beyond, beside(s), apart from, save, except for
außer daß/wenn conj	except/save/but that; if not; unless
außerhalb prp + gen; adv	out of; outside, beyond
bei prp + dat	near, by; of; at; in; with; on; next to
beim = bei dem	
bevor conj	before
bezüglich prp + gen / mit Bezug auf, in bezug auf	concerning, as to, regarding, with regard to
bis (nach/zu) prp; conj	till, until; to, up to
da conj	as, because
da'mit conj	(in order) that, in order to
das art	the

das = dies(es) dem prn	that, this; it
das = welches rel prn	which; that
das, was det prn	that which
daß conj	that
dein,e poss prn	your
deine(r, s) poss prn	yours
denn conj	for
der art	the
der = dieser dem prn	this, that; he, it
der = welcher rel prn	who, which; that
dich pers prn akk (v. du)	you
die art	the
die = diese dem prn	this, that; these, those; she, her; they, them
die = welche rel prn	who, which, that; whom, which, that
die(jenige), welche det prn	she who/whom
diejenigen, welche det prn pl	they/those who/whom
dies,e dem prn	this, that; these, those
dir pers prn dat (v.du)	(to) you
du pers prn	you
durch prp + akk	through, across; by; by means of
ehe conj	before
ein,e art	a(n)
eine(r, s) card	one
entgegen prp + dat	towards, against
entlang (an) prp + dat	along
entsprechend prp + dat	corresponding to
entweder ... oder conj	either ... or
er pers prn	he, it
es pers prn	it
es sei denn, daß	unless
euch pers prn dat, akk (v. ihr)	you, (to you)
euer, eure poss prn	your
eure(r, s) poss prn	yours
falls conj	if; in case
für prp + akk	for; in exchange for; instead of; on behalf of; in favour of; for the sake of

gegen prp + akk	against; toward(s); about, by; compared with
gemäß prp + dat	according to
haben HV (perf, plus-qu)	to have
hinter prp + dat, akk	behind; after
ich pers prn	I
ihm pers prn dat (v. er)	(to) him/it
ihn pers prn akk (v. er)	him, it
ihr pers prn pl	you
ihr pers prn sg dat (v. sie)	(to) her
ihr,e poss prn sg, pl	her; their
ihre(r, s) poss prn sg, pl	hers; theirs
Ihr,e poss prn (s. Sie)	your
im = in dem	
in prp + dat, akk	in, at, on, within, into, during
indem conj	as, while, whilst; by
infolge prp + gen; adv	as a result of, in consequence of, owing to
innerhalb prp + gen	within
ins = in das	
längs prp + gen	along
mein,e poss prn	my
meine(r, s) poss prn	mine
mich pers prn akk (v. ich)	me
mir pers prn dat (v. ich)	(to) me
mit prp + dat	with; by (means of)
nach prp + dat	to(wards), for; after, past, at the end of, in; according to
nachdem conj	after, when
neben prp + dat, akk	by the side of, beside, by, close by, near to, next to; besides
nicht nur . . . , sondern auch conj	not only . . . but also
ob conj	if, whether
obgleich, obwohl conj	(al)though
oder conj	or
ohne prp + akk	without
ohne daß conj	without (+ *ger*)
quer durch/über prp + akk	across

sei es . . . , sei es conj	whether . . . or
sein HV (perf, plusqu)	to be
sein,e poss prn	his, its
seine(r, s) poss prn	his, its
seit prp + dat; conj	since
seitens prp + gen	on the part of, by
sich refl prn	oneself; himself, herself, itself; themselves; him, her, it, them; each other, one another
sie pers prn sg, pl	she, her; they, them
Sie pers prn sg, pl	you
sobald (wie/als) conj	as soon as
so daß conj	so that, so as to
soll mod HV präs	shall, am/is to
sollte mod HV prät; cond	should, was to; ought to
sondern conj	but
sonst conj	otherwise, else
so'weit conj	as much as, as far as
sowohl . . . als auch conj	both . . . and, as well as; not only . . . but (also)
statt, anstatt prp + gen	instead of
statt daß conj	instead of
trotz prp + gen, dat	in spite of, despite, notwithstanding
trotzdem conj	although, notwithstanding that
über prp + dat, akk	over; above; across; by way of (via); beyond, past; at, of, on
um prp + akk	at; near, towards; by; for
um . . . herum	(round) about
um so (besser)	so much the (better)
um zu	in order to
und conj	and
uns pers prn dat, akk (v. wir)	(to) us
unser,e poss prn	our
unsere(r, s) poss prn	ours
unter prp + dat, akk	under; below, beneath; in; between; among(st), amid(st)
vom = von dem	
von prp + dat	of; from; by
vor prp + dat, akk	before, in front of; before; of, with; because of; from; ago

während prp + gen; conj	during; while, whilst; as
was rel prn	what, that, which
weder . . . noch conj	neither . . . nor
wegen prp + gen	because of, for; by reason of, owing to, concerning
weil conj	because, as; since
welche(r, s) rel prn	who, which; that
welche(s) ind prn	some, any
wenn conj	when; if, in case
wenn nicht	if not; unless
wer rel prn	who, he who
werden HV (fut, pass, cond)	(shall, will); to be going to; to be
wider prp + akk	against, contrary to
wie conj	as
wir pers prn	we
wird (s. werden) HV präs	
worauf prn adv	on which, after which, whereupon
woraus prn adv	from which, out of which, whence
worin prn adv	in which, wherein
worüber prn adv	over/upon which, about which
würde (s. werden) HV cond	should, would
zu prp + dat; conj	to, at, in, on; for; towards, up to; along with; beside
zum = zu dem	
zur = zu der	
zwischen prp + dat, akk	between

Grundzahlen/Cardinal numbers

eins	one
zwei	two
drei	three
vier	four
fünf	five
sechs	six
'sieben	seven
acht	eight
neun	nine

zehn	ten
elf	eleven
zwölf	twelve
'dreizehn	thirteen
'vierzehn	fourteen
'fünfzehn	fifteen
'sechzehn	sixteen
'siebzehn	seventeen
'achtzehn	eighteen
'neunzehn	nineteen
'zwanzig	twenty
'dreißig	thirty
'vierzig	forty
'fünfzig	fifty
'sechzig	sixty
'siebzig	seventy
'achtzig	eighty
'neunzig	ninety
'hundert	a hundred

Ordnungszahlen/Ordinal numbers

der/die/das 'erste	the first
der/die/das 'zweite	the second
der/die/das 'dritte	the third
'vierte	fourth
'fünfte	fifth
'sechste	sixth
'siebte, 'siebente	seventh
'achte	eighth
'neunte	ninth
'zehnte	tenth

'erstens	first(ly)
'zweitens	second(ly)
'drittens	third(ly)
'viertens	fourth(ly)
'fünftens	fifth(ly)
'sechstens	sixth(ly)
'siebtens, 'siebentens	seventh(ly)
'achtens	eighth(ly)
'neuntens	ninth(ly)
'zehntens	tenth(ly)

Die Wochentage / The days of the week

'Montag	Monday
'Dienstag	Tuesday
'Mittwoch	Wednesday
'Donnerstag	Thursday
'Freitag	Friday
'Sonnabend, 'Samstag	Saturday
'Sonntag	Sunday

Die Monate / The months

'Januar	January
'Februar	February
März	March
A'pril	April
Mai	May
'Juni	June
'Juli	July
Au'gust	August
Sep'tember	September
Ok'tober	October
No'vember	November
De'zember	December

Starke Verben/Irregular verbs

abladen: lud ab, abgeladen/lädt ab

befehlen: befahl, befohlen/befiehlt
beginnen: begann, begonnen
beißen: biß, gebissen
beladen: belud, beladen/belädt
bieten: bot, geboten
binden: band, gebunden
bitten: bat, gebeten
bleiben: blieb, geblieben
braten: briet, gebraten/brät

brechen: brach, gebrochen/bricht
brennen: brannte, gebrannt
bringen: brachte, gebracht

denken: dachte, gedacht
dürfen: durfte, gedurft/darf

einladen: lud ein, eingeladen/lädt ein
empfangen: empfing, empfangen/empfängt
empfinden: empfand, empfunden

entscheiden: entschied, entschieden
erwerben: erwarb, erworben/erwirbt
essen: aß, gegessen/ißt

fahren: fuhr, gefahren/fährt
fallen: fiel, gefallen/fällt
fangen: fing, gefangen/fängt
finden: fand, gefunden
fliegen: flog, geflogen
fliehen: floh, geflohen
fließen: floß, geflossen
fressen: fraß, gefressen/frißt
frieren: fror, gefroren

geben: gab, gegeben/gibt
gehen: ging, gegangen
gelingen: gelang, gelungen
gelten: galt, gegolten/gilt
genießen: genoß, genossen
geschehen: geschah, geschehen/geschieht
gewinnen: gewann, gewonnen
gießen: goß, gegossen
gleichen: glich, geglichen
graben: grub, gegraben/gräbt
greifen: griff, gegriffen

haben: hatte, gehabt/hat
halten: hielt, gehalten/hält
hängen: hing, gehangen
heben: hob, gehoben
heißen: hieß, geheißen
helfen: half, geholfen/hilft

kennen: kannte, gekannt
kommen: kam, gekommen
können: konnte, gekonnt/kann
kriechen: kroch, gekrochen

lassen: ließ, gelassen/läßt
laufen: lief, gelaufen/läuft
leiden: litt, gelitten

leihen: lieh, geliehen
lesen: las, gelesen/liest
liegen: lag, gelegen

messen: maß, gemessen/mißt
mißlingen: mißlang, mißlungen
mögen: mochte, gemocht/mag
müssen: mußte, gemußt/muß

nehmen: nahm, genommen/nimmt
nennen: nannte, genannt

pfeifen: pfiff, gepfiffen

raten: riet, geraten/rät
reiben: rieb, gerieben
reißen: riß, gerissen
reiten: ritt, geritten
rennen: rannte, gerannt
riechen: roch, gerochen
rufen: rief, gerufen

schaffen (erschaffen): schuf, er-/geschaffen
scheinen: schien, geschienen
schieben: schob, geschoben
schießen: schoß, geschossen
schlafen: schlief, geschlafen/schläft
schlagen: schlug, geschlagen/schlägt
schließen: schloß, geschlossen
schneiden: schnitt, geschnitten
schreiben: schrieb, geschrieben
schreien: schrie, geschrien
schreiten: schritt, geschritten
schweigen: schwieg, geschwiegen
schwimmen: schwamm, geschwommen
sehen: sah, gesehen/sieht
sein: war, gewesen/bin, bist, ist, sind, seid

senden: sandte, gesandt
singen: sang, gesungen
sinken: sank, gesunken
sitzen: saß, gesessen
sprechen: sprach, gesprochen/spricht
springen: sprang, gesprungen
stechen: stach, gestochen/sticht
stehen: stand, gestanden
stehlen: stahl, gestohlen/stiehlt
steigen: stieg, gestiegen
sterben: starb, gestorben/stirbt
stoßen: stieß, gestoßen/stößt
streichen: strich, gestrichen

tragen: trug, getragen/trägt
treffen: traf, getroffen/trifft
treiben: trieb, getrieben
treten: trat, getreten/tritt
trinken: trank, getrunken
tun: tat, getan/tut

unterscheiden: unterschied, unterschieden

verbergen: verbarg, verborgen/verbirgt
verderben: verdarb, verdorben/verdirbt
vergessen: vergaß, vergessen/vergißt
verlieren: verlor, verloren
vermeiden: vermied, vermieden
verschwinden: verschwand, verschwunden
verzeihen: verzieh, verziehen

wachsen: wuchs, gewachsen/wächst
waschen: wusch, gewaschen/wäscht
wenden: wandte, gewandt
werden: wurde, geworden/wird
werfen: warf, geworfen/wirft
wiegen: wog, gewogen
wissen: wußte, gewußt/weiß
wollen: wollte, gewollt/will

ziehen: zog, gezogen
zwingen: zwang, gezwungen

Die mit Präfix (be-, ent-, er-, ge-, ver-, zer-) oder Partikel (ab-, acht-, an-, auf-, aus-, durch-, ein-, fest-, fort-, herein-, hin-, hinauf-, hinaus-, los-, mit-, nach-, recht-, statt-, teil-, um-, unter-, vor-, weg-, weiter-, wider-, wieder-, zu-) zusammengesetzten Verben bilden dieselben Formen.
All corresponding verbal compounds with prefixes or particles have the same forms.

Der Grundwortschatz

A

ab — off, down; away; from; departure(s)
  ab und zu — *now and again*
der 'Abend s/e — evening, night
  am Abend — *in the evening*
  eines Abends — *one evening*
  gegen Abend — *towards evening*
  heute abend — *this evening, tonight*
  gestern abend — *yesterday evening*
  morgen abend — *tomorrow evening*
das 'Abendessen s/- — dinner, supper
  zu Abend essen — *to have dinner*
'abends — in the evening
  von morgens bis abends — *from morning to night*
'ab|fahren u-a/ä — to leave, to start
  → ankommen
die 'Abfahrt /en — departure(s)
'ab|hängen (von) i-a — to depend (on)
  abhängig — *dependent*
  es hängt von ihm ab — *it's up to him*
'ab|holen → bringen — to come for, to meet
  ich hole dich ab — *I'll come to meet you/call for you*
'ab|laden u-a/ä → beladen — to unload
'ab|machen — to arrange, to settle
  abgemacht! — *it's a bargain!*
  eine Abmachung treffen — *to make an agreement*
'ab|nehmen a-o/i (den Hut) — to take off, to lift; to lose weight;
  → aufsetzen; auflegen — to decrease
'ab|reißen i-i — to tear off; to pull down
der 'Abschied s — leave-taking, departure
  → Wiedersehen
  sich verabschieden — *to say good-bye*
  Abschied nehmen — *to take leave*
'ab|schließen o-o — to lock
  → öffnen
die 'Absicht /en — intention, purpose
  die Absicht haben (zu) — *to intend (to)*
  in der besten Absicht — *with the best intention*
  absichtlich — *on purpose, intentionally*
die Ab'teilung /en — group; division; section, department
'ab|trocknen — to wipe, to dry

'abwärts → aufwärts	down, downwards
ach!	oh!
ach so!	*oh, I see!*
ach was!	*nonsense!, not a bit!, who cares!*
'achten (auf)	to respect; to pay attention to
'acht|geben a-e/i (auf)	to look out for, to take care of
die 'Achtung	attention; respect
aus Achtung vor	*out of respect for*
die A'dresse /n	address
adressieren (an)	*to address (to)*
'ähnlich	similar to, (a)like
das sieht ihm ähnlich	*that's just like him*
Ähnlichkeit haben (mit)	*to be/look much like*
das All s	universe, cosmos
'alle → niemand	all; everybody
alle Kinder	*all the children*
von allen Seiten	*from all sides*
alle beide	*both of them*
alle (zwei) Tage	*every (other) day*
al'lein → zusammen	alone
ganz allein	*all alone*
allein der Gedanke	*the very thought of (it)*
einzig und allein	*simply, solely*
der/die/das aller'beste	the very best, the best of all
aller'dings	admittedly, of course
'alles → nichts	everything
das ist alles	*that's all*
alles in allem	*all in all*
alles andere	*everything else*
Alles Gute!	*All the best!*
alles mögliche	*all sorts of things*
allge'mein	general, usual
im allgemeinen	*in general, usually*
die Allgemeinbildung	*general education*
'also	so, consequently, well
alt /älter/am ältesten	old; ancient; used; second-hand
→ jung, neu	
wie alt sind Sie?	*what's your age?*
sie ist 25 (Jahre alt)	*she is 25 (years old)*
wir sind gleich alt	*we are the same age*
50 Jahre alt	*50 years old*
alte Bücher	*second-hand books*
mein alter Lehrer	*my former teacher*
mein älterer Bruder	*my elder brother*

das alte Lied	*the old story*
er ist immer noch der alte	*he is still the same*
alt werden	*to grow old*
das 'Alte n → Neue	the old
alles bleibt beim alten	*nothing has changed*
der 'Alte n/n	old man; boss
das 'Alter s/-	age; old age
im Alter von	*at the age of*
er ist in meinem Alter	*he is my age*
das Mittelalter	*Middle Ages*
die Altersrente	*old-age pension*
A'merika s	America
der Ameri'kaner s/-	American
amerikanisch	*American*
das Amt es/Ä-er	office; post
'an|bieten o-o	to offer
der 'Anblick s	sight, view, spectacle
beim Anblick	*at the sight of*
beim ersten Anblick	*at first sight*
anblicken	*to look at*
der 'andere → derselbe	the other
ein anderer	*another*
die anderen	*the others*
andere	*others*
etwas anderes	*something else*
nichts anderes	*nothing else*
alles andere	*everything else*
unter anderem	*among other things*
einer nach dem andern	*one after another, one at a time*
einerseits ...	*on the one hand ... on the other*
and(r)erseits	*hand*
(sich) 'ändern	to change
daran läßt sich nichts ändern	*that cannot be helped*
seine Meinung ändern	*to change o's mind*
die Änderung	*change*
'anders	otherwise, different(ly)
jemand anders	*somebody else*
niemand anders (als)	*nobody (else) but*
ich kann nicht anders	*I can't do otherwise*
'anderswo(hin)	elsewhere
'an|erkennen a-a	to recognize
der 'Anfang s/ä-e → Ende	beginning, start

am Anfang	*in/at the beginning*
von Anfang an	*from the beginning*
von Anfang bis Ende	*from start to finish*
Anfang Oktober	*early in October*
'an|fangen i-a/ä /**beginnen** (mit, zu) → aufhören	to begin, to start
'anfangs → zuletzt, schließlich	in the beginning, at first
das 'Angebot s/e → Nachfrage	offer
ein Angebot machen	*to make an offer*
Angebot und Nachfrage	*supply and demand*
der 'Angeklagte n/n	defendant, accused
die 'Angelegenheit /en	matter, business, affair
kümmre dich um deine Angelegenheiten	*mind your own business*
'angenehm → unangenehm	pleasant
'an|greifen i-i → verteidigen	to attack; to take hold of
der 'Angriff s/e → Verteidigung	attack
in Angriff nehmen	*to start on, to set about*
die Angst /Ä-e → Mut	anxiety, fear
Angst haben (vor)	*to be afraid (of)*
mir ist angst	*I'm afraid*
'ängstlich → mutig	anxious, fearful
'an|halten ie-a/ä → weitergehen	to stop
per Anhalter fahren	*to hitch-hike*
'an|kommen a-o → weggehen, abfahren	to arrive, to reach
pünktlich ankommen	*to arrive on time*
mit 1 Stunde Verspätung ankommen	*to be one hour late*
das kommt darauf an!	*that depends*
er läßt es darauf ankommen	*he'll take the chance*
die Ankunft	*arrival*
'an|machen → ausmachen	to put on / switch on (the light)
'an|nehmen a-o/i	to accept; to suppose
mit Dank annehmen	*to accept with thanks*
ich nehme an, er ist krank	*I suppose he is ill*

nehmen wir an,	*let's suppose, assuming…*
angenommen…	
die 'Anordnung /en	order, arrangement
der 'Anruf es/e	call
'an|rufen ie-u	to call up / make a call / ring up / give a ring
nochmals anrufen	*to ring again*
'an|sehen a-e/ie	to look at
die 'Ansicht /en	opinion, view; sight
meiner Ansicht nach	*in my opinion*
'anständig → unanständig	decent, honest
sei anständig!	*behave yourself!*
anständig behandeln	*to give a square deal*
die 'Antwort /en → Frage	reply, answer
'antworten (auf) → fragen	to reply / answer, to make a reply / give an answer (to)
'an|wenden a-a	to apply / use
die 'Anwendung/en	application, use
Anwendung finden	*to be used / put into practice*
die 'Anzeige /n	advertisement
anzeigen	*to advertise*
'an|ziehen o-o	to put on, to dress; to attract
den Mantel anziehen	*to put on o's coat*
sich anziehen	*to dress*
anziehend	*attractive, interesting*
der 'Anzug s/ü-e	suit
den Anzug anziehen	*to put on o's suit*
'an|zünden → auslöschen	to light
Feuer anzünden	*to light a fire*
das Feuer anzünden	*to light the fire*
ein Streichholz anzünden	*to light / strike a match*
eine Zigarre anzünden	*to light a cigar*
der 'Apfel s/Ä	apple
die Apfel'sine /n	orange
die Apo'theke /n	chemist's shop
der Appa'rat s/e	apparatus (telephone, camera, radio)
wer ist am Apparat?	*who is speaking?*
bleiben Sie am Apparat!	*hold the line*
der Fernsehapparat	*television set*
der Radioapparat	*wireless set*
die 'Arbeit /en	work, labour
an die Arbeit gehen, sich an die Arbeit machen	*to go / set to work, to settle down to work*

Arbeit suchen	*to look for a job*
der Arbeitgeber	*employer*
der Arbeitstag	*working-day*
das Arbeitsamt	*Labour Exchange*
die Arbeitszeit	*working hours* pl
'arbeiten	to work, to make
schwer arbeiten	*to work hard*
der 'Arbeiter s/-	worker, workman
der Facharbeiter	*skilled worker*
der Arbeitnehmer	*employee*
arbeitslos	*out of work, unemployed*
arbeitslos sein	*to be out of work*
sich 'ärgern	to be angry / annoyed
der Arm s/e	arm
Arm in Arm	*arm in arm*
den Arm brechen	*to break o's arm*
jdn mit offenen Armen aufnehmen	*to welcome s. o. with open arms*
die Armbanduhr	*wrist-watch*
arm/ärmer/am ärmsten → reich	poor
die Armen pl	*the poor* pl
die Armut	*poverty*
die Art /en	manner, fashion, way; sort, kind
auf diese Art und Weise	*in this way*
auf seine Art	*in his way*
auf deutsche Art	*in the German way*
der Ar'tikel s/-	article
die Arz'nei /en	medicine
die Arznei einnehmen	*to take the medicine*
der Arzt es/Ä-e	physician, doctor
die Ärztin	*lady doctor*
den Arzt holen	*to call in the doctor*
zum Arzt gehen	*to go to the doctor's*
den Arzt rufen (lassen)	*to send for the doctor*
der Ast es/Ä-e	branch
der 'Atem s	breath
außer Atem	*out of breath*
Atem holen	*to take (a) breath*
holen Sie tief Atem!	*take a deep breath*
atmen	*to breathe*
das A'tom s/e	atom
der Atomkrieg	*atomic warfare*
die Atomwaffen pl	*atomic weapons* pl

auch	also, too
ich auch nicht	*neither do/am/have I*
auf!	let's go!, come on!; get up!
auf und ab	*up and down; back and forth*
er ist noch nicht auf	*he isn't up yet*
auf deutsch	*in German*
der **'Aufenthalt** s/e	stop, stay
die Aufenthaltserlaubnis	*residence permit*
'auf|fallen ie-a/ä	to strike
auffallend	*striking, remarkable*
es fiel mir auf	*I noticed*
die **'Aufgabe** /n	task, job; lesson, homework
eine Aufgabe lösen	*to solve a problem*
seine Schulaufgaben machen	*to do o's homework*
'auf|gehen i-a → unter-gehen	to rise
'auf|hängen i-a → abnehmen	to hang up
'auf|heben o-o → hinlegen, weggeben	to pick up; to keep
'auf|hören → anfangen	to cease; to stop, to break off
'auf|machen	to open
'aufmerksam → unaufmerksam	attentive
aufmerksam machen (auf)	*to call attention (to)*
die **'Aufmerksamkeit** /en → Unaufmerksamkeit	attention, regard
die **'Aufnahme** /n	taking a picture; recording; photo
Aufnahmen machen	*to take pictures; to make recordings*
'auf|nehmen a-o/i	to receive / welcome; to take pictures; to record
'auf|passen	to pay attention; to look out, to mind
aufgepaßt!	*attention!, look out!*
'auf|stehen a-a	to get up, to stand up
aufstehen!	*get up!*
'auf|stellen	to set up, to arrange
eine Liste aufstellen	*to make out a list*
der **'Auftrag** s/ä-e	order
im Auftrag (i. A.)	*on behalf of (p. p.)*
'aufwärts → abwärts	up, upwards

das 'Auge s/n	eye
unter vier Augen	*in private*
mit bloßem Auge	*with the naked eye*
im Auge behalten	*to keep in sight*
aus den Augen verlieren	*to lose sight of*
große Augen machen	*to open o's eyes wide*
gute/schlechte Augen haben	*to have good/bad eyes*
der Augen'blick s/e	moment
einen Augenblick, bitte	*just a moment/minute, please*
im Augenblick	*at this moment, just now*
er wird jeden Augenblick hier sein	*he'll be here at any moment*
augenblicklich	*this minute*
aus, es ist aus	it's finished
ein . . . aus	*on . . . off*
'die 'Ausbildung /en	education, training
der 'Ausdruck s/ü-e	expression
ausdrücken	*to express*
die 'Ausfahrt /en	exit, way out
→ Einfahrt	
Ausfahrt frei lassen	*No parking in front of these gates*
'aus|führen → einführen	to carry out; to export
der 'Ausgang s/ä-e	way out, exit
→ Eingang	
Notausgang	*Emergency Exit*
Kein Ausgang	*No Exit*
'aus|geben a-e/i	to spend
→ einnehmen	
'ausgeschlossen!	out of the question
'aus|halten ie-a/ä	to suffer/bear/stand
ich halte es nicht mehr aus	*I can't stand it any longer*
die 'Auskunft /ü-e	information
das 'Ausland s → Inland	foreign countries
im/ins Ausland	*abroad*
ins Ausland gehen	*to go abroad*
der Ausländer	*foreigner*
das Ausländeramt	*aliens' registration office*
ausländisch	*foreign*
'aus|löschen, 'aus|machen	to put out/switch off
→ anzünden	
die 'Ausnahme /n	exception
→ Regel	

mit Ausnahme von	*except(ing), with the exception of*
(sich) 'aus|rechnen	to calculate, to work out
'aus|rufen ie-u	to call out, to exclaim
(sich) 'aus|ruhen	to rest, to take a rest
'aus|schalten	to switch / turn off
→ einschalten	
'aus|sehen a-e/ie	to look; to appear
gut/schlecht aussehen	*to look well/unwell*
er sieht aus wie . . .	*he looks like . . .*
er sieht krank aus	*he looks ill*
es sieht nach Regen aus	*it looks like rain*
'außen → innen	outside
von außen	*from (the) outside*
die Außenseite	*outside*
'außerdem	besides, moreover, what is more
'äußere → innere	outer, exterior
'außergewöhnlich	extraordinary, special
→ gewöhnlich	
'äußerst	extreme(ly)
im äußersten Fall	*at the worst*
die 'Aussicht /en	view; chance
'aus|sprechen a-o/i	to pronounce
'aus|steigen ie-ie	to get off / out
→ einsteigen	
steigen Sie aus?	*are you getting off?*
die 'Ausstellung /en	show, fair, exhibition
das Ausstellungsgelände	*exhibition grounds*
ausgestellt sein	*to be on display*
der 'Ausweis es/e	pass, identity card
die Ausweispapiere	*identity papers*
'auswendig	by heart
auswendig lernen	*to learn by heart*
'aus|wischen	to wipe out
'aus|ziehen o-o	to take off
→ anziehen	
sich ausziehen	*to undress*
das 'Auto s/s	(motor-)car; auto *am*
mit dem Auto fahren	*to go by car*
Auto fahren	*to drive (a car)*
die Autobahn	*motorway*
der Autofahrer	*motorist*

B

das 'Baby s/s	baby
'backen	to bake
der Bäcker	*baker*
das **Bad** es/ä-er	bath, bathe; bathroom, swimming-pool
ein Bad nehmen	*to take a bath*
'baden	to bath / bathe; to take a bath, to have a bathe
die Badewanne	*bath*
die **Bahn** /en	railway
mit der Bahn fahren	*to go by train*
der Bahnhof	*station*
der Bahnsteig	*platform*
die U-Bahn/Untergrund-bahn	*underground*
bald	soon; early
auf bald!	*so long!*
so bald wie möglich	*as soon as possible*
der **Ball** es/ä-e	ball
Ball spielen	*to play ball*
die Ba'nane /n	banana
das **Band** es/ä-er	ribbon, band
der **Band** es/ä-e	volume
die **Bank** /ä-e; /en	bench; bank
'basteln	to rig up; to do odd jobs
der **Bau** es/ten	building
bauen	*to build*
der **Bauch** es/äu-e	belly, abdomen
der 'Bauer n/n	peasant, farmer
der Bauernhof	*farm*
der **Baum** es/äu-e	tree
auf einen Baum klettern	*to climb (up) a tree*
der Be'amte n/n	official, civil servant
(sich) be'danken	to say thank you
der Be'darf s	need, want
Bedarf haben	*to be in need (of), to want*
den Bedarf decken	*to supply the need*
be'dauern	to regret
zu meinem (großen) Bedauern	*(much) to my regret*
be'decken (mit)	to cover (with)
be'deuten	to mean

bedeutend	*important, great*
die Be'deutung /en	meaning; importance
be'dienen	to serve, to wait on
sich bedienen	*to help o.s.*
bedienen Sie sich!	*help yourself*
die Be'dingung /en	condition
unter der Bedingung, daß	*on condition that*
unter einer Bedingung	*on one condition*
unter welchen Bedingungen?	*on what conditions?*
zu günstigen Bedingungen	*on easy terms*
be'enden → beginnen	to finish, to end
der Be'fehl s/e	order
be'fehlen a-o/ie	to order
→ gehorchen	
be'gegnen / treffen	to meet
die Begegnung	*meeting*
der Be'ginn s	beginning
→ Ende / Schluß	
zu Beginn	*at the beginning (of)*
Beginn der Vorstellung (um) . . .	*the curtain goes up (at)*
be'ginnen a-o	to begin, to set in, to start
→ beenden / aufhören	
be'gleiten	to accompany / go with
jdn nach Hause begleiten	*to see s. o. home*
der Begleiter	*companion*
die Begleitung	*company*
in Begleitung von	*accompanied by*
der Be'griff s/e	idea
im Begriff sein	*to be going to*
be'halten ie-a/ä	to keep
→ wegschaffen	
behalte das für dich	*keep this private*
be'handeln	to treat, to attend
einen Kranken behandeln	*to treat a patient*
anständig behandeln	*to give a square deal*
die Behandlung	*treatment, care*
be'haupten	to maintain, to state
die Behauptung	*statement*

die Be'hörde /n	authority / ies
'beide	both
alle beide	*both of them*
keiner von beiden	*neither (of the two)*
auf beiden Seiten	*on both sides*
das Bein es/e	leg
das Bein brechen	*to break o's leg*
auf den Beinen sein	*to be on the move*
das Tischbein	*table-leg*
'beinahe / fast	almost, nearly
das 'Beispiel s/e	example, instance
zum Beispiel (z. B.)	*for example / instance (e. g.)*
wie zum Beispiel	*such as*
ein Beispiel geben	*to set an example*
'beißen i-i	to bite
in den sauren Apfel beißen	*to swallow the bitter pill*
be'kannt	(well-)known, familiar
→ *unbekannt / fremd*	
mit jdm bekannt sein	*to be acquainted with s. o.*
es ist bekannt, daß	*it's (generally) known that*
der Be'kannte n/n	acquaintance
→ *Unbekannte / Fremde*	
ein (guter) Bekannter von mir	*a friend of mine*
die Be'kanntmachung /en	notice
be'kommen a-o → geben	to receive, to get
be'laden u-a|ä → abladen	to load
be'liebt → unbeliebt	popular
be'lohnen → bestrafen	to reward
die Belohnung	*reward*
be'merken	to remark; to notice
bemerkenswert	*remarkable*
sich be'mühen	to try, to take trouble
die Bemühung	*effort, trouble*
sich be'nehmen a-o/i	to behave
sich anständig benehmen	*to behave properly*
be'nutzen	to use
den Zug benutzen	*to go by train*
das Ben'zin s/e	petrol, gas(oline) *am*
be'obachten	to observe
die Beobachtung	*observation*
be'quem → unbequem	comfortable; convenient; at ease, easy

machen Sie sich's bequem	*make yourself comfortable*
be'reit	ready
sich bereit machen	*to make o. s. ready*
bereit sein zu	*to be prepared to*
be'reits / schon	already
der Berg es/e → Tal	mountain, mount
einen Berg besteigen	*to climb a mountain*
über Berg und Tal	*over hill and dale*
der Be'richt s/e	report, account
be'richten	to report, to tell
der Be'ruf es/e	profession, trade, occupation
von Beruf	*by profession/trade*
einen Beruf ergreifen	*to enter a profession*
einen Beruf ausüben	*to practise a profession*
beruflich	*professional*
sich be'ruhigen	to calm down
be'rühmt	famous
be'rühren	to touch
bitte nicht berühren!	*please do not touch*
die Berührung	*touch*
be'schäftigen	to employ, to occupy
sich mit etwas beschäftigen	*to be busy with, to deal with*
beschäftigt sein	*to be occupied*
die Beschäftigung	*occupation*
be'schließen o-o	to determine
der Be'schluß sses/üsse	decision, resolution
der 'Besen s/-	broom
be'setzen	to occupy
besetzt	*engaged; full up*
der Be'sitz es/Besitz- tümer / Besitzungen	property, possession
in Besitz nehmen	*to take possession of*
be'sitzen aß-ess	to possess/own/have (got)
be'sondere(r,s)	special, particular
nichts Besonderes	*nothing unusual*
be'sonders	especially, particularly
be'sorgen	to see to; to get
Besorgungen machen	*to run errands*
'besser (s. gut)	better
immer besser	*better and better*
desto besser!	*so much the better*
etwas Besseres	*something better*

gute Besserung!	*I hope you will be better soon*
am besten	*best*
der (die, das) beste	*the best*
das Beste	*the best (thing)*
er tut sein Bestes	*he does his best*
ich danke bestens	*thank you very much*
be'stehen a-a **(aus)**	to consist (of), to be composed (of);
eine Prüfung bestehen	*to pass an examination*
be'stellen	to order, to ask, to give an order
ein Bier bestellen	*to order a beer*
2 Plätze bestellen	*to book 2 seats*
schöne Grüße bestellen	*to send kind regards*
be'stimmen	to determine; to set
be'stimmt	for sure, certainly, without doubt
→ *unbestimmt / vielleicht*	
er kommt bestimmt	*he is sure to come*
be'strafen (für)	to punish (for)
→ *belohnen*	
der Be'such es/e	visit; attendance
jdm einen Besuch machen	*to pay s. o. a visit*
auf Besuch (bei)	*on a visit (to)*
Besuch haben	*to have visitors*
be'suchen	to visit; to go / come to see; to attend
besuche mich einmal	*come to see me some time*
das Theater besuchen	*to go to the theatre*
be'trachten / ansehen	to regard; to view
das kommt nicht in Betracht	*that's out of the question*
beträchtlich	*considerable*
der Be'trag s/ä-e	sum, amount
Betrag erhalten	*payment received*
betragen	*to amount to*
der Preis beträgt 3 DM	*the price is 3 marks*
be'treffen a-o/i	to concern
was mich betrifft	*as for me*
be'treten a-e/i	to enter
→ *verlassen*	
Betreten verboten!	*Keep off! No entrance!*
der Be'trieb s/e	works, (work)shop, factory, plant
außer Betrieb	*out of action / order*
in Betrieb	*in action / operation*
in Betrieb setzen	*to put into operation*

das Bett es/en — bed
  zu Bett gehen — *to go to bed*
  das Bett hüten — *to stay in bed*
  noch im Bett — *still in bed*
  die Bettwäsche — *bedlinen*
be'urteilen — to judge
die Be'völkerung — population
be'wegen — to move
  sich bewegen — *to move*
  die Bewegung — *movement*
der Be'weis es/e — proof, argument
  beweisen — *to prove, to argue*
das Be'wußtsein s — consciousness
  das Bewußtsein — *to lose consciousness*
  verlieren
be'zahlen — to pay
  teuer bezahlen — *to pay dear (for)*
  die Bezahlung — *pay(ment)*
  gegen Bezahlung — *against payment*
be'zeichnen — to mark; to characterize
  bezeichnend — *representative*
die Be'ziehung /en — regard, relation
  in dieser Beziehung — *in this regard*
  in jeder Beziehung — *in every regard*
  beziehungsweise — *and ... respectively, or*
das Bier es/e — beer
'bieten o-o — to offer, to present
das Bild es/er — picture; image; painting; photo
  der Bildschirm — *(television) screen*
'bilden — to form; to educate
  ein gebildeter Mensch — *a cultured person*
  die Bildung — *formation, education*
  die Allgemeinbildung — *general education*
'billig → teuer — cheap
  billiger — *less expensive*
bin (1. pers sg präs v. — am
sein)
'binden a-u → lösen — to bind, to tie
  der Bindfaden — *string*
die 'Birne /n — pear
bis dann — till then
  bis dahin — *by then*
  bis jetzt — *up to now, as yet*
  bis morgen! — *see you tomorrow!*

bis'her	till now, as yet
ein 'bißchen → viel	a little, a (little) bit
bist (2. pers sg präs v. sein)	are
'bitte! → danke!	please; don't mention it, you are welcome
bitte?	*pardon?*
wie bitte?	*I beg your pardon?*
die 'Bitte /n → Dank	request
'bitten a-e → danken	to request / ask / beg
darf ich Sie bitten?	*may I trouble you?*
(ich bitte um) Verzeihung!	*(I beg your) pardon; sorry!*
'bitter	bitter
das Blatt es/ä-er	leaf; sheet
ein Blatt Papier	*a sheet of paper*
blau	blue
hellblau/dunkelblau	*light blue/dark blue*
'bleiben ie-ie → weggehen, sich ändern	to stay, to remain
zu Hause bleiben	*to stay in*
es bleibt dabei	*agreed*
bleiben Sie sitzen!	*please remain seated, don't get up*
es bleiben zwei übrig	*there are two left*
der 'Bleistift s/e	pencil
der Blick s/e	look; view
auf den ersten Blick	*at first sight*
einen Blick werfen (auf)	*to take a look (at)*
blicken	*to look*
blind → sehend	blind
der Blitz es/e	lightning, flash
es blitzt	*it is lightening*
bloß/nur	only, simply
der bloße Gedanke an	*the very thought of*
'blühen	to bloom, to flourish
die Blüte	*flower, blossom*
in Blüte stehen	*to be in (full) bloom*
die 'Blume /n	flower
die 'Bluse /n	blouse
das Blut es	blood
bluten	*to bleed*
der 'Boden s/ö	soil, ground; floor; bottom
auf dem Boden	*on the ground*

der Bord s/e — board
  an Bord gehen — *to go on board*
  an Bord — *aboard*
'böse — evil; angry; nasty
  jdm böse sein — *to be angry with s. o.*
  böse werden — *to get angry*
'braten ie-a/ä — to roast
'brauchen — to need, to require, to want
  er braucht Geld — *he needs money*
braun — brown
  die Braunkohle — *brown/soft coal, lignite*
'brechen a-o/i — to break
  den Arm brechen — *to break o's arm*
  sein Wort brechen — *to break o's word*
breit → eng, schmal — broad, wide
  4 Meter breit sein — *to be 4 metres wide*
  wie breit ist . . .? — *how wide is …?*
  die Breite — *breadth*
'brennen a-a — to burn; to be on fire
  es brennt! — *fire!*
  das Haus brennt — *the house is on fire*
  wo brennt's denn? — *what's the matter?*
das Brett es/er — board
  das Bücherbrett — *shelf*
der Brief es/e — letter
  Briefe wechseln (mit) — *to correspond (with)*
  eingeschriebener Brief — *registered letter*
  einen Brief freimachen — *to stamp a letter*
  einen Brief zur Post bringen — *to post a letter*
  einen Brief erhalten — *to get a letter*
  der Briefkasten — *letter-box; pillar-box*
  die Briefmarke — *stamp*
  Briefmarken sammeln — *to collect stamps*
  das Briefpapier — *note paper*
  der Briefträger — *postman, mailman am*
  der Briefumschlag — *envelope*
die 'Brille /n — glasses *pl*
  eine Brille tragen — *to wear glasses*
  die Brille aufsetzen — *to put on o's glasses*
'bringen a-a → (ab)holen — to bring; to take
  Hilfe bringen — *to bring help*
  Glück bringen — *to bring good luck*
  Gewinn bringen — *to yield a profit*

das Brot es/e	bread, loaf of bread
sein Brot verdienen	*to earn one's bread / livelihood*
das Brötchen	*roll*
eine Scheibe Brot	*a slice of bread*
ein Stück Brot	*a piece of bread*
die 'Brücke /n	bridge
der 'Bruder s/ü	brother
mein älterer Bruder	*my elder brother*
mein jüngerer Bruder	*my younger brother*
die Brust /ü-e	chest; breast
das Buch es/ü-er	book
das antiquarische Buch	*second-hand book*
die Bücherei	*library*
der 'Buchstabe ns/n	letter, character
buchstabieren	*to spell*
'bügeln	to iron, to press
die 'Bühne /n	scene, stage
der Bund es	union, alliance; (con)federation; association
im Bunde mit	*together with, in conjunction with*
einen Bund schließen (mit)	*to enter into an alliance (with)*
der Bundeskanzler	*Federal Chancellor*
das Bundesland	*federal state*
die Bundesregierung	*Federal Government*
die Bundesrepublik Deutschland	*Federal Republic of Germany*
der Bundesstaat	*confederation; federal state*
der Bundestag	*Federal Diet*
die Bundesstraße	*Federal Highway (= A'road)*
bunt	coloured; multicoloured
der 'Bürger s/-	citizen
der Bürgermeister	*mayor*
das Bü'ro s/s	office
die 'Bürste /n	brush
bürsten	*to brush*
der Bus ses/se	bus; coach
mit dem Bus fahren	*to go by bus*
die Bushaltestelle	*bus stop*
die 'Butter	butter

C

das Café s/s	café, tea-room
der Cha'rakter s/e	character
der Chef s/s	chief, head
die Che'mie	chemistry
chemisch	*chemical*
der Chor s/ö-e	choir, chorus
die Couch /es	couch

D

da → hier/fort/weg	here, (over) there; then; present
da!	*look!*
hier und da	*here and there*
da ist/sind	*there is/are*
da haben wir's	*there we are*
da bin ich	*here I am*
da sein	*to be there/present*
da'bei	there, present
ich war dabei	*I was there*
gerade dabei sein zu	*to be going/about to*
das Dach s/ä-er	roof
'dachte (1., 3. pers sg prät v. denken)	thought
'dadurch	through there; by this means; as a result
dafür	for it; instead (of)
'dafür danke ich Ihnen	*I thank you for it*
ich kann nichts da'für	*I can't help it*
da'gegen	against it; on the other hand, on the contrary
ich habe nichts dagegen	*I don't mind (it)*
wenn Sie nichts dagegen haben	*if you don't object*
'daher	so; therefore
daher kommt es, daß	*thus it happens that*
'dahin	(over) there
bis dahin	*until then, so far*
da'hin	gone
da'hinter → davor	behind
'damals	then, at that time
die 'Dame /n	lady

meine Damen und Herren!	*ladies and gentlemen*
Damen — Herren/ D — H	*Ladies — Gentlemen*
'damit	with that / it
was meinen Sie damit?	*what do you mean by it?*
der Dampf es/ä-e	steam
mit Volldampf	*full steam ahead*
der Dampfer	*steamer, liner*
da'nach	after that / it, afterwards; accordingly
gleich danach	*soon after*
da'neben	near it
gleich daneben	*close by*
der Dank es → Bitte	thanks *pl*
vielen Dank!	*many thanks*
mit Dank annehmen	*to accept with thanks*
dankbar	*grateful*
danke!	*thank you*
danke sehr!	*thank you very much*
danke, gleichfalls	*thank you, the same to you*
'danken (jdm für etw) → bitten	to thank (s. o. for s. th.)
nichts zu danken!	*don't mention it*
ja, danke!	*thank you!*
danke, nein!	*no, thank you*
dann	then
und dann?	*and what then?*
dann und wann	*now and again*
da'ran	at that / it
wer ist dran?	*whose turn is it?*
nahe daran sein (zu)	*to be on the point (of)*
sich daran machen	*to set to*
da'rauf → darunter	on that / it; afterwards
da'raus	out of that / it
da'rin, drin	in that / it / there
darf (1., 3. pers sg präs v. dürfen)	may
'dar|legen	to explain, to state
'dar|stellen	to picture; to represent
da'rüber → darunter	over that / it; about that
'darüber hinaus	*beyond it*
'darum	that's why
da'runter → darauf, darüber	under that / it; underneath

das this; that
  das, was   *what*
'da|sein to exist
  das Dasein   *existence, being*
das'selbe the same thing
'dauern to last
  lange dauern   *to take a long time*
  dauernd   *permanent*
der 'Daumen s/- thumb
davon of that / it; away
  er ist auf und da'von   *he's run away*
  'davon weiß ich nichts   *I know nothing about it*
'dazu to that / it; therefore; besides
  dazu kommt   *add to this*
die 'Decke /n cover, cloth; ceiling; layer
der 'Deckel s/- lid
'decken to cover
  den Bedarf decken   *to supply the need*
  den Tisch decken   *to lay the table*
'denken a-a- **(an)** to think (of)
  wo denken Sie hin?   *not on your life!*
  denken Sie mal!   *just imagine!, think of it!*
  ja, ich denke schon   *I think so*
'dennoch however, anyhow, all the same
der'selbe → der andere the same
'deshalb therefore, that is why, for that reason
'desto (so much) the
  desto besser!   *so much the better*
  desto schlimmer!   *so much the worse*
'deswegen that's why
  eben deswegen   *for that very reason*
'deutlich → undeutlich distinct
deutsch German
  auf deutsch   *in German*
  Deutsch sprechen   *to speak German*
  wir sprechen Deutsch   *German spoken*
  ich lerne Deutsch   *I learn German*
  ins Deutsche übersetzen   *to translate into German*
  sprechen Sie Deutsch?   *do you speak German?*
  er versteht Deutsch   *he understands German*
der 'Deutsche n/n German
  wir Deutschen   *we Germans*
'Deutschland s Germany

in/nach Deutschland	*in/to Germany*
die Bundesrepublik Deutschland	*Federal Republic of Germany*
dicht	dense; thick; tight
dicht bei	*close by*
dicht aneinander	*close together*
der 'Dichter s/-	poet
die Dichtung	*fiction*
dick → dünn	thick
2 Meter dick	*2 metres thick*
der Dieb s/e	thief
haltet den Dieb!	*stop thief!*
'dienen → herrschen	to serve
womit kann ich dienen?	*what can I do for you?*
der Dienst es/e	service; office
Dienst haben	*to be on duty*
dienstfrei haben	*to be off duty*
einen Dienst erweisen	*to render a service*
dies	this
'diese(r, s) → jener	this / this one
'diesmal	this once / time
das Ding es/e/Sache	thing
vor allen Dingen	*first of all*
di'rekt → indirekt	directly, straight
der Di'rektor s/en	director, headmaster
doch	still, after all
komm doch!	*do come!*
doch, ich komme	*yes, I'm coming, I'll come*
ja doch!	*yes, indeed!*
nicht doch!	*don't!*
der 'Doktor s/en	doctor
Herr Doktor!	*doctor*
den Doktor holen	*to send for the doctor*
der 'Donner s	thunder
ein Donnerschlag	*a clap of thunder*
es donnert	*it's thundering*
'doppelt	double, twice
das Dorf s/ö-er	village
dort → hier	(over) there
wer ist dort?	*who ist speaking?*
'dorthin → hierher	there
der Draht es/ä-e	wire
drahtlos	*wireless*
dran (s. daran)	

wer ist dran?	*whose turn is it?*
Sie sind dran	*it's your turn*
'drängen	to press
nicht drängen!	*don't push*
drauf (s. darauf)	
'draußen → darin	outside, outdoor(s), out of doors
'drehen	to turn, to roll
drin (s. darin, drinnen)	
'dringend	urgent
die Sache ist dringend	*the matter is urgent*
'drinnen, drin	inside; within; in (it)
'drohen	to threaten
'drüben	on the other side
der Druck s/ü-e; u-e	pressure; print
'drucken	to print
'drücken	to press
den Knopf drücken	*to press the button*
die Hand drücken	*to shake hands (with)*
Drücken!	*Push!*
dumm → klug/weise	stupid, silly, foolish
dummes Zeug reden	*to talk nonsense*
eine Dummheit machen	*to do a silly thing*
mach keine	*don't do anything silly*
Dummheiten	
der Dummkopf	*ass, fool*
'dunkel → hell	dark; obscure
im Dunkeln	*in the dark*
es ist dunkel	*it is dark*
es wird dunkel	*it's getting dark*
dunkelblau	*dark blue*
die Dunkelheit	*darkness*
bei einbrechender	*at nightfall/dusk*
Dunkelheit	
dünn → dick	fine, thin
durch adv	through, throughout
durch und durch	*through and through, thoroughly*
durch und durch naß	*wet through*
durch'aus	quite, absolutely
durchaus nicht!	*not at all, by no means*
durchein'ander	in disorder
ich bin ganz	*I'm all mixed up*
durcheinander	
die 'Durchfahrt /en	passage
Durchfahrt verboten!	*No thoroughfare!*

'durch|führen	to carry out, to execute
durch|'queren	to cross
der 'Durchschnitt s/e	average
im Durchschnitt / durchschnittlich	*on an average*
über dem Durchschnitt	*above average*
unter dem Durchschnitt	*below average*
'durch|sehen a-e/ie	to look through
'dürfen u-u/a	to be allowed / permitted
darf ich?	*may I?*
der Durst es	thirst
Durst haben	*to be thirsty*
durstig	*thirsty*
'duschen	to take a shower(-bath)
das 'Dutzend s/e	dozen
dutzendweise	*by the dozen*

E

'eben → uneben	even
die Ebene	*plain; level*
'eben	just (now)
eben!	*exactly!*
er ist eben weggegangen	*he has just left*
'ebenfalls/auch	also, as well, too
danke, ebenfalls!	*thank you, the same to you*
'ebenso	alike, as well
ebenso . . . wie	*as . . . as*
ebenso gut wie	*as well as*
ebenso viel/e wie	*as much/many as*
echt → falsch	true; real, pure
das ist echt!	*that's typical!*
die 'Ecke /n	corner
an der Ecke	*at the (street) corner*
in der Ecke	*in the corner*
um die Ecke biegen	*to turn the corner*
e'gal/gleich	equal
das ist mir egal	*I don't care, it's all the same (to me)*
die 'Ehe /n	marriage
'eher	rather

die 'Ehre /n · honour
  zu Ehren von · *in honour of*
  ehren · *to honour*
  Sehr geehrter Herr · *(Dear) Sir*
das Ei s/er · egg
  ein weiches Ei · *a soft-boiled egg*
  ein hartes Ei · *a hard-boiled egg*
  ein Ei kochen · *to boil an egg*
  Rührei · *scrambled eggs* pl
  Spiegelei(er) · *fried-egg(s)* (pl)
'eigen → fremd · own
  mit eigenen Augen · *with o's own eyes*
  einen eigenen Wagen · *to have a car of o's own*
  haben
die 'Eigenschaft /en · property; quality
'eigentlich · to tell the truth; strictly speaking, really, actually
  was willst du eigentlich? · *what do you want anyhow?*
das 'Eigentum s/ü-er · property
die 'Eile · haste
  in aller Eile · *in great haste*
  in Eile sein · *to be in a rush*
  eilen, sich beeilen · *to make haste, to hurry*
  es eilt · *it's urgent*
  ich habe es eilig · *I'm in a hurry*
der 'Eimer s/- · pail, bucket
ein . . . aus · on . . . off
ein'ander · each other, one another
der 'Eindruck s/ü-e · impression
  Eindruck machen · *to impress, to make an impression*
'einfach · simple; plain
  einfach, zweiter (Klasse) · *second (class), single*
die 'Einfahrt /en · entry, entrance, way in
  → Ausfahrt
  Keine Einfahrt!, Einfahrt · *No entry*
  verboten!
  Einfahrt freihalten! · *Keep entrance clear*
der 'Einfluß sses/üsse · influence
  Einfluß ausüben (auf) · *to exercise an influence (on)*
'ein|führen · to introduce; to import
der 'Eingang s/ä-e · entrance, way in
  → Ausgang
  Eingang verboten! · *No entry*
'einige → alle/sämtliche · some, a few

'**ein**|**kaufen** → verkaufen — to shop / go shopping, to do the shopping

  billig / teuer einkaufen — *to buy cheap/dear*

'**ein**|**laden** u-a/ä — to invite, to ask

  die Einladung — *invitation*

  einer Einladung folgen — *to accept an invitation*

'**einmal** — once

  noch einmal — *once more*

  auf einmal — *suddenly*

  ein für allemal — *once and for all*

  es war einmal — *once upon a time*

  nicht einmal — *not even*

  hör einmal! — *listen*

'**ein**|**richten** — to arrange; to install; to establish

  schön eingerichtet — *well-furnished*

  es einrichten, daß — *to see to it that*

'**ein**|**schalten** → ausschalten — to switch on; to turn on

einst — once

'**ein**|**steigen** ie-ie → aussteigen — to get in (into the train)

  einsteigen, bitte! — *take your seats, please*

'**ein**|**stellen** — to regulate, to set; to take on, to employ

'**ein**|**treten** a-e/i (in) — to enter, to get in, to come in

der '**Eintritt** s — entrance, admission

  Eintritt frei! — *Entrance free*

  Eintritt verboten! — *Keep out. No admittance*

  die Eintrittskarte — *ticket*

  eine Eintrittskarte lösen — *to buy a ticket*

'**einverstanden (mit etw)** — agreed, all right, okay

  einverstanden sein — *to agree (to s. th.)* ·

die '**Einzelheit** /en — detail

  in allen Einzelheiten — *in detail*

'**einzeln** → zusammen — single; one by one

  ins einzelne gehen — *to go into details*

'**einzig** — single, only

  einzig und allein — *solely*

das '**Eis** es — ice; ice-cream

das '**Eisen** s/- — iron

  die Eisenindustrie — *iron industry*

  die Eisenbahn — *railway, railroad am*

  mit der (Eisen-)Bahn — *by rail/train*

e'**lektrisch** — electric(al)

der elektrische Strom	*electric current*
der Elektriker	*electrician*
die Elektrizität	*electricity*
die 'Eltern pl	parents *pl*
emp'fangen i-a/ä	to receive
→ schicken / holen	
emp'finden a-u	to sense, to feel
das 'Ende s/n → Anfang	end
am Ende	*at/in the end*
zu Ende sein	*to be at an end*
am Ende der Straße	*at the end of the street*
zu Ende gehen	*to come to an end*
ein Ende machen	*to put an end to*
Ende Mai	*at the end of May*
'enden → anfangen	to end, to bring to an end
'endlich	at last, finally
eng → weit	tight, narrow
eng verbunden	*closely allied*
'England s	England; Great Britain
der 'Engländer s/-	Englishman
'englisch	English
die englische Sprache	*the English language*
auf englisch	*in English*
er kann Englisch	*he speaks English*
ent'decken	to discover
die Entdeckung	*discovery*
ent'fernt → nahe	away, (far) off, distant
2 Kilometer entfernt	*2 kilometres off/away*
die Ent'fernung /en	distance
→ Nähe	
in einer Entfernung von	*at a distance of*
aus der Entfernung	*from a distance*
ent'gegengesetzt	opposed, contrary
in der entgegen-	*in the opposite direction*
gesetzten Richtung	
ent'halten ie-a/ä	to contain, to hold
ent'lang	along
ent'scheiden ie-ie **(über)**	to decide (on)
entschieden	*certainly*
die Entscheidung	*decision*
eine Entscheidung	*to come to a decision*
treffen	
sich entscheiden	*to decide, to make up one's mind*
sich ent'schließen o-o	to decide, to make up o's mind

ich habe mich entschlossen	*I have made up my mind*
ent'schlossen sein	to be determined / resolved
→ unentschlossen sein	
der Ent'schluß sses/üsse	decision
einen Entschluß fassen	*to take a decision*
(sich) ent'schuldigen	to excuse (o. s.); to apologize
entschuldigen Sie!, Entschuldigung!	*(I beg your) pardon!, (I am) sorry!*
ent'stehen a-a	to arise, to come into being
→ vergehen	
(sich) ent'wickeln	to develop
einen Film entwickeln	*to develop a film*
die Ent'wicklung /en	development
er'blicken	to catch sight of
die 'Erde	earth; world; ground
auf der ganzen Erde	*all the world over*
unter der Erde	*underground*
das Er'eignis ses/se	event, happening
er'fahren u-a/ä	to hear, to learn (of), to experience
erfahren (in)	*well versed (in), at home (in)*
die Er'fahrung /en	experience
aus Erfahrung	*from experience*
der Er'finder s/-	inventor
die Erfindung	*invention*
der Er'folg es/e	success
→ Mißerfolg	
Erfolg haben	*to succeed (in), to meet with success*
erfolgreich/mit Erfolg	*successful(ly)/with success*
erfolglos/ohne Erfolg	*unsuccessful/without success*
das Er'gebnis ses/se	result, effect
er'greifen i-i	to seize, to take, to get hold of, to catch
das Wort ergreifen	*to (begin to) speak*
Partei ergreifen (für)	*to take sides (with)*
ergriffen sein	*to be moved*
er'halten ie-a/ä	to receive, to obtain; to preserve
einen Brief erhalten	*to receive a letter*
einen Platz erhalten	*to get a seat*
gut erhalten	*in good condition*
sich er'höhen	to increase
sich er'holen	to recover
er'innern	to remind (of)

sich er'innern (an) — to remember
  → vergessen
  ich erinnere mich, daß   *I remember that*
die Er'innerung /en — memory, recollection
  zur Erinnerung (an)   *in memory (of)*
sich er'kälten — to catch (a) cold
  die Erkältung   *cold*
er'kennen a-a — to recognize; to realize
er'klären — to explain; to declare
die Er'klärung /en — explanation; declaration
  eine Erklärung abgeben   *to make a statement*
er'lauben → verbieten — to permit, to allow
die Er'laubnis → Verbot — permission
  um die Erlaubnis bitten   *to ask for permission (to)*
  der Erlaubnisschein   *permit*
ernst → heiter/komisch — serious, earnest; grave
  es ernst meinen   *to be serious*
  im Ernst   *seriously, in earnest*
die 'Ernte /n — crop; harvest
  eine gute Kartoffelernte   *a good crop of potatoes*
  ernten   *to harvest, to gather*
er'reichen → verpassen — to reach; to get; to achieve
  den Zug erreichen   *to catch the train*
  jdn telefonisch erreichen   *to get s. o. on the phone*
  das Ziel erreichen   *to gain o's end*
er'scheinen ie-ie — to appear, to turn up
  soeben erschienen   *just published*
er'setzen — to replace
  das Ersatzteil   *spare part*
erst — first; only
  erst ... dann   *first ... then*
  erst gestern   *only yesterday*
  erst heute   *not until today*
  erst morgen   *not until tomorrow*
  erst wenn / als   *not until*
  er ist erst 4 (Jahre alt)   *he ist only four (years old)*
er'staunt sein (über) — to be astonished (at)
  erstaunlich   *astonishing, amazing*
  das Erstaunen   *astonishment*
der/die/das 'erste — the first
  der Erste des Monats   *the first day of the month*
  der Erste in der Klasse   *top of the class*
  in erster Linie   *in the first place*
  erstklassig   *first-class*

'erstmal/zunächst	first of all
er'wähnen	to mention
er'warten	to wait for; to expect (from)
wider Erwarten	*contrary to expectation*
er'werben a-o/i	to gain, to acquire
er'zählen	to tell
eine Geschichte erzählen	*to tell a story*
die Erzählung	*tale, story*
er'zeugen → vernichten	to produce
das Erzeugnis	*product*
deutsches Erzeugnis	*made in Germany*
die Erzeugung	*production*
er'ziehen o-o	to educate, to bring up
die Erziehung	*education*
'essen a-e/i	to eat; to take o's meal
(zu) Mittag essen	*to have lunch*
das 'Essen s/-	food; meal
das Essen kochen	*to cook the meal*
das Eßzimmer	*dining-room*
'etwa	about; perhaps; by any chance
etwa 10 Jahre	*about 10 years (or so)*
etwa 100	*about 100*
'etwas	something; a little / bit
etwas Geld	*some money*
etwas anderes	*something else*
noch etwas?	*(would you like) some more/ anything else?*
noch etwas anderes?	*anything else?*
so etwas	*something like that*
etwas Gutes	*something good*
es geht mir etwas besser	*I feel a bit better*

F

die Fa'brik /en	factory, mill, works
das Fach s/ä-er	compartment; field
der 'Faden s/ä	thread
den Faden verlieren	*to lose the thread*
der Bindfaden	*string*
mit Bindfaden zubinden	*to tie up with string*
einfädeln	*to thread*
'fähig (zu) → unfähig	capable (of), able (to)

zu allem fähig	*capable of anything*
die Fähigkeit	*capability, ability*
die 'Fahne /n	flag
'fahren u-a/ä	to go; to drive
rechts fahren	*to drive on the right*
Rechts fahren!	*Keep to the right*
mit dem Auto fahren	*to travel by car*
mit der Bahn fahren	*to go by train/rail*
mit dem Rad fahren	*to go by bike*
mit dem Zug fahren	*to take the train*
Langsam fahren!	*Drive slowly*
der 'Fahrer s/-	driver
die 'Fahrkarte /n	ticket
eine Fahrkarte lösen	*to take a ticket*
die Rückfahrkarte	*return (ticket)*
der Fahrschein	*ticket*
noch jemand ohne Fahrschein?	*(any more) fares, please?*
das 'Fahrrad s/ä-er	bicycle
die 'Fahrschule /n	driving school
die Fahrt /en	drive, ride, journey, trip
gute Fahrt!	*a pleasant journey, bon voyage!*
in Fahrt sein	*to be in full swing*
der Fall es/ä-e	case
auf jeden Fall	*in any case, at any rate*
auf keinen Fall	*by no means*
der Fall es/ä-e	fall
zu Fall bringen	*to bring down*
'fallen ie-a/ä → steigen	to fall, to drop
fallen lassen	*to drop*
es fällt mir ein	*it occurs to me*
es fällt mir schwer	*it's difficult for me*
falsch → richtig/echt	false, wrong
falsch verstehen	*to misunderstand*
falsch singen	*to sing out of tune*
falsch verbunden!	*sorry, wrong number!*
es ist etwas falsch	*there is something wrong*
die Uhr geht falsch	*the watch/clock is wrong*
auf der falschen Seite	*on the wrong side*
'falten	to fold
einmal falten	*to fold in two*
doppelt falten	*to fold in four*
die Fa'milie /n	family
Familie haben	*to have children*

im Kreise der Familie	*in the family*
der Familienname	*family name, surname*
'fand (1., 3. pers sg prät v. finden)	found
'fangen i-a/ä	to catch
den Ball fangen	*to catch the ball*
Feuer fangen	*to catch fire*
die 'Farbe /n	colour; paint
welche Farbe hat es?	*what colour is it?*
der Farbfilm	*colour film*
der Farbstift	*coloured pencil*
farbig	*coloured*
'fassen	to seize, to catch; to hold
an der Hand fassen	*to take by the hand*
der Saal faßt 1000 Personen	*the hall holds 1000 people*
sich ein Herz fassen	*to take courage*
Fasse dich kurz!	*Make it short!*
fast /beinahe	almost, nearly
faul → fleißig	lazy, idle
die Faust /äu-e	fist
ein Faustschlag	*a blow with the fist*
die Faust ballen	*to clench o's fist*
die 'Feder /n	feather; pen, nib
der Federhalter	*penholder*
'fegen /kehren	to sweep
'fehlen → da sein	to be lacking / absent / missing
was fehlt Ihnen?	*what is wrong with you?*
der 'Fehler s/-	mistake; fault, defect
ein leichter/schwerer Fehler	*a slight/bad mistake*
einen Fehler machen	*to make a mistake*
einen Fehler haben	*to have (got) a fault*
'feiern	to celebrate; to be off work
fein → unfein/grob	fine, choice, great
es schmeckt fein	*it tastes delicious*
ein feiner Mensch	*a refined man*
der Feind es/e → Freund	enemy
feindlich	*hostile*
das Feld es/er	field
das Feld bestellen	*to till the ground*
auf freiem Feld	*in the open country*
das Fell es/e	skin, fur
ein dickes Fell haben	*to have a thick skin*

der Fels en/en	rock
das 'Fenster s/-	window
aus dem Fenster sehen	*to look out of the window*
die Fensterscheibe	*window pane*
die 'Ferien pl	vacation, holidays *pl*
Ferien machen	*to take o's holidays*
Ferien haben	*to be on holiday*
in die Ferien gehen	*to go on holiday*
die Ferien verbringen	*to spend o's holidays*
der Ferienkurs	*vacation course*
das Ferienlager	*holiday camp*
die Ferienreise	*holiday trip*
fern → nahe	far, distant
von fern	*from a distance*
fern der Heimat	*far from home*
die 'Ferne /n → Nähe	distance
in der Ferne	*in the distance*
aus der Ferne	*from a distance*
'ferner	further (more), moreover
das 'Ferngespräch s/e	trunk call, longdistance call *am*
→ Ortsgespräch	
fernmündlich	*by telephone*
der Fernruf	*telephone call*
das 'Fernsehen s	television
fernsehen	*to watch television*
im Fernsehen	*on television*
der Fernsehapparat	*television set*
der Fernsehzuschauer	*(tele)viewer*
der Fernseher	*television (set)*
der 'Fernsprecher s/- (s.	telephone
Telefon)	
öffentlicher	*public telephone*
Fernsprecher	
das Fernsprechbuch	*telephone directory, phone-book*
im Fernsprechbuch	*to look up in the phone-book*
nachsehen	
die Fernsprechnummer	*telephone number*
die Fernsprechzelle	*telephone box*
'fertig	ready; finished
fertig sein	*to have finished*
sich fertig machen	*to get ready*
fertig!	*ready!, go!*
das Fest es/e	feast
ein frohes Fest	*a pleasant holiday*

der Festtag	holiday
fest	firm; solid; fixed
das feste Land	dry land
fest schlafen	to be fast asleep
zu festen Preisen	at fixed prices
'fest|halten ie-a/ä	to hold, to keep
→ *loslassen*	
sich festhalten (an)	to hold on (to)
Bitte festhalten!	Hold tight there!
'fest|machen	to attach/fasten (to); to fix
→ *losmachen*	
'fest|stellen	to assertain, to state
fett → *mager*	fat
das Fett	grease
der Fettfleck	grease mark
feucht → *trocken*	damp
das 'Feuer s/-	fire
Feuer!	Fire!
Feuer (an)machen	to light a fire
haben Sie Feuer?	have you got a light?
Achtung, Feuergefahr!	Danger of fire
der Feuerlöscher	fire extinguisher
das 'Fieber s/-	fever
Fieber haben, fiebern	to have run a temperature
fiel (1., 3. pers sg prät v. fallen)	fell
der Film es/e	film, picture, movie *am*
einen Film drehen	to shoot a film
'finden a-u → *verlieren*	to find
der 'Finger s/-	finger
sich in den Finger schneiden	to cut o's finger
sich die Finger verbrennen	to burn o's fingers
'finster → *hell/heiter*	dark
es wird finster	it is getting dark
die Finsternis	darkness
die 'Firma /Firmen	firm, house
der Fisch es/e	fish
Fische fangen	to fish
fischen	to fish
der Fischer	fisherman
flach	flat, plain
mit der flachen Hand	with the flat of o's hand

das flache Land	*flat country, plain*
die 'Flamme /n	flame
in Flammen	*in flames*
die 'Flasche /n	bottle
eine Flasche Wein	*a bottle of wine*
eine Weinflasche	*a wine bottle*
das Fleisch es	meat; flesh
die Fleischbrühe	*beef-tea*
der Fleischer	*butcher*
der Fleiß es	application, industry
durch Fleiß	*by hard work*
fleißig	*hard-working, industrious, busy*
fleißig arbeiten	*to work hard, to be a hard worker*
'flicken	to mend / repair
die 'Fliege /n	fly
'fliegen o-o	to fly; to travel by air
'fliehen o-o	to flee / fly; to escape
'fließen o-o	to flow, to run
fließen (in)	*to flow (into)*
mit fließendem Wasser	*with running water*
fließend sprechen	*to speak fluently*
die Flucht	flight
die Flucht ergreifen	*to take to flight, to flee / fly*
flüchten	*to take refuge*
der 'Flüchtling s/e	refugee
der Flug es/ü-e	flight
der Flugplatz	*airport*
der 'Flügel s/-	wing; grand piano
das 'Flugzeug s/e	aeroplane
mit dem Flugzeug	*by plane*
der Fluß sses/üsse	river
'flüssig → fest	liquid
die Flüssigkeit	*liquid*
die 'Folge /n	sequel; consequence
zur Folge haben	*to result in*
'folgen → vorausgehen	to follow
einem Beispiel folgen	*to follow an example*
wie folgt	*as follows*
am folgenden Tage	*the following / next day*
folglich	*consequently, therefore*
'fordern → gewähren	to demand, to claim, to ask
die Form /en	form, shape
in Form sein	*to be in form*
formen	*to shape*

der 'Forscher s/-　　　　　　researcher, scientist
  forschen (nach)　　　　　*to search (for)*
  die Forschung　　　　　　*research (work)*
fort → da　　　　　　　　　gone; away, off
  in einem fort　　　　　　*on and on*
  und so fort　　　　　　　*and so on*
  ich muß fort　　　　　　*I must be off*
  fort!　　　　　　　　　*go away!*
'fort|fahren u-a/ä　　　　　to continue, to keep on, to go on
  → anhalten /aufhören
der 'Fortschritt es/e　　　　progress
  Fortschritte machen　　　*to make progress, to progress*
'fort|setzen → aufhören　　to continue, to pursue
die 'Fortsetzung /en　　　　sequel
  Fortsetzung folgt　　　　*To be continued*
das 'Foto s/s　　　　　　　photo, picture
  der Fotoapparat　　　　　*camera*
fotogra'fieren　　　　　　to photograph, to take a picture (of)
die 'Frage /n → Antwort　　question
  ein Frage stellen　　　　*to ask a question*
  eine Frage aufwerfen　　*to raise a question*
  eine Frage beantworten　*to answer a question*
  das ist eine andere　　　*that's another question*
  Frage
  das kommt nicht in　　　*that's out of the question*
  Frage
'fragen → antworten　　　to ask
  ich frage mich, warum　　*I wonder why*
  das frage ich dich　　　　*I'm asking you*
'Frankreich s　　　　　　France
der Fran'zose n/n　　　　　Frenchman
  er ist Franzose　　　　　*he is French*
fran'zösisch　　　　　　　French
  auf französisch .　　　　*in French*
  er kann Französisch　　　*he speaks French*
  die französische　　　　*the French language*
  Sprache
die Frau /en　　　　　　　woman; wife
  Frau X　　　　　　　　*Mrs X*
  gnädige Frau!　　　　　*Madam!*
das 'Fräulein s/-　　　　　young lady, girl
  Fräulein X　　　　　　*Miss X*
frei → unfrei/besetzt　　　free; vacant
  Eintritt frei!　　　　　*Admission free*

wir haben frei	*we have a holiday*
ist der Platz frei?	*is this seat vacant?*
im Freien	*in the open (air)*
eine Zeile frei lassen	*to leave a line blank*
die 'Freiheit /en	liberty; freedom
in Freiheit	*in freedom*
'freilich	yes, indeed; sure enough
die 'Freizeit	leisure, spare time
fremd	strange; foreign
ich bin hier fremd	*I am a stranger here*
fremde Sprachen	*foreign languages*
die Fremdsprache	*foreign language*
der 'Fremde n/n	stranger; foreigner
'fressen a-e/i	to eat, to devour
die 'Freude /n → Leid	joy, pleasure, delight
seine Freude haben (an)	*to take pleasure (in)*
jdm eine Freude machen	*to give pleasure to s. o.*
mit Freuden	*with pleasure*
freudestrahlend	*beaming with joy*
'freudig → traurig	joyful
ein freudiges Ereignis	*a happy event*
sich 'freuen → leiden	to rejoice, to be pleased (with)
es freut mich	*I am happy/glad*
sich auf etw freuen	*to look forward to*
der Freund es/e	friend
→ Feind / Gegner	
ein Freund von mir	*a friend of mine*
die Freundschaft	*friendship*
aus Freundschaft	*out of friendship*
Freundschaft schließen (mit)	*to make friends (with)*
'freundlich	friendly, kind(ly)
freundliche Grüße	*kind regards*
das ist sehr freundlich von Ihnen	*that is very kind of you*
seien Sie so freundlich	*be kind enough (to)*
der 'Frieden s → Krieg	peace
laß mich in Frieden!	*leave me alone!*
friedlich	*peaceable; peaceful*
'frieren o-o	to freeze; to be cold
ich friere, mich friert	*I am cold*
es friert	*it is freezing*
frisch	fresh
frisch halten	*to keep fresh*

Frisch gestrichen!	*Wet paint*
es ist frisch	*it is cool*
froh → traurig	glad, joyful, gay
eine frohe Nachricht	*good news*
'fröhlich → traurig	merry, cheerful
Fröhliche Weihnachten!	*Merry Christmas!*
die Frucht /ü-e	fruit
früh → spät	early, in good time
am frühen Morgen	*early in the morning*
heute früh	*this morning*
morgen früh	*tomorrow morning*
von früh bis spät	*from morning till night*
zu früh kommen	*to be early*
früh aufstehen	*to get up early*
'früher → später	sooner, former; in the past, formerly
früher oder später	*sooner or later*
das 'Frühjahr s,	spring
der 'Frühling s/e	
im Frühling	*in spring*
das 'Frühstück s	breakfast
zum Frühstück	*for breakfast*
frühstücken	*to have breakfast*
(sich) fühlen	to feel
sich wohl fühlen	*to feel well*
fuhr (1., 3. pers sg prät v. fahren)	went; drove
'führen	to lead, to drive; to take, to guide; to direct
das führt zu nichts	*that leads us nowhere*
an der Leine führen	*to keep on the lead*
ein Gespräch führen	*to have a talk*
der 'Führerschein s/e	driving licence
'füllen (mit)	to fill (with)
der Füller	*fountain pen*
der Funk s	wireless, radio, sound
im Funk	*on the wireless/radio*
funktio'nieren	to work
die Furcht	fear
aus Furcht (vor)	*for fear (of)*
Furcht haben (vor)	*to be afraid (of)*
'furchtbar	terrible, awful
sich 'fürchten	to be afraid of; to fear
fürchterlich	*dreadful*
der Fuß es/ü-e	foot

zu Fuß	*on foot*
zu Fuß gehen	*to walk*
gut zu Fuß sein	*to be a good walker*
auf gutem Fuß stehen (mit)	*to be on good terms (with)*
der Fußboden	*floor*
der Fußgänger	*pedestrian*
der 'Fußball s/ä-e	football
Fußball spielen	*to play football*
'füttern	to feed

G

gab (1., 3. pers sg prät v. geben)	gave
die 'Gabe /n; Geschenk	gift; present
die 'Gabel /n	fork
mit der Gabel essen	*to eat with a fork*
der Gang es/ä-e	walk(ing); way; speed / gear
in Gang bringen	*to get going, to start up*
in Gang sein	*to be on, to be in full swing*
in Gang halten	*to keep going*
im dritten Gang	*in third (gear)*
sich in Gang setzen	*to start; to begin to move*
ganz	quite, whole; wholly, entirely
von ganzem Herzen	*with all (my) heart*
ganz in der Nähe	*close by*
ganz gut	*quite good, not bad*
ganz gewiß	*most certainly*
ganz und gar	*wholly, altogether*
ganz und gar nicht	*not at all, by no means*
gar nicht	not at all
gar nichts	nothing at all
die Gar'dine /n	curtain
der 'Garten s/ä	garden
das Gas es/e	gas
Gas geben	*to step on the accelerator*
der Gast es/ä-e	guest
Gäste haben	*to have company*
das 'Gasthaus es/äu-er	hotel, restaurant
die Gaststätte	*restaurant*
das Ge'bäude s/-	building
das öffentliche Gebäude	*public building*

'geben a-e/i	to give
es gibt	*there is/are*
was gibt's?	*what is the matter?*
was gibt's Neues?	*what's the news?*
das Ge'biet es/e	field; district; area; region; territory
auf diesem Gebiet	*in this field*
ge'bildet (part perf v. bilden)	educated, cultured
das Ge'birge s/-	mountains *pl*
im Gebirge	*in the mountains*
ge'blieben (part perf v. bleiben)	stayed, remained
ge'boren → gestorben	born
wann sind Sie geboren?	*when were you born?*
wo sind Sie geboren?	*where were you born?*
geboren werden	*to be born*
ich bin 1945 geboren	*I was born in 1945*
Goethe wurde 1749 geboren	*Goethe was born in 1749*
Frau X geb(orene) Y	*Mrs X née Y*
ge'bracht (part perf v. bringen)	brought; taken
der Ge'brauch s/ä-e	use
Gebrauch machen (von)	*to make use (of)*
in Gebrauch	*in use*
außer Gebrauch	*out of use*
die Gebrauchs- anweisung	*instructions* pl *(for use)*
ge'brauchen	to use, to make use (of)
gebraucht	*used/second-hand*
zu nichts zu gebrauchen	*no use*
der Gebrauchtwagen	*used car*
die Ge'burt /en → Tod	birth
von Geburt Deutscher	*German-born*
Geburtsort und -tag	*place and date of birth*
der Ge'burtstag s/e	birthday
ge'dacht (part perf v. denken)	thought
das Ge'dächtnis ses	memory
aus dem Gedächtnis	*by heart, from memory*
zum Gedächtnis (an)	*in memory (of)*
im Gedächtnis behalten	*to bear in mind*
der Ge'danke ns/n	thought, idea
der bloße Gedanke	*the very thought (of it)*

kein Gedanke!	*nothing of the kind!*
sich Gedanken machen (über)	*to worry (about)*
das Ge'dicht es/e	poem
die Ge'duld	patience
Geduld haben	*to have patience*
die Geduld verlieren	*to lose patience*
(Sehr) ge'ehrter Herr X!	(Dear) Sir,
die Ge'fahr /en	danger; risk
in Gefahr	*in danger*
außer Gefahr	*out of danger*
Gefahr laufen (zu)	*to run the risk (of)*
ge'fährlich	dangerous
der Ge'fährte n/n	companion, fellow
ge'fallen ie-a/ä	to please
wie gefällt Ihnen . . .?	*how do you like …?*
es gefällt mir (sehr)	*I like it (very much)*
gefällt Ihnen das?	*do you like it?*
Gefallen finden (an)	*to enjoy*
einen Gefallen tun	*to do a favour*
tun Sie mir den Gefallen	*be so kind (as to); do me the favour*
sich etw gefallen lassen	*to put up with s. th.*
das Ge'fängnis ses/se	prison
das Ge'fühl s/e	feeling
ge'funden (part perf v. finden)	found
ge'gangen (part perf v. gehen)	gone
die 'Gegend /en	region; country; scenery; quarter
in der Gegend von	*near, close to*
'gegeneinander → miteinander	against each other / one another
der 'Gegenstand s/ä-e	object; subject
das 'Gegenteil s	contrary, opposite
im Gegenteil	*on the contrary*
gegen'über	opposite
gerade gegenüber	*immediately opposite*
mir gegenüber	*facing / opposite me*
die 'Gegenwart	presence
in Gegenwart von	*in the presence of*
'gegenwärtig	at present
der 'Gegner s/- → Freund	adversary, enemy
Geh! → Halt!	Go

das Ge'halt s/ä-er — salary; pay
  das Monatsgehalt — *monthly salary/pay*
ge'heim — secret
  das Geheimnis — *secret*
  geheimnisvoll — *mysterious*
'gehen i-a — to go, to walk
  wie geht es Ihnen? — *how are you?*
  es geht mir gut — *I am well; I am doing well*
  es geht mir besser — *I am better; I feel better*
  wie geht's? — *how are you?*
  es wird schon gehen — *it will be all right*
  es geht (dar)um — *it's a matter/question (of)*
  das geht nicht — *it can't be done*
  das geht Sie nichts an — *that's none of your business*
  laß mich gehen! — *leave me alone*
ge'horchen — to obey
ge'hören (zu) — to belong (to); to form part of
  das gehört mir — *that's mine*
  es gehört sich — *it's proper*
  das gehört sich nicht — *it's not done*
der Geist es — mind, spirit
  die Geistesgegenwart — *presence of mind*
  geistig — *intellectual, mental; spiritual*
gelb — yellow
das Geld es/er — money; change
  Geld verdienen — *to make money*
  Geld verlieren — *to lose money*
  ich habe kein Geld bei mir — *I've no money on me*
  das kostet viel Geld — *that costs a lot (of money)*
  das Geldstück — *coin*
die Ge'legenheit /en — occasion, opportunity; chance
  bei Gelegenheit — *on occasion*
  bei dieser Gelegenheit — *on that occasion*
  die Gelegenheit ergreifen/verpassen — *to seize/miss the opportunity*
  gelegentlich — *sometime or other*
ge'lehrt — learned
ge'lingen a-u → mißlingen — to succeed, to be successful
  es ist mir gelungen (zu) — *I have succeeded (in)*
'gelten a-o/i — to be valid/good; to be worth
  das gilt nicht — *that doesn't count*
ge'mein — common; vulgar, base
das Ge'müse s/- — vegetable(s)

ge'mütlich → ungemütlich — sociable, easy-going, comfortable
  hier ist es gemütlich — *here you may feel at home*
  die gemütliche Ecke — *cosy corner*
  in aller Gemütlichkeit — *in a leisurely fashion*

ge'nau → ungefähr — just, exact, exactly
  die genaue Zeit — *the right time*
  die Uhr geht genau — *this watch/clock keeps good time*
  es ist genau 3 Uhr — *it's 3 o'clock sharp*
  genau ein Pfund — *exactly one pound*
  genaugenommen — *strictly speaking*

ge'nießen o-o — to enjoy

ge'nommen (part perf v. nehmen) — taken

der Ge'nosse n/n — comrade
  der Zeitgenosse — *contemporary*

ge'nug — enough
  Geld genug — *enough money*
  genug! — *enough!, that will do!*

ge'nügen — to be enough
  das genügt — *that will do*

ge'öffnet → geschlossen — open

das Ge'päck s/Gepäck-stücke — luggage, baggage *am*
  das Gepäck aufgeben — *to register o's luggage*
  der Gepäckträger — *porter; carrier*

ge'rade → krumm — straight
  eine gerade Linie — *a straight line*
  geradeaus — *straight ahead*
  gehen Sie geradeaus — *keep straight on*

ge'rade — just, directly, precisely, just now
  es ist gerade 10 Uhr — *it's just 10 (o'clock)*
  er ist gerade fort — *he has just left*
  ich wollte gerade weggehen — *I was just about to leave*
  gerade gegenüber — *just opposite*

das Ge'rät es/e — tool; apparatus, set
  dieses Gerät dient zum ... — *this gadget is used for ...*

das Ge'räusch es/e — noise
  ein leises Geräusch — *a slight noise*
  beim leisesten Geräusch — *at the slightest noise*

ge'recht → ungerecht — just
  eine gerechte Sache — *a just cause*
  eine gerechte Strafe — *a well-deserved punishment*

die Gerechtigkeit	justice
das Ge'richt s/e	court; dish
ge'ring	little, small; low; of inferior quality
nicht im geringsten	*not in the (very) least*
nicht die geringste Ahnung	*not the faintest idea*
gern / lieber / am liebsten	gladly, with pleasure
herzlich gern	*with great pleasure*
gern geschehen!	*don't mention it*
gern haben	*to be fond of, to like/love*
ich möchte gern	*I'd like to*
ich möchte gern wissen	*I wonder*
gern etw tun	*to like doing s. th.*
der Ge'ruch s/ü-e	smell
ein angenehmer Geruch	*a pleasant smell*
ein übler Geruch	*a bad smell*
der Ge'sang s/ä-e	song
das Ge'schäft s/e	shop; business
Geschäfte machen	*to do business*
ein gutes Geschäft	*a good bargain*
ein Geschäftsmann	*a businessman*
die Geschäftszeit	*hours of business*
ge'schehen a-e/ie	to happen, to come about
was ist geschehen?	*what has happened?*
gern geschehen!	*don't mention it*
geschieht ihm recht!	*serves him right!*
es ist ein Unglück geschehen	*there has been an accident*
das Ge'schenk s/e	gift, present
die Ge'schichte/n	history; story
die Geschichte Deutschlands	*the history of Germany*
eine Geschichte erzählen	*to tell a story*
eine schöne Geschichte!	*a pretty mess!*
ge'schickt	handy, clever, skilful
ge'schlossen (part perf v. schließen) → geöffnet	shut, closed
der Ge'schmack s	taste
das ist nicht nach meinem Geschmack	*that's not to my taste*
geschmackvoll	*in good taste*
ge'schrieben (part perf v. schreiben)	written

die Ge'schwindigkeit /en	speed
mit einer Geschwindigkeit von . . .	*at a speed of . . .*
die Geschwindigkeits- begrenzung/-beschrän- kung	*speed limit*
mit Höchstgeschwin- digkeit	*at full speed*
die Ge'sellschaft /en	society; company
in guter Gesellschaft	*in good company*
eine Gesellschaft geben	*to give a party*
jdm Gesellschaft leisten	*to keep s. o. company*
das Ge'setz es/e	law
das Ge'sicht s/er	face
zu Gesicht bekommen	*to catch sight of*
aus dem Gesicht verlieren	*to lose sight of*
ins Gesicht sehen	*to look in the face*
das Gesicht verziehen	*to make a face*
das Ge'spräch s/e	conversation, talk
ein Gespräch beginnen	*to enter into a conversation*
ein Gespräch führen (mit)	*to have a talk (with)*
das Ortsgespräch	*local call*
das Ferngespräch	*trunk call*
ge'sprochen (part perf v. sprechen)	spoken
die Ge'stalt /en	form, shape; figure
in Gestalt von	*in the shape of*
Gestalt annehmen	*to take shape*
gestalten	*to form, to shape*
ge'stehen a-a	to admit, to confess
offen gestanden	*to be frank*
'gestern	yesterday
vorgestern	*the day before yesterday*
gestern früh	*yesterday morning*
gestern abend	*last night*
ge'storben (part perf v. sterben)	died, dead
ge'sund → krank	healthy, in good health, well, sound
gesund sein	*to be in good health*
gesund werden	*to recover*
wieder gesund	*recovered*
die gesunde Nahrung	*wholesome food*

der gesunde Menschenverstand	*common sense*
die Gesundheit	*health*
ge'tan (part perf v. tun)	done
das Ge'tränk s/e	drink
das Ge'treide s/- (oder: Getreidearten)	cereals *pl*, corn / grain
ge'währen → fordern	to grant
die Ge'walt /en	power, force
mit Gewalt	*by force*
gewaltig	*powerful*
ge'wandt	skilful
die Gewandtheit	*skill*
das Ge'wehr s/e	rifle
das Gewehr laden	*to load the rifle*
mit dem Gewehr schießen	*to shoot*
ge'wesen (part perf v. sein)	been
das Ge'wicht s/e	weight
ins Gewicht fallen	*to be of importance*
der Ge'winn s/e	gain, profit
mit Gewinn verkaufen	*to sell at a profit*
ge'winnen a-o	to gain, to win
Zeit gewinnen	*to gain time*
5 : 2 (fünf zu zwei) gewinnen	*to win by 5 goals to 2*
den Lauf gewinnen	*to win the race*
Kohle gewinnen	*to mine coal*
ge'wiß → ungewiß	certain, sure; certainly, surely
gewisse Leute	*certain people*
ich bin meiner Sache gewiß	*I am quite certain*
aber gewiß!	*why certainly!*
ganz gewiß	*sure enough, no doubt*
gewissermaßen	*so to speak, as it were*
das Ge'wissen s	conscience
ein reines Gewissen haben	*to have a clear conscience*
die Gewissensfreiheit	*freedom of conscience*
sich ge'wöhnen (an)	to get accustomed (to) / used (to)
gewöhnt sein (zu)	*to be used (to)*
die Ge'wohnheit /en	habit, custom
aus Gewohnheit	*from habit*

die Gewohnheit haben (zu)	*to be in the habit (of)*
ge'**wöhnlich**	usual; ordinary; generally
→ *außergewöhnlich*	
wie gewöhnlich	*as usual*
ge'**worden** (part perf v. werden)	become
gib; gibt (imp, 3. pers sg präs v. geben)	give; gives
es gibt	*there is/are*
'**gießen** o-o	to pour; to water
in ein Glas gießen	*to pour into a glass*
die Blumen gießen	*to water the flowers*
es gießt (in Strömen)	*it's pouring (with rain)*
vollgießen	*to fill (up)*
das Gift es/e	poison
ging (1., 3. pers sg prät v. gehen)	went
der 'Gipfel s/-	summit, top
das ist der Gipfel!	*that's the limit!*
'**glänzen**	to shine
glänzend	*brilliant*
das Glas es/ä-er	glass
Vorsicht, Glas!	*Glass, with care!*
aus Glas	*made of glass*
ein Glas Wein	*a glass of wine*
ein Weinglas	*a wine glass*
aus einem Glas trinken	*to drink out of a glass*
glatt → *rauh*	smooth; polished; slippery
es ist glatt gegangen	*it went without a hitch*
glatt machen	*to smooth; to polish*
der 'Glaube ns → *Zweifel*	faith, belief
'**glauben**	to believe; to think
ich glaube es	*I believe so*
ich glaube ihm	*I believe him*
ich glaube es ihm	*I believe what he says*
ich glaube kein Wort davon	*I don't believe a word of it*
gleich	like, same; equal; similar
das ist mir gleich	*it's all the same (to me)*
zu gleicher Zeit	*at the same time*
gleich alt	*of the same age*
gleich groß	*of the same size, equally large*
= ist gleich	*equal(s)/are/make*

$2 + 3 = 5$ *zwei und drei ist (gleich) fünf*	*2 and 3 equal(s)/are/make 5*
$5 - 3 = 2$ *fünf weniger drei ist (gleich) zwei*	*5 minus 3 equals 2*
$2 \times 2 = 4$ *zwei mal zwei ist vier*	*2 times 2 are 4*
$4 : 2 = 2$ *vier durch zwei ist zwei*	*4 divided by 2 equals 2*

gleich in a moment, directly, at once
  gleich! *just a minute, please!*
  (ich komme) gleich! *(I'm) coming!*
  ich bin gleich wieder da *I'll be back in a minute*
  gleich gegenüber *just opposite*
  wie heißt er doch gleich? *what's his name?*

(sich) 'gleichen i-i → sich to equal; to be like, to resemble
unterscheiden

'gleichfalls also, as well
  danke, gleichfalls! *thanks, the same to you!*

die 'Gleichheit equality
→ Ungleichheit

'gleichzeitig at the same time
→ nacheinander

das Glied es/er limb; member

die 'Glocke /n bell
  die Glocke läuten *to ring the bell*
  die Glocke läutet *the bell is ringing*

das Glück s → Unglück (good) luck, happiness
  zum Glück *fortunately*
  Glück haben *to be lucky*
  kein Glück haben *to be out of luck*
  Glück wünschen *to wish good luck*
  viel Glück! *good luck (to you)!*
  auf gut Glück *at random*
  was für ein Glück! *what a piece/stroke of good luck!*

'glücklich → unglücklich lucky; happy, fotunate
  glückliche Reise! *a pleasant journey; bon voyage!*
  glücklich machen *to make happy*
  glücklicherweise *fortunately*

das Gold es gold
  aus Gold, golden *made of gold, golden*

Gott es/ö-er God
  ach Gott! *Heavens!*
  Gott sei Dank! *thank God!, fortunately!*
  in Gottes Namen! *for Heaven's sake!*

'graben u-a/ä	to dig
ein Loch graben	*to dig a hole*
der Graben	*ditch*
der Grad es/e	degree
es sind 20 Grad	*it's 20 degrees above/below zero*
über/unter Null	
in einem gewissen Grade	*to a certain degree*
das Gramm s/-	gram(me)
das Gras es/ä-er	grass
grau	grey
'greifen i-i	to seize, to reach (for)
in die Tasche greifen	*to put o's hand into o's pocket*
unter die Arme greifen	*to give a helping hand (to)*
die 'Grenze /n	frontier, border; limit
an der Grenze	*on the frontier*
über die Grenze fahren,	*to cross the frontier*
die Grenze überschreiten	
alles hat seine Grenzen	*there is a limit to everything*
der Griff s/e	grip; handle
einen guten Griff tun	*to make a good choice*
Griff ziehen!	*Pull the handle*
die 'Grippe /n	flu
die Grippe haben	*to have got the flu*
grob → fein	coarse, rough
ein grober Fehler	*a bad mistake*
grobe Worte	*strong terms*
groß / größer / am	great; large, big, tall
größten → klein	
ganz groß!	*great!*
gleich groß	*of the same size*
immer größer	*greater and greater*
im großen (und) ganzen	*generally speaking, on the whole*
wie groß ist er?	*how tall is he?*
er ist groß geworden	*he has grown*
'großartig	grand, wonderful
das ist ja großartig!	*it's simply grand!*
eine großartige Aussicht	*a splendid view*
die 'Größe /n	size; height
sie haben die gleiche	*they are the same size*
Größe	
die 'Großmutter /ü	grandmother
der Großvater	*grandfather*
'größten'teils	for the most part, mostly
grün	green

grünes Licht	*green light*
im Grünen	*in the countryside*
das ist dasselbe in Grün	*it comes to the same thing*
der Grund es/ü-e	ground; bottom; reason, cause
der Meeresgrund	*bottom of the sea*
im Grunde (genommen)	*strictly speaking*
aus welchem Grund?	*for what reason?*
aus diesem Grund	*for this reason*
aus guten Gründen	*with reason*
ein triftiger Grund	*a good reason*
gründen	*to found, to establish*
der 'Grundsatz es/ä-e	principle
es sich zum Grundsatz machen	*to make it a rule*
die 'Gruppe /n	group
in Gruppen pl	*in groups* pl
in Gruppen einteilen	*to form into groups*
der Gruß es/ü-e	greeting
mit bestem Gruß	*yours sincerely*
herzliche Grüße pl	*kind regards* pl
viele Grüße von mir (an)	*my kindest regards (to)*
'grüßen	to greet
grüßen Sie ihn von mir	*give him my kind regards*
'gucken	to look, to peep
der 'Gummi s/s	rubber
der Radiergummi	*india-rubber*
aus Gummi	*made of rubber*
'günstig → ungünstig	favourable
eine günstige Gelegenheit	*a favourable opportunity*
GUS *(Gemeinschaft Unab-hängiger Staaten; ehe-malige Sowjetunion)*	CIS *(Commonwealth of Independent States; former Soviet Union)*
gut/besser/am besten → schlecht/böse	good; well
es ist gut	*very good, all right*
das ist ganz gut	*that's not bad*
schon gut!	*never mind!*
es geht mir gut	*I am well*
guten Morgen!	*good morning*
guten Tag!	*how do you do?, good morning/afternoon/evening*
guten Abend!	*good evening*
gute Nacht!	*good night*
gut riechen	*to smell good*

gut schmecken	*to taste good*
auf gut deutsch	*in plain English*
mach's gut!	*good luck!, have a good time!, cheerio!*
das Gut es/ü-er	farm, estate; property

H

das Haar es/e	hair
sich die Haare schneiden lassen	*to have o's hair cut*
Haarschneiden, bitte!	*hair-cut, please*
'haben, hatte — gehabt	to have (got)
ich hab's!	*I have (got) it!*
was hast du?	*what is the matter with you?*
den wievielten haben wir?	*what is the date?*
wir haben Montag, den 26. März	*it's Monday, (the) 26th (of) March*
gern haben	*to be fond of, to like*
Geduld haben	*to be patient*
der 'Hafen s/ä	port, harbour
den Hafen erreichen	*to get to the port*
der Hahn s/ä-e	cock, tap
den Hahn zudrehen	*to turn the tap off*
halb	half; by halves
eine halbe Stunde	*half an hour*
anderthalb Stunden	*one hour and a half*
halb 10 (Uhr)	*half past nine (o'clock)*
5 vor halb 10	*twenty-five (minutes) past 9*
5 nach halb 10	*twenty-five to 10 (o'clock)*
ein halbes Jahr	*half a year, six months*
auf halbem Wege	*half-way*
eineinhalb / anderthalb	*one and a half*
die 'Hälfte /n	half
die 'Halle /n	hall
der Hals es/ä-e	neck; throat
einen schlimmen Hals haben	*to have a sore throat*
Halt! → Geh!	Stop!
'halten ie-a/ä	to hold; to keep; to take; to stop
eine Rede halten	*to make a speech*
Wort halten	*to keep o's word*

den Mund halten	to keep quiet, to shut up
sich rechts halten	to keep to the right
der Zug hält nicht	the train does not stop
halten für	to take for, to think
es für nötig halten	to think it necessary
in der Hand halten	to hold in o's hand
die Haltestelle	stop
Halteverbot!	No waiting
die 'Haltung /en	attitude
der 'Hammer s/ä	hammer
die Hand /ä-e	hand
bei der Hand / zur Hand	at hand
mit der rechten Hand	with o's right hand
zur rechten Hand	on the right (hand)
jdm die Hand drücken/geben	to shake hands (with s. o.)
eine Handvoll	a handful (of)
der 'Handel s	trade, commerce
Handel treiben (mit)	to deal (in)
handeln	to trade; to act; to bargain
es handelt sich (um)	it is a question/ matter of
worum handelt es sich?	what is the question?, what's it about?
der Händler	trader, dealer
die 'Handlung /en	action
der 'Handschuh s/e	glove
die Handschuhe anziehen	to put on o's gloves
ein Paar Handschuhe	a pair of gloves
die Handtasche	handbag
das 'Handtuch s/ü-er	towel
das 'Handwerk s/e	trade
ein Handwerk lernen	to learn a trade
sein Handwerk verstehen	to know o's business
der Handwerker	artisan
'hängen i-a	to hang, to suspend; to hang, to be suspended; to be attached (to)
an der Decke hängen	to hang from the ceiling
sie hat die Wäsche auf die Leine gehängt	she (has) hung the clothes on the line
die Wäsche hat auf der Leine gehangen	the clothes (have) hung on the line
an den Nagel hängen	to give up

sie hängt an ihrer Mutter	*she is much attached to her mother*
hart → weich	hard; firm; severe
ein harter Mann	*a hard man*
harte Worte pl	*hard words* pl
hart bleiben	*to stand firm*
'hassen	to hate
'häßlich	ugly; mean
hast, hat (2., 3. pers sg präs v. haben)	have, has
'häufig	frequent; frequently, often
das Haupt es/äu-er	head; chief
die 'Hauptsache /n	essential; main thing
die Hauptsache ist, daß	*the point is that*
hauptsächlich	*main(ly), chief(ly)*
die 'Hauptstadt /ä-e	capital
die Hauptstraße	*main street, principal thoroughfare*
das Haus es/äu-er	house, home
nach Hause gehen	*to go home*
nach Hause bringen	*to see home*
zu Hause sein	*to be at home, to be in*
zu Hause lassen	*to leave at home*
im Hause sein	*to be indoors*
die Hausfrau	*housewife*
der Haushalt	*household*
den Haushalt führen	*to run the household*
die Hausnummer	*street number*
die Haut /äu-e	skin
helle / dunkle Haut haben	*to have fair/dark skin*
naß bis auf die Haut	*soaked to the skin*
er ist nur Haut und Knochen	*he ist nothing but skin and bones*
'heben o-o	to lift, to raise
die Hand heben	*to raise o's hand*
sich heben und senken	*to rise and fall*
das Heer es/e	army
das Heft es/e	exercise-book
in ein Heft schreiben	*to write into an exercise-book*
'heftig → sanft	violent, hard, fierce
heftig werden	*to get into a temper*
heftig weinen	*to cry bitterly*
'heilen	to cure; to heal (up)

'heilig	holy; sacred
der Heilige Abend	*Christmas Eve*
das Heim s/e	home
heim	*home*
die 'Heimat → Fremde	home; native country
'heimkehren / heimkom-men	to come (back) home
'heiraten	to marry; to get married
aus Liebe heiraten	*to marry for love*
die Heirat	*marriage*
verheiratet	*married*
heiß → kalt	hot
es ist heiß	*it is hot*
mir ist heiß	*I feel hot, I am hot*
ist das heiß!	*how hot it is!*
kochend heiß	*boiling hot*
'heißen ie-ei	to be called; to mean
wie heißen Sie?	*what's your name?*
wie heißt der Ort?	*what's the name of this place?*
wie heißt das auf deutsch?	*what is that in German?*
das heißt (d. h.)	*that is, i. e. (= id est)*
es heißt	*they say*
was soll das heißen?	*what is the meaning of (all) that?*
'heiter → ernst / finster	clear; gay, cheerful
'heizen	to heat; to make a fire
die Heizung	*heating*
'helfen a-o/i	to help; to serve
es hilft nichts	*it's no good*
er weiß sich zu helfen	*he can look after himself*
hell → dunkel / finster	clear, bright, light
es ist hell	*it is (quite) light*
es wird hell	*it's beginning to dawn*
hellblau	*light blue*
seine helle Freude haben (an)	*to be (more than) delighted at*
das Hemd es/en	shirt
das Hemd ausziehen	*to take off o's shirt*
ein frisches Hemd anziehen	*to put on a clean shirt*
her → hin	here
hin und her	*to and fro*
komm her!	*come here*
wie lange ist es her?	*how long ago is it?*

wo sind Sie her?	*where do you come from?*
wo haben Sie das her?	*where did you get that (from)?*
(he)'rauf → hinunter	up(wards)
(he)'raus → hinein	out
raus!	*get out!*
hier heraus	*this way out*
herausnehmen (aus)	*to take out (of)*
der Herbst es/e	autumn, fall *am*
im Herbst	*in autumn*
der Herd es/e	stove
der Elektroherd	*electric cooker*
der Gasherd	*gas stove*
(he)'rein! → hinaus!	come in!
hier herein!	*this way, please!*
he'rein|kommen a-o	to come in(to)
→ hinaus|gehen	
der Herr n/en	gentleman; master
mein Herr!	*sir!*
meine Herren!	*gentlemen!*
(für) Herren	*Gentlemen('s lavatory)*
Herr X	*Mr X*
(Sehr) geehrter Herr X!	*Dear Mr X,*
Herr Doktor	*Doctor*
'herrlich	grand, wonderful, glorious
'herrschen → dienen	to rule
es herrscht Stille	*silence reigns*
'her|stellen	to produce; to turn out
die Herstellung	*production; output*
he'rum	about
rings herum	*round about*
um die Ecke herum	*round the corner*
(he)'runter → hinauf	down
herunter!	*down you go!*
komm herunter!	*come down!*
her'vorragend	excellent
das Herz ens/en	heart
von Herzen gern	*with the greatest (of) pleasure*
von ganzem Herzen	*with all my heart*
schweren Herzens	*with a heavy heart*
es liegt mir am Herzen	*I have it at heart*
'herzlich	cordial, affectionate
herzlich gern	*gladly, with pleasure, willingly*
herzliche Grüße pl	*kind regards* pl
'heute	today, this day

heute morgen	*this morning*
heute vormittag	*this morning*
heute mittag	*at noon today*
heute nachmittag	*this afternoon/evening*
heute abend	*this evening, tonight*
heute nacht	*tonight*
noch heute	*this very day*
bis heute	*till today, to date*
von heute an	*from this day*
heute in 8 Tagen	*today/this day week*
heute vor 8 Tagen	*a week ago*
welchen (Tag) haben wir heute?	*what day is it today?*
heute haben wir den 26.	*today is the 26th*
heute ist Sonntag, der 26. März	*to day is Sunday, the 26th of March*
'heutzutage	nowadays, these days
hielt (1., 3. pers sg prät v. halten)	held; kept; took; stopped
hier → dort	here
hier und dort	*here and there*
hier!	*present!, here!*
hier bin ich	*here I am*
'hierauf	after this, then
'hierher → dorthin	here, this way, over here
(komm) hierher!	*come here*
hier her(ein), bitte	*this way (in), please*
die **'Hilfe** /n	help, relief, assistance
Hilfe!	*help!*
die erste Hilfe	*first aid*
um Hilfe rufen	*to call for help*
zu Hilfe eilen	*to rush to s. o.'s aid*
der **'Himmel** s/-	sky; heaven (s)
unter freiem Himmel	*in the open air*
um Himmels willen!	*for goodness' sake!*
am Himmel	*in the sky*
hin → her	there
hin und wieder	*every now and then, at times*
hin und her	*to and fro*
(eine Fahrkarte) hin und zurück, Rückfahrkarte	*(a) return (ticket)*
hi'nauf → herunter	upward(s)
die Treppe hinauf	*upstairs*
hi'naus → herein	out

hinaus!	*(get) out!, out you go!*
worauf wollen Sie hinaus?	*what are you driving at?*
hi'naus|gehen i-a	to go out, to leave
'hindern	to check, to prevent (from)
hin'durch	through, all through, throughout; during
den ganzen Tag hindurch	*all day (long), all through the day*
das ganze Jahr hindurch	*all the year round, all through the year*
hi'nein → heraus	in, into
'hin|fallen ie-a/ä	to fall (down)
der Länge nach hinfallen	*to come down full length*
'hin|legen	to lay / put down
sich hinlegen	*to lie down*
sich 'hin|setzen	to sit down
'hinten → vorn	behind, in (the) back *am*
nach hinten	*backward (s)*
'hintereinander → nebeneinander	one after another
'hinterher → vorher	behind; after(wards)
hi'nunter → herauf	down(stairs)
hinuntergehen	*to go down(stairs)*
hin'zu|fügen	to add
die 'Hitze → Kälte	heat
hitzebeständig	*heat-resistant*
hoch / höher / am höchsten → tief, niedrig	high; tall
3 Meter hoch sein	*to be 3 metres high / in height*
Kopf hoch!	*cheer up!*
hochachtungsvoll	*yours faithfully, yours sincerely*
hochheben	*to raise*
höchst	extremely
höchst gefährlich	*most dangerous*
die Höchstgeschwindigkeit	*maximum speed, speed limit*
'höchstens → mindestens / wenigstens	at (the) most
der Hof es/ö-e	court
auf dem Hof	*in the court(yard)*
'hoffen	to hope
ich hoffe es	*I hope so*

'hoffentlich	it is to be hoped; I hope, let's hope
die 'Hoffnung /en	hope
in der Hoffnung	*hoping (to)*
'höflich → unhöflich	polite
die 'Höhe /n → Tiefe	height
in die Höhe werfen	*to throw up*
das ist die Höhe!	*that's the limit!*
hohl	hollow
ein hohler Baum	*a hollow tree*
die hohle Hand	*the hollow of o's hand*
'holen → bringen	to call, to fetch
holen lassen	*to send for*
holen Sie den Arzt!	*call the doctor*
das Holz es/ö-er	wood, timber
aus Holz	*(made) of wood*
Holz hacken	*to chop wood*
ein Stück Holz	*a piece of wood*
der 'Honig s	honey
'hören	to hear; to listen
hören Sie mal!	*I say*
hören Sie mal zu!	*(just) listen!*
ich höre (zu)	*I am listening*
er will nicht hören	*he won't listen*
ich habe gehört (, daß)	*I hear (that)*
eine Vorlesung hören	*to attend a course/lecture*
von sich hören lassen	*to send word, to let know*
der 'Hörer s/-	listener; receiver
den Hörer abnehmen/auflegen	*to lift/replace the receiver*
der 'Hörfunk s	sound radio
die 'Hose(n) (pl)	trousers, pants pl
eine Hose	*a pair of trousers*
Hosen tragen	*to wear trousers*
die Hosen anhaben	*to wear the trousers*
das Ho'tel s/s	hotel
im Hotel übernachten	*to stay the night at a hotel*
hübsch → häßlich	pretty, nice; fine
eine hübsche Geschichte!	*a pretty mess!*
das ist hübsch von dir	*it is nice of you*
der 'Hügel s/-	hill
das Huhn s/ü-er	hen, chicken
der 'Hund es/e	dog
Vorsicht! Bissiger Hund!	*Beware of the dog. He bites.*

Hunde an der Leine führen!	*Keep your dog on the lead*
Mit Hunden kein Zutritt!	*Dogs are not admitted*
'hundert	a / one hundred
etwa hundert	*about a hundred*
Hunderte (von)	*hundreds (of)*
zu Hunderten	*by the hundred*
der 'Hunger s	hunger
ich habe Hunger	*I am hungry*
ich habe keinen Hunger	*I am not hungry*
'hungrig → satt	hungry
ich bin hungrig	*I am hungry*
'husten	to cough
den Husten haben	*to have a cough*
der Hut s/ü-e	hat
einen Hut tragen	*to wear a hat*
den Hut aufsetzen	*to put on o's hat*
den Hut abnehmen	*to take off o's hat*
Hut ab!	*hats off!*
sich 'hüten (vor)	to guard (against), to look out (for)
die 'Hütte /n	hut
die Eisenhütte	*iron and steel works*

I

ich selbst	I myself
ich bin's	*it's me*
hier bin ich	*here I am*
ich bin dran	*it's my turn*
ide'al	ideal
das Ide'al s/e	ideal
die I'dee /n	idea
das ist eine (gute) Idee	*that's an idea/a good idea*
'immer → nie	always
immer wieder	*over and over again*
immer besser	*better and better*
immer schlechter	*worse and worse, from bad to worse*
immer größer	*bigger and bigger, ever bigger*
immer noch	*still*
immer'hin	after all
die Indu'strie /n	industry
die Eisenindustrie	*iron industry*

die Elektroindustrie	*electrical industry*
industriell	*industrial*
der Inge'nieur s/e	engineer
der 'Inhalt s/e	contents
das Inhaltsverzeichnis	*table of contents*
'innen → außen	within, inside
'innere → äußere	inner
das Innere	*interior, inside*
im Innern	*within, inside*
das In'sekt s/en	insect
die 'Insel /n	island; isle
auf einer Insel	*on an island*
das Instru'ment es/e	instrument
ein Instrument spielen	*to play an instrument*
interes'sant	interesting
wie interessant	*how interesting!*
das Inter'esse s/n	interest
Interesse haben (an, für)	*to take an interest (in), to be interested in*
ich habe (kein) Interesse (dafür)	*I am (not) interested (in it)*
es liegt in deinem Interesse	*it's in your (own) interest*
(sich) interes'sieren (für)	to interest; to be interested (in)
in'zwischen	meanwhile, (in the) meantime
'irgendein (Buch)	some / any (book)
irgend etwas	*something (or other)/ anything*
irgend jemand	*somebody (or other)/anybody*
irgendwie	*somehow (or other)/anyhow*
irgendwo(hin)	*somewhere (or other)/anywhere*
(sich) 'irren	to make a mistake
sich im Weg irren	*to go the wrong way*
wenn ich (mich) nicht irre	*if I'm not mistaken*
da irren Sie sich	*there you are mistaken*
der 'Irrtum s/ü-er	error, mistake
im Irrtum sein	*to be mistaken/wrong*
ist (3. pers sg präs v. sein)	is
I'talien s	Italy

J

ja → nein	yes
ja, gern	*yes, I'd like to, thank you*
ja doch!, aber ja!	*why, yes!, yes, indeed!*
die 'Jacke /n	jacket
die Jagd /en	hunting / shooting
Jagd machen (auf)	*to hunt (for)*
auf die Jagd gehen	*to go hunting/shooting*
'jagen	to hunt; to chase
der 'Jäger s/-	hunter
das Jahr es/e	year
im Jahre 1910	*in (the year) 1910*
dieses Jahr	*this year*
nächstes Jahr	*next year*
voriges Jahr	*last year*
alle Jahre	*every year*
vor einem Jahr	*a year ago*
ein halbes Jahr	*half a year, six months*
einmal im Jahr	*once a year*
3 Jahre jünger	*3 years younger*
sie ist 20 (Jahre)	*she is 20 (years old)*
mit 20 Jahren	*at the age of 20*
die 'Jahreszeit /en	season
das Jahr'hundert s/e	century
-jährig: 'zehnjährig	10 years old, lasting 10 years
'jährlich	yearly, every year
einmal jährlich	*once a year*
'je(mals) → nie	ever
hat man je so was gesehen?	*did you ever see such a thing?*
je . . . 'desto	the . . . the
je mehr man hat, desto mehr man will	*the more we have, the more we want*
'jedenfalls	in any case
'jeder → keiner	every / each; everybody / anybody
ohne jeden Zweifel	*without any doubt*
'jedermann → niemand	everybody, anybody
'jedesmal → keinmal	every / each time
jedesmal, wenn	*whenever*
je'doch/aber	yet, however
'jemand → niemand	somebody / anybody; someone / anyone
jemand anders	*someone else*

(ist) jemand hier?	*(is) anybody there?*
ohne jemand(en) zu sehen	*without seeing anybody*
'jene(r,s)	that; that one
'jenseits	on the other side
jetzt	now, at present
bis jetzt	*up to now, as yet*
von jetzt (an)	*from now on*
eben jetzt	*just now, this very instant*
'jeweils	in each case, respectively; each time
die 'Jugend → Alter	youth, young people
von Jugend auf	*from o's youth*
die Jugendherberge	*youth hostel*
jung/jünger/am jüngsten → alt	young
die jungen Leute pl	*young people* pl
er ist 5 Jahre jünger als ich	*he is 5 years younger than me/I*
der 'Junge n/n	boy
Jungens! pl	*lads!* pl

K

der 'Kaffee s	coffee
eine Tasse Kaffee	*a cup of coffee*
Kaffee kochen	*to make (the) coffee*
Kaffee trinken	*to have coffee*
zum Kaffee(trinken) einladen	*to invite to (afternoon) coffee*
einen Kaffee bestellen	*to order a (cup of) coffee*
Milchkaffee	*white coffee*
die Kaffeekanne	*coffee-pot*
der Ka'kao s	cocoa
kalt/kälter/am kältesten → warm, heiß	cold
es ist kalt	*it is cold*
mir ist kalt	*I am/feel cold*
die 'Kälte → Hitze/Wärme	cold
es sind 10 Grad Kälte	*it is 10 degrees below zero*
vor Kälte zittern	*to shiver with cold*
kam (1., 3. pers sg prät v. kommen)	came
die 'Kamera /s	camera

der Kame'rad en/en	comrade, fellow, companion
der Kamm s/ä-e	comb
(sich) kämmen	*to comb*
der Kampf es/ä-e	fight, struggle
der Wettkampf	*match*
'kämpfen	to fight, to struggle
kann (1., 3. pers sg präs v. können)	can; know, knows
das Kapi'tal s/ien	capital
Kapital schlagen aus	*to profit by*
der Kapi'tän s/e	captain
ka'putt	broken, in pieces
die 'Karte /n	map; card; ticket; bill of fare, menu
die Karte von Deutschland	*the map of Germany*
Karten spielen	*to play cards*
eine Karte lösen	*to buy a ticket*
die Kar'toffel /n	potato
der 'Käse s/-	cheese
die 'Kasse /n	cash-box; cash-desk; booking / box office
der 'Kasten s/ä	case, box
die 'Katze /n	cat
'kauen	to chew
der Kauf s/äu-e	purchase; bargain
→ *Verkauf*	
einen guten Kauf machen	*to make a good buy*
'kaufen → *verkaufen*	to buy
der Käufer, die Käuferin	*buyer*
das Kaufhaus	*stores, department store*
der Kaufmann	*merchant; businessman*
kaum	scarcely, hardly
'kehren / *fegen*	to sweep
'keine(r,s) → *jeder*	no one, none
keiner von beiden	*neither*
keinesfalls/keineswegs	*not at all, by no means*
der 'Keller s/-	cellar, basement
'kennen a-a	to know
kennenlernen	*to get to know, to meet*
die 'Kenntnis /se	knowledge
zur Kenntnis nehmen	*to take note (of)*
der Kerl s/e	fellow
ein ganzer/tüchtiger Kerl	*a splendid chap*

das 'Kilo(gramm) s/-	kilo(gram)
der / das Kilo'meter s/-	kilometre
das Kind es/er	child
das Kleinkind	*baby*
das 'Kino s/s	cinema, movie(s) *am*
ins Kino gehen	*to go to the pictures*
im Kino	*at the cinema/pictures*
die 'Kirche /n	church
in die Kirche gehen	*to go to church*
in der Kirche	*at church*
die 'Kirsche /n	cherry
die 'Klage /n	complaint
(sich be)klagen (über)	*to complain (of)*
klar → unklar	clear, bright
na klar!	*obviously!*
ein klarer Himmel	*a clear sky*
klares Wasser	*clear/pure water*
eine klare Antwort	*a plain answer*
das ist klar	*that is understood*
die Klarheit	*clearness*
die 'Klasse /n	class, grade *am*
eine Fahrkarte	*a first-class/ second-class ticket*
erster/zweiter Klasse	
das Klassenzimmer	*classroom*
'kleben	to stick, to paste
Ankleben verboten!	*Post no bills*
der Klebestreifen	*adhesive tape*
das 'Kleid es/er	dress
die Kleider pl	*dresses; clothes pl*
ein neues Kleid	*a new dress*
der Kleiderbügel	*(coat-)hanger*
die 'Kleidung /en;	clothes, clothing, wear
Kleidungsstücke	
klein → groß	little / small
kleines Geld / Kleingeld	*(small) change*
die Kleinen pl	*the little ones pl*
'klettern	to climb
auf einen Baum klettern	*to climb (up) a tree*
auf einen Berg klettern	*to scale a mountain*
die 'Klinge /n	blade
die 'Klingel /n	bell
klingeln	*to ring the bell*
es klingelt	*the bell is ringing*
'klopfen	to knock

es klopft	*there is a knock at the door*
an die Tür klopfen	*to knock at the door*
klug → **dumm**	clever, intelligent
die Klugheit	*cleverness, intelligence*
das Knie s/-	knee
das Knie beugen	*to bend o's knee*
knien	*to kneel*
der 'Knochen s/-	bone
der Knopf es/ö-e	button
(auf) den Knopf drücken	*to press the button*
'kochen	to boil; to cook; to do the cooking
das Wasser kocht	*the water is boiling*
das Essen kochen	*to cook the meal*
Kaffee kochen	*to make coffee*
sie kocht gut	*she is a good cook*
der 'Koffer s/-	(suit)case
seine Koffer packen	*to pack o's bags*
der Kofferraum	*boot*
die 'Kohle /n	coal
die Braunkohle	*brown coal, lignite*
die Steinkohle	*hard coal*
der Kol'lege n/n	*colleague*
'komisch → **ernst**	funny; odd; amusing
ein komischer Einfall	*a funny idea*
ein komischer Kerl	*a queer fellow*
'kommen a-o → **gehen**	to come
ich komme schon!	*(I am) coming!*
es kommt vor, daß	*it happens that*
wie kommt es, daß . . .?	*how is it that . . .?*
kommen lassen	*to send for*
spät kommen	*to be late*
zur Sache kommen	*to come to the point*
komm her!	*come here!*
kommen Sie morgen zu mir	*come and see me tomorrow*
die Konfe'renz /en	conference
'können o-o/a	to be able (to); to know
er kann seine Aufgabe	*he knows his lesson*
er kann Englisch	*he can speak English*
auswendig können	*to know by heart*
das kann sein	*that may be (so), that's possible*
das Kon'zert s/e	concert
der Kopf es/ö-e	head
sich den Kopf zerbrechen	*to rack o's brains*

er ist ein kluger Kopf	*he has brains*
aus dem Kopf	*from memory, by heart*
den Kopf schütteln	*to shake o's head*
die Kopfschmerzen pl	*headache*
Kopfschmerzen haben	*to have (got) a headache*
das Korn s/ö-er	corn; grain
der 'Körper s/-	body
der menschliche Körper	*the human body*
der Körperteil	*part of the body*
'kostbar → wertlos	precious
'kosten	to cost; to taste
viel kosten	*to be expensive*
was kostet das Buch?	*how much is this book?*
ich koste den Wein	*I'll taste the wine*
die 'Kosten pl	cost(s)
auf meine Kosten	*at my expense*
die Kosten tragen	*to bear the costs*
kostenlos	*free of charge*
die Kraft /ä-e → Schwäche	force, strength, power
in Kraft treten	*to come into force*
aus Leibeskräften	*with all o's might*
der 'Kraftfahrer s/-	motorist, driver
das Kraftfahrzeug	*motor vehicle*
'kräftig → schwach	strong
krank / kränker → gesund	ill, sick
schwer krank	*sick*
krank werden	*to fall ill*
der 'Kranke n/n	sick person; patient
einen Kranken pflegen	*to nurse a patient*
das 'Krankenhaus es/ äu-er	hospital
ins Krankenhaus bringen	*to take to the hospital*
die Krankenkasse	*national or private health insurance scheme*
der Krankenschein	*certificate entitling a patient to treatment*
die Krankenschwester	*nurse*
der Krankenwagen	*ambulance*
die 'Krankheit /en → Gesundheit	illness, sickness, disease
sich eine Krankheit zuziehen	*to be taken ill*
die 'Kreide /n	chalk
der Kreis es/e	circle, ring

im Kreise herum	*(round) in a circle*
im Kreise der Familie	*within the family*
(der) Kreisverkehr	*roundabout*
das Kreuz es/e	cross
die Kreuzung	*crossing*
'kriechen o-o	to creep
der Krieg s/e → Frieden	war
im Krieg	*at war*
Krieg führen (gegen)	*to make war (on)*
der Zweite Weltkrieg	*World War II*
'kriegen → geben	to get
die Kri'tik /en	criticism
Kritik üben	*to criticize*
krumm → gerade	curved; bent, crooked
eine krumme Linie	*a curved line*
ein krummer Nagel	*a bent nail*
die 'Küche /n	kitchen; cooking
der 'Kuchen s/-	cake
einen Kuchen backen	*to make a cake*
die 'Kugel /n	ball; bullet
der Kugelschreiber	*ball(-point) pen*
die Kuh /ü-e	cow
kühl → warm	cool
es ist kühl	*it is cool*
der Kühlschrank	*refrigerator*
die Kul'tur /en	culture, civilization
der 'Kunde n/n	customer
die Kunst /ü-e	art
die schönen Künste pl	*the fine arts* pl
das ist keine Kunst	*that's easy*
der 'Künstler s/-	artist
das 'Kunstwerk s/e	work of art
der Kurs es/e	course, class
einen Kurs besuchen	*to attend a course*
die 'Kurve /n	curve; bend
kurz → lang	short, brief
vor kurzem	*recently, a short while ago*
in/binnen kurzem	*before long*
kurz darauf	*shortly after*
kurz und gut	*in short, in a word*
Fasse dich kurz!	*Make it short!*
'kürzlich	recently
'küssen	to kiss
die 'Küste /n	coast, shore

L

'lächeln (über)	to smile (at)
lächerlich	*ridiculous*
'lachen (über) → weinen	to laugh (at)
daß ich nicht lache!	*don't make me laugh!*
das ist nicht zum Lachen	*it is no joke*
der 'Laden s/ä	shop
die 'Ladung /en	charge, load
lag (1., 3. pers sg prät v. liegen)	lay
die 'Lage /n	situation, position; location
in der Lage sein (zu)	*to be in a position (to)*
das 'Lager s/-	couch; stock / store; camp
auf Lager	*in stock/store*
die 'Lampe /n	lamp; light
das Land es/ä-er	land; country
an Land gehen	*to go ashore*
auf dem Lande	*in the country*
zu Wasser und zu Lande	*by land and by sea*
Land und Leute	*the country and its habitants*
die Landschaft	*landscape*
'landen → starten	to land, to touch down
die Landung	*landing, touchdown*
die 'Landkarte /n	map
die 'Landstraße /n	road
der 'Landwirt s/e	farmer
die 'Landwirtschaft	farming, agriculture
lang → kurz	long; tall
2 Meter lang	*2 metres long*
2 Meter lang sein	*to be 2 metres long*
2 Jahre lang	*for 2 years*
über kurz oder lang	*sooner or later*
stundenlang	*for hours*
tagelang	*for days*
wochenlang	*for weeks*
die ganze Woche lang	*all (the) week (long)*
'lange → kurz	(for) a long time
vor langer Zeit	*long ago*
seit langem	*for a long time past*
wie lange?	*how long?*
schon lange	*a long time since*
wie lange schon?	*how long?*
(es ist) lange her	*(it is a) long (time) ago*

lange brauchen (um zu)	*to take (a) long (time) (to)*
die Langspielplatte	*long playing record, LP*
die 'Länge/n → Kürze	length
der Länge nach	*in length*
sich in die Länge ziehen	*to drag on (and on)*
die Wellenlänge	*wavelength*
'langsam → schnell	slow
Langsamer fahren!	*Slow down*
immer langsam!	*take it easy!*
längst	long ago / since
das langt	that'll do
'langweilig	boring, dull
der 'Lappen s/-	rag
der Lärm s	noise
Lärm machen	*to make a lot of noise*
'lassen ie-a/ä	to let; to make
laß (das)!	*don't!, stop it!*
laß mich in Ruhe!	*leave me alone!*
lassen Sie mich nur machen	*leave that to me*
holen lassen	*to send for*
machen lassen	*to have done*
die Last /en	load
eine schwere Last tragen	*to carry a heavy load*
das Lastauto, der LKW (Lastkraftwagen)	*lorry, truck*
der Lauf s/äu-e	course; race; running
im Laufe der Zeit	*in the course of time*
im Laufe dieser Woche	*in the course of this week*
den Lauf gewinnen	*to win the race*
'laufen ie-au/äu	to run; to walk, to go
auf dem laufenden sein	*to be up-to-date*
der Motor läuft	*the engine runs*
das Wasser läuft	*the water runs/flows*
die 'Laune /n	humour
guter Laune sein	*to be in a good humour/in high spirits*
laut → leise/still	loud; aloud
mit lauter Stimme	*in a loud voice*
laut sprechen	*to speak loudly*
lies laut!	*read it aloud*
lauter!	*speak up!*
'läuten	to ring

es läutet	*the bell is ringing*
'leben → sterben	to live
leben Sie wohl!	*goodbye*
das 'Leben s/- → Tod	life
am Leben sein	*to be alive*
am Leben bleiben	*to remain alive*
ums Leben kommen	*to lose o's life*
le'bendig	living, alive; lively
Lebensgefahr!	*Danger!*
es ist lebensgefährlich (zu)	*it is dangerous (to)*
die 'Lebensmittel pl	food, provisions *pl*
'lebhaft → ruhig	lively
eine lebhafte Straße	*a busy street*
das 'Leder s	leather
aus Leder	*made of leather*
'ledig → verheiratet	unmarried, single
leer → voll	empty; vacant
leeren	*to empty*
'legen	to lay, to put, to place
sich (hin)legen	*to lie down; to go to bed*
die 'Lehre /n	lesson; theory; science; teaching
'lehren	to teach
Sprachen lehren	*to teach languages*
lesen lehren	*to teach reading*
der 'Lehrer s/-	teacher, master
mein alter Lehrer	*my former teacher*
Deutschlehrer	*German master*
die Lehrerin	*(woman) teacher, mistress*
der 'Lehrling es/e	apprentice
der 'Leib es/er	body; stomach
mit Leib und Seele	*(with) heart and soul*
Leibschmerzen haben	*to have a stomach ache*
leicht → schwer, schwierig	light; easy; slight
ein leichter Fehler	*a slight mistake*
eine leichte Arbeit	*an easy task*
leicht gesagt!	*it's easy to say that*
das Leid s/en → Freude	harm; sorrow
es tut mir leid (, daß)	*I'm sorry (that)*
er tut mir leid	*I pity him, I'm sorry for him*
'leiden i-i **(an)** → sich freuen	to suffer (from)
Hunger leiden	*to suffer (from) hunger*

Not leiden	*to suffer want*
ich kann ihn nicht leiden	*I cannot stand him*
die 'Leidenschaft /en	passion
'leider → *glücklicherweise*	unfortunately; alas; I'm afraid ...
'leihen ie-ie	to lend; to borrow
leihe mir das Buch	*lend me the book*
ich leihe es von ihm	*I borrow it from him*
'leise → *laut*	low; quiet; soft
leise!	*be quiet!, silence!*
mit leiser Stimme	*in a low voice*
leise sprechen	*to speak softly*
leiser stellen	*to turn lower*
'leisten	to do; to accomplish
Hilfe leisten	*to lend a (helping) hand*
Widerstand leisten	*to offer resistance (to)*
einen Dienst leisten	*to render a service*
die 'Leiter /n	ladder
auf die Leiter steigen	*to go up the ladder*
die 'Leitung /en	line; management
die Leitung ist besetzt	*the line is busy*
'lernen	to learn; to study
auswendig lernen	*to learn by heart*
Deutsch lernen	*to learn German*
lesen lernen	*to learn to read*
'lesen a-e/ie	to read
laut lesen	*to read aloud*
der Leser	*reader*
der/die/das 'letzte	the last; the latest
der vorletzte	*the last but one*
letztes Jahr	*last year*
letzten Sonntag	*last Sunday*
'leuchten	to shine, to (give) light
die 'Leute pl	people *pl*
gewisse Leute	*certain people*
die meisten Leute	*most people*
sehr viele Leute	*a great many people*
die jungen/alten Leute	*young/old people*
das Licht es/er; e	light; candle
Licht machen	*to switch the light on*
(das Licht) ausmachen	*to switch the light off*
ein Licht anzünden	*to light a candle*
lieb	dear
es ist mir lieb (, daß)	*I am glad (that)*
lieber Herr X!	*Dear Mr X,*

liebhaben	*to be fond of, to love*
die 'Liebe	love
aus Liebe (zu)	*for (the) love (of)*
'lieben	to love; to like
sie lieben sich	*they love one another*
'liebenswürdig	kind
'lieber (s. gern)	rather; better
ich habe lieber	*I prefer*
ich möchte lieber . . .	*I would rather . . .*
ich trinke lieber Kaffee	*I prefer coffee, I'd rather have a coffee*
ich stehe lieber	*I prefer standing*
am 'liebsten (s. gern)	best / most (of all)
das Lied es/er	song
ein Lied singen	*to sing a song*
lief (1., 3. pers sg prät v. laufen)	ran
'liefern	to deliver; to furnish
'liegen a-e	to be situated / placed; to lie; to be
im Bett liegen	*to be in bed*
bleiben Sie liegen!	*stay lying down*
es liegt mir daran (, daß)	*it means a lot to me, I am anxious (that)*
an wem liegt es?	*whose fault is it?*
das Zimmer liegt nach dem Garten	*the room overlooks the garden*
ließ (1., 3. pers sg prät v. lassen)	let; made
liest (2., 3. pers sg präs v. lesen)	read, reads
das Line'al s/e	ruler
die 'Linie /n	line
eine gerade Linie ziehen	*to draw a straight line*
in erster Linie	*first of all, primarily*
'linke(r,s) → rechte(r,s)	left
linker Hand	*on the left*
links → rechts	on the left, to the left
von links nach rechts	*from left to right*
links abbiegen	*to turn left*
links fahren	*to drive on the left*
die 'Lippe /n	lip
die 'Liste /n	list
eine Liste aufstellen	*to draw up a list*
das / der 'Liter s/-	litre

die Litera'tur /en	literature
der Lkw/LKW ['elkawe]	lorry, truck *am*
('Lastkraftwagen)	
das Loch s/ö-er	hole
ein Loch graben	*to dig a hole*
ein Loch reißen (in)	*to tear a hole (in)*
der 'Löffel s/-	spoon
ein Löffel voll	*a spoonful (of)*
der Lohn s/ö-e	pay; wages, salary
das Los es/e	lot
los!	go on!, go ahead!, let's go!, here goes!
los werden	*to get rid of*
was ist los?	*what's the matter?, what's the trouble?, what's up?*
was ist mit ihm los?	*what's the matter with him?*
'lösen / losmachen	to undo; to detach
eine Karte lösen	*to buy a ticket*
eine Aufgabe lösen	*to solve a problem*
die Lösung	*solution*
'los|lassen ie-a/ä	to let go
→ festhalten	
die Luft /ü-e	air
an die Luft gehen	*to take an airing*
tief Luft holen	*to take a deep breath*
in die Luft fliegen	*to be blown up*
die 'Luftpost	air mail
mit Luftpost	*by air mail*
die 'Lüge /n → Wahrheit	lie
lügen	*to lie, to tell a lie*
die Lust /ü-e	desire; joy
Lust haben (zu)	*to feel like*
keine Lust haben	*not to feel like*
mit Lust und Liebe	*with heart and soul*
'lustig → traurig	gay, merry; funny
sich lustig machen (über)	*to make fun (of)*

M

'machen	to make, to do
das macht nichts	*that doesn't matter; never mind*
wieviel macht das?	*how much is it?*

das macht zusammen 5 Mark	that comes to 5 marks
was macht er?	what's he doing?
das macht man nicht	that isn't done
nichts zu machen!	nothing doing!
ich mache mir nichts daraus	I don't care about it
mach's gut!	cheerio!
die Macht /ä-e	power, might
das steht nicht in meiner Macht	that's beyond my power
an der Macht sein	to be in power
an die Macht kommen	to come (in)to power
'mächtig	powerful
das 'Mädchen s/-	girl
mag (1., 3. pers sg präs v. mögen)	may
der 'Magen s/ä	stomach
'mager → fett	lean
die 'Mahlzeit /en	meal
eine Mahlzeit halten	to have a meal
3 Mahlzeiten am Tag	3 meals a day
mal/einmal	just
sag mal!	I say; just tell me
denken Sie mal!	just think of it!
komm mal her!	(just) come here
rate mal!	just guess
das Mal s/e	time
zum ersten Mal	for the first time
zum letzten Mal	for the last time
das nächste Mal	next time
voriges Mal	last time
wieviele Male?	how often?
einmal	once
zweimal	twice
dreimal	three times
5 × 4 = 20 (5 mal 4 ist 20)	5 times 4 are 20
ein für allemal	once and for all
'malen	to paint
der Maler	painter
die Malerei	painting
Ma'ma /s	mummy
man	one; you, we, they; people
man sollte meinen	one would think

man hat mir gesagt	*I've been told*
man kann nie wissen	*you never can tell*
'manche(r,s)	many a
manches Mal	*many a time*
'manchmal	sometimes
der 'Mangel s/ä	absence, want, lack
aus Mangel an	*for want/lack of*
Mangel haben (an)	*to be in want (of)*
der Mann es/ä-er	man; husband
männlich	*masculine; male*
der 'Mantel s/ä	coat; overcoat
einen Mantel tragen	*to wear a coat*
den Mantel anziehen	*to put on o's coat*
die 'Mappe /n	briefcase; folder
die Mark /-	mark
10 Mark	*10 marks*
Deutsche Mark (DM)	*German mark*
die 'Marke /n	brand, make, mark; sign; stamp
der Markt es/ä-e	market
auf dem Markt	*in the market*
der Supermarkt	*supermarket*
der Marsch es/ä-e	march
marschieren	*to march*
die Ma'schine /n	machine, engine
(mit der) Maschine schreiben	*to type(write)*
das Maß es/e	measure(ment)
nach Maß	*made to measure*
Maß nehmen	*to take measurements*
in hohem Maße	*in a high degree*
'mäßig → unmäßig	moderate
die 'Masse /n	mass
das Materi'al s/ien	material(s)
die Ma'terie /n	matter
der Ma'trose n/n	sailor
die 'Mauer /n	wall
der Maurer	*bricklayer, mason*
die Maus /äu-e	mouse
der Me'chaniker s/-	mechanic
die Medi'zin /en	medicine
das Meer es/e	sea, ocean
am Meer	*at the seaside*
auf dem Meer	*at sea*
der Meeresspiegel	*sea level*

das Mehl s/e	flour
mehr (s. viel) → weniger	more (than)
immer mehr	*more and more*
mehr oder weniger	*more or less*
nicht mehr	*no more, no longer*
nichts mehr	*nothing more*
niemand mehr	*nobody else*
'mehrere	several
'mehrmals → einmal	several times
'meinen	to think, to mean
was meinen Sie dazu?	*what do you think of that?*
man sollte meinen	*one would think*
wie Sie meinen	*as you like!*
'meinetwegen	because of me
meinetwegen!	*I don't mind*
die 'Meinung /en	opinion
meiner Meinung nach	*in my opinion*
ich bin Ihrer Meinung	*I agree with you*
ich bin anderer Meinung	*I'm of a different opinion*
seine Meinung ändern	*to change o's mind*
'meist(ens)	mostly, for the most part
am meisten	*most (of all)*
die meisten Leute	*most people*
der 'Meister s/-	master; champion
'melden	to announce; to report
sich melden (bei)	*to present o. s. (at)*
sich (telefonisch) melden	*to answer the telephone*
die Melo'die /n	melody, tune, air
die 'Menge /n	crowd, mass; quantity
eine Menge (von) . . .	*lots/plenty of; a great deal of*
in großen Mengen	*in great quantities*
der Mensch en/en	man, human being; person
der gesunde Menschenverstand	*common sense*
Mensch!	*man (alive)!, boy!*
die 'Menschheit	humanity, mankind
menschlich	*human*
die Menschlichkeit	*humanity*
'merken	to notice, to observe
sich merken	*to remember*
'merkwürdig	curious, remarkable
die 'Messe /n	fair; mass
'messen a-e/i	to measure

das **'Messer** s/-	knife
das **Me'tall** s/e	metal
der / das **'Meter** s/-	metre, meter *am*
2 Meter breit/lang/hoch	*2 metres wide/long/high*
der **'Metzger** s/- /der	butcher
Fleischer, der Schlachter	
'mieten	to rent, to hire
zu vermieten	*to let*
Autovermietung	*car hire*
der Mietvertrag	*tenancy agreement; lease*
die **Milch**	milk
die **Milli'on** /en	million
2 Millionen Mark	*2 million marks*
'mindestens → höchstens	at least
der **Mi'nister** s/-	minister
'minus	minus
die **Mi'nute** /n	minute
auf die Minute	*to the minute*
'mischen	to mix
die Mischung	*mixture*
miß'lingen a-u → gelingen	to fail
'mißverstehen a-a	to mistake, to misunderstand
→ verstehen	
der **Mist** es	muck; junk
'mit|bringen a-a	to bring (with one)
'miteinander	with each other
→ gegeneinander	
das **'Mitglied** s/er	member
das **'Mitleid** s	pity
aus Mitleid (für)	*out of pity (for)*
Mitleid haben (mit)	*to have pity (on)*
'mit|nehmen a-o/i	to take along
der **'Mittag** s/e	midday, noon
zu Mittag	*at midday/noon*
gegen Mittag	*towards midday/noon*
heute mittag	*at midday/noon today*
das Mittagessen	*lunch*
(zu) Mittag essen	*to have lunch*
mittags	*at noon*
die **'Mitte** /n	middle, centre
in der Mitte	*in the middle*
Mitte August	*in mid-August*
'mit|teilen	to make known, to communicate
das **'Mittel** s/-	means; remedy

Mittel und Wege finden	*to find ways and means*
der 'Mittelpunkt s/e	centre
'mitten (in)	in the middle (of)
(die) 'Mitternacht	midnight
um Mitternacht	*at midnight*
das 'Möbel s/-, Möbelstücke	(piece of) furniture
möbliert	*furnished*
'möchte (1., 3. pers sg präs v. mögen)	would like (to)
die 'Mode /n	fashion; style
nach der (neuesten) Mode	*according to the (latest) fashion*
mo'dern	modern, up-to-date
'mögen och-och/a	to want, to like; to care to; may
ich möchte (gern)	*I should like (to)*
ich möchte lieber	*I would rather*
ich möchte (gern) wissen	*I wonder, I should like to know*
was möchten Sie?	*what do you want?, what can I do for you?*
das mag sein	*that may be*
'möglich → unmöglich	possible
das ist (wohl) möglich	*that's (quite) possible*
so bald wie möglich	*as soon as possible*
so oft wie möglich	*as often as possible*
so schnell wie möglich, möglichst schnell	*as quickly as possible*
sein möglichstes tun	*to do o's best*
möglich machen (zu)	*to make it possible (to)*
die 'Möglichkeit /en	possibility
der Mo'ment s/e	moment
Moment, bitte!	*just a moment, please!*
der 'Monat s/e	month
der Monat Mai	*the month of May*
im (Monat) Mai	*in May*
am Ersten des Monats	*on the first of the month*
monatlich	*monthly*
der Mond es/e	moon
der Mond scheint, es ist Mondschein	*the moon is shining*
der Mord es/e	murder
'morgen	tomorrow
morgen früh	*tomorrow morning*

morgen mittag	*(at) midday/noon tomorrow*
morgen abend	*tomorrow night/evening*
übermorgen	*the day after tomorrow*
bis morgen!	*see you tomorrow!*
morgen ist Sonntag	*tomorrow will be Sunday*
morgen in 8 Tagen	*tomorrow week*
der 'Morgen s/-	morning
am Morgen	*in the morning*
am frühen Morgen	*early in the morning*
vom Morgen bis zum Abend	*from morning till night*
heute morgen	*this morning*
gestern morgen	*yesterday morning*
am folgenden Morgen	*the following morning*
guten Morgen!	*good morning*
eines (schönen) Morgens	*one of these (fine) days*
'morgens	in the morning
um 5 Uhr morgens	*at 5 o'clock in the morning*
frühmorgens	*early in the morning*
der 'Motor s/en	motor; engine
den Motor anlassen	*to start the engine*
den Motor abstellen	*to switch off the engine*
das 'Motorrad s/ä-er	motor-cycle
Motorrad fahren	*to ride a motor-cycle*
die 'Mücke /n	gnat, mosquito
'müde	tired
müde werden	*to get tired*
müde sein	*to be tired*
ich bin es müde	*I have had enough of it*
die 'Mühe /n	trouble, pains; effort
mit großer Mühe	*with great difficulty*
Mühe haben (mit)	*to have some trouble (with)*
Mühe machen	*to give trouble*
sich die Mühe machen	*to take the trouble (to)*
sich Mühe geben	*to take pains*
es ist der Mühe wert	*it's worth the trouble*
die 'Mühle /n	mill
der Mund es/ü-er	mouth
halt den Mund!	*shut up!, be quiet!*
von der Hand in den Mund leben	*to live from hand to mouth*
ein Mundvoll	*a mouthful*
die 'Mündung /en	mouth, estuary

die Mu'sik   music
  Musik machen   *to make music*
der 'Muskel s/n   muscle
'müssen u-u/u   to be to, to have (got) to
  ich muß fort   *I must go/be off*
  ich muß weggehen   *I must be off/going*
  man muß arbeiten   *one has to work*
das 'Muster s/-   model; sample
  die Mustermesse   *sample fair*
der Mut es → Angst   courage
  nur Mut!   *cheer up!*
  den Mut verlieren   *to lose courage*
  Mut fassen   *to take courage/heart*
  guten Mutes sein   *to be of good cheer*
die 'Mutter /ü   mother
  die Muttersprache   *mother tongue*
die 'Mütze /n   cap
  die Mütze   *to take off o's cap*
  abnehmen/absetzen

N

na!   well!
  na also!   *there you are*
  na so was!   *think of that!, well I never!, just fancy!*
  na und?   *so what?*
nach und nach   little by little, bit by bit, gradually
der 'Nachbar n/n   neighbour
'nach|denken a-a **(über)**   to think about, to reflect on
'nacheinander   one after another
die 'Nachfrage /n   demand
  Angebot und Nachfrage   *supply and demand*
'nach|gehen i-a   to be slow
  → vorgehen
  die Uhr geht 5 Minuten nach   *the clock is 5 minutes slow*
'nachher → vorher   after(wards)
der 'Nachmittag s/e   afternoon
  am Nachmittag / nachmittags   *in the afternoon; p. m.*
  heute nachmittag   *this afternoon*
  am frühen Nachmittag   *in the early afternoon*

am späten Nachmittag	*in the late afternoon*
um 5 Uhr nachmittags	*at 5 in the afternoon*
die 'Nachricht /en	news *sg*
die neuesten Nachrichten	*the latest news*
eine frohe Nachricht	*a piece of good news*
Nachricht haben (von)	*to have word (from)*
'nach|sehen a-e/ie	to check
'nächste(r,s)	next
wer ist der nächste?	*who comes next?*
das nächste Mal	*(the) next time*
nächsten Sonntag	*next Sunday*
nächste Woche	*next week*
nächstes Jahr	*next year*
die Nacht /ä-e	night
eines Nachts	*one night*
gute Nacht!	*good night!*
in der Nacht	*in the night*
die ganze Nacht	*all night*
heute nacht	*tonight*
über Nacht bleiben, übernachten	*to stay overnight*
es wird Nacht	*it's getting dark*
nachts	*at night*
nackt	naked, bare
die 'Nadel /n	pin; needle
die Sicherheitsnadel	*safety pin*
die Haarnadel	*hairpin*
der 'Nagel s/ä	nail
'nahe (bei)/näher/am nächsten → fern	near, close by
von nah und fern	*from far and near*
die 'Nähe → Ferne	neighbourhood
aus der Nähe	*from close to*
(ganz) in der Nähe	*close by, nearby*
'nähen	to sew, to stitch
einen Knopf annähen	*to sew on a button*
das Nähzeug	*sewing (set/kit)*
'nahezu	nearly
nahm (1., 3. pers sg prät v. nehmen)	took
die 'Nahrung	food
das Nahrungsmittel	*food*
der 'Name ns/n	name

mein Name ist . . .	*my name is . . .*
wie ist Ihr Name?	*what is your name?*
der Vorname	*Christian name*
der Familienname	*surname*
'namentlich	by name; particularly
'nämlich	namely, that is (to say), (as) you (may) know
der Narr en/en	fool
zum Narren halten	*to make a fool (of)*
die 'Nase /n	nose
sich die Nase putzen	*to blow o's nose*
immer der Nase nach	*just follow your nose*
naß → trocken	wet
naß werden	*to get wet*
die Nati'on /en	nation
die Vereinten Nationen	*the United Nations*
national	*national*
die Na'tur /en	nature
von Natur aus	*by nature*
die Naturwissenschaft	*natural science*
na'türlich	naturally, of course
der 'Nebel s/-	mist, fog
es ist Nebel	*it is misty/foggy*
neben'an	close by; next door
neben'bei	by the way; besides
nebenein'ander	side by side
→ hinter-/voreinander	
'nehmen a-o/i	to take
den Bus nehmen	*to take the bus*
ein Bad nehmen	*to have a bath*
seine Arznei nehmen	*to take o's medicine*
da, nehmen Sie!	*(there), take it!*
der Neid s	envy; jealousy
'neigen	to bend, to incline
nein → ja	no
aber nein!	*why, no!*
mit Nein antworten	*to say no*
'nennen a-a	to call
sich nennen	*to be called*
der Nerv s/en	nerve
auf die Nerven gehen	*to get on s. o.'s nerves*
nett	nice, kind
das ist nett von dir	*that's nice of you*
er ist nett zu ihnen	*he is nice to them*

wie nett!	*how nice!*
das Netz es/e	net
das Einkaufsnetz	*string bag*
neu	new
von neuem	*newly*
was Neues?	*anything new?*
das ist mir neu	*that's news to me*
was gibt es Neues?	*what's the latest news?*
die 'Neugier	curiosity
aus Neugier	*out of curiosity*
die 'Neuheit /en	novelty
die letzten Neuheiten pl	*the latest novelties* pl
die 'Neuigkeit /en	(piece of) news sg
eine Neuigkeit erfahren	*to hear a piece of news*
'neulich	the other day, recently
nicht	not
noch nicht	*not yet*
überhaupt nicht	*not at all*
warum nicht?	*why not?*
auch nicht	*not . . . either*
nicht wahr?	*isn't it?*
Nichtraucher	*non-smoker; No smoking*
nichts → alles	nothing
gar nichts	*nothing at all*
nichts anderes	*nothing else*
nichts mehr	*no more*
das macht nichts	*it does not matter*
(da ist) nichts zu machen	*(there is) nothing to be done (about it)*
nie → immer	never
nie wieder	*never again*
'nieder → auf	down
auf und nieder	*up and down*
nieder mit . . .!	*down with . . .!*
'niedrig → hoch	low
'niemals → immer	never
'niemand → alle	nobody / no one
niemand anders	*nobody else*
es ist niemand da	*there is nobody there*
ich habe niemanden gesehen	*I didn't see anybody*
nimmt (3. pers sg präs v. nehmen)	takes
'nirgends/nirgendwo	nowhere, not anywhere

noch	still
noch einmal	*once again*
noch nicht	*not yet*
noch etwas?	*anything else?*
noch einmal so viel	*twice as much*
noch heute	*this very day*
noch ein Brot	*another loaf (of bread)*
weder . . . noch	*neither . . . nor*
noch mal, nochmals	*once again; once more*
der 'Norden s	north
gegen/nach Norden; in nördlicher Richtung	*to the north, northward*
im Norden (von)	*in/to the north (of)*
nördlich von	*north of*
die Nordseite	*the northern side*
der Nordwind	*north wind*
der Nordpol	*North Pole*
nor'mal	normal
die Not /ö-e	need; misery; danger
zur Not	*if need be*
in Not sein	*to be in need/danger*
in Not geraten	*to get into difficulties*
Notausgang	*Emergency exit*
der Notruf	*emergency call*
'nötig → unnötig	necessary
nötig haben	*to be in need (of)*
es ist nicht nötig	*there is no need*
'notwendig	necessary
die Null /en	zero
über/unter Null	*above/below zero*
zwei (zu) null	*two goals to nil*
die 'Nummer /n	number
die Nummer wählen	*to dial the number*
numerieren	*to number*
nun	now
nun!	*why!, well!*
und nun?	*well then?*
was nun?	*what next?*
nur / bloß	only
nur noch 2 Minuten	*only 2 minutes left*
nicht nur . . ., sondern auch	*not only . . ., but also*
der 'Nutzen s → Schaden	use, benefit, profit
Nutzen ziehen (aus)	*to profit (from)*

'nützen → schaden	to be useful
es nützt nichts	*it's no use*
'nützlich	useful

O

ob	whether
als ob	*as if, as though*
(so) tun, als ob	*to pretend (to)*
und ob!	*rather!, and how!*
'oben → unten	above, up, on top; upstairs
nach oben	*upstairs*
von oben	*from above*
von oben bis unten	*from top to bottom*
siehe oben	*see above*
da oben	*up there*
oben auf dem Berg	*at the top of the mountain*
oben auf dem Wasser	*on the surface of the water*
'obere(r,s) → untere(r, s)	upper, superior
der Ober	*waiter*
die 'Oberfläche /n	surface
das **Obst** es	fruit
der 'Ochse n/n	ox
der 'Ofen s/Ö	stove; oven
'offen → zu, geschlossen	open; frank
halb offen	*half-open*
offen gestanden	*frankly speaking*
'öffentlich	public
öffentlich bekanntmachen	*to make public*
die öffentliche Bekanntmachung	*announcement*
in der Öffentlichkeit	*in public*
'öffnen → (ab/zu)schließen / zumachen	to open
Hier öffnen!	*Open here*
geöffnet von . . . bis	*open from . . . to*
oft/öfter → selten	often
wie oft?	*how often?*
so oft wie möglich	*as often as possible*
oh! das ist schön!	oh! that's lovely!
o ja!	*oh yes!*

o nein!	*oh no!*
das Ohr s/en	ear
das Öl s/e	oil
in Öl	*in oil(s)*
die Ölheizung	*oil heating*
der ('Omni)Bus ses/se	(motor-)bus; motor coach
der 'Onkel s/-	uncle
die Operati'on /en	operation
das 'Opfer s/-	sacrifice; victim
ein Opfer bringen	*to make a sacrifice*
zum Opfer fallen	*to fall a victim (to)*
'ordnen → verwirren	to put in order; to arrange
die 'Ordnung /en	order, arrangement
in Ordnung!	*all right!*
in Ordnung bringen	*to put in order*
ordentlich	*tidy*
der Ort s/e	place, spot
an Ort und Stelle	*on the spot*
das Ortsgespräch	*local call*
der 'Osten s	east
im Osten (von)	*in/to the east (of)*
gegen/nach Osten, in östlicher Richtung	*to the east, eastward*
östlich von	*east of; eastern*
die Ostseite	*the eastern side*
der Ostwind	*east wind*
'Ostern	Easter
zu Ostern	*at Easter*
Fröhliche Ostern!	*Happy Easter!*
der 'Ozean s/e	ocean
der Ozeandampfer	*ocean liner*

P

das Paar s/e	pair; couple
ein Paar Schuhe	*a pair of shoes*
paarweise	*in pairs*
ein paar	a few
vor ein paar Tagen	*the other day*
ein paarmal	*several times*
'packen	to pack; to seize
den Koffer packen	*to pack o's trunks*
am Arm packen	*to seize by the arm*

Packpapier	*wrapping paper*
das Paket	*parcel, package*
die 'Panne /n	breakdown
eine Panne haben	*to have a breakdown*
das Pa'pier s/e	paper
ein Blatt Papier	*a sheet of paper*
Briefpapier	*notepaper*
Toilettenpapier	*toilet-paper*
der Park s/s	park
'parken	to park
Parken verboten!	*No multi parking*
das Parkhaus	*multi-storey car park, parking garage* am
der Parkplatz	*parking place, car park*
die Parkuhr	*parking meter*
die Par'tei /en	party
Partei ergreifen	*to take s. o.'s part*
die führende Partei	*the ruling party*
der Paß sses/ässe	passport
die Paßkontrolle	*passport control*
'passen	to fit
der Mantel paßt (mir)	*the coat fits me*
das paßt sich nicht	*that's not done*
das paßt mir gut	*that suits me well*
das ist das passende Wort	*that's the proper word*
pas'sieren	to happen
der Pati'ent en/en	patient
die 'Pause /n	pause; break; interval
die Per'son /en	person, character
ich für meine Person	*as for me*
der Personalausweis	*identity card*
der Personenkraftwagen (PKW)	*motor car*
per'sönlich	personal
die 'Pfeife /n	whistle; pipe
Pfeife rauchen	*to smoke o's pipe*
'pfeifen i-i	to whistle
der 'Pfennig s/e	(penny)
das Pferd es/e	horse
zu Pferde	*on horseback*
die 'Pflanze /n	plant
'pflanzen	to plant
'pflegen	to take care (of), to nurse

einen Kranken pflegen	*to look after a patient*
die Pflicht /en	duty
es ist meine Pflicht (zu)	*it's my duty (to)*
'pflücken	to pick, to gather
der Pflug s/ü-e	plough
pflügen	*to plough*
das Pfund s/e	pound
2 Pfund Brot	*2 pounds of bread*
die Phanta'sie /n	imagination
der 'Pinsel s/-	brush
der Pkw/PKW ['pekawe]	(motor) car
(Personenkraftwagen)	
der Plan s/ä-e	plan; map
einen Plan entwerfen	*to make a plan*
einen Plan ausführen	*to carry out a plan*
der Platz es/ä-e	place; space
Platz machen (für)	*to make room (for)*
Platz nehmen	*to take a seat*
bitte, nehmen Sie Platz	*please sit down*
einen Platz besetzen	*to occupy a seat*
'platzen	to burst
der Reifen ist geplatzt	*the tyre has burst*
'plötzlich	all at once, suddenly
plus	plus
die Poli'tik	policy; politics
der Politiker	*politician*
über Politik sprechen	*to talk politics*
po'litisch	political
die Poli'zei	police
sich bei der Polizei	*to report to the police*
melden	
die Polizei rufen	*to call for the police*
der Poli'zist en/en	policeman
die Post/das 'Postamt s/ä-er	post; post-office; mail
die Post erledigen	*to answer the mail*
zur Post bringen	*to post*
mit der Post	*by post*
die Postanweisung	*postal order*
die Postkarte	*postcard*
die Postleitzahl	*postal code, postcode*
postlagernd	*to be called for, poste restante*
postwendend	*by return of post*
der 'Posten s/-	post

'praktisch	practical
der Präsi'dent en/en	president
der Preis es/e	price; prize
um jeden Preis	*at any price*
um keinen Preis	*not at any price*
zum Preise von	*at the price of*
der Preis ist . . .	*the price is . . .*
einen Preis gewinnen	*to win a prize*
die 'Presse /n	press
'prima!	marvellous!, wonderful!
pri'vat	private
das Pro'blem s/e	problem
das Pro'dukt s/e	product
produzieren	*to turn out*
das Pro'gramm s/e	program(me)
das Pro'zent s/e	per cent
zu wieviel Prozent?	*at how much per cent?*
'prüfen	to examine; to test
die 'Prüfung /en	exam(ination); test
eine Prüfung machen	*to go in for an examination*
PS (Pferdestärke)	h.p. (horse power)
das 'Publikum s	public
das Pult es/e	desk; chair
der Punkt s/e	point; full stop; dot
Punkt für Punkt	*point by point*
in diesem Punkt	*in this respect*
Punkt 12 (Uhr)	*at 12 (o'clock) sharp*
Punkt 5 (Uhr)	*at 5 (o'clock) sharp*
ein wunder Punkt	*a sore point*
'pünktlich → unpünktlich	punctual
pünktlich sein	*to be on time*
'putzen	to clean
die Zähne putzen	*to brush o's teeth*
(sich) die Nase putzen	*to blow o's nose*
putz deine Schuhe	*clean your shoes*

Q

die Quali'tät /en	quality
die Quanti'tät /en	quantity
die 'Quelle /n	spring, source
aus guter Quelle	*on good authority*
die Stromquelle	*source of power*

quer über   across
  kreuz und quer   *this way and that*

R

das Rad es/ä-er   wheel; bicycle, bike
  radfahren   *to (ride a) cycle*
  der Radfahrer   *cyclist*
das 'Radio s/s   radio, wireless, radio (set)
  im Radio   *on the radio*
  Radio hören   *to listen to the radio*
  im Radio hören   *to hear on the radio*
  stell das Radio an!   *turn on the radio*
  stell das Radio ab!   *turn off the radio*
  der Radioapparat   *radio/wireless set*
die Ra'kete /n   rocket
  eine Rakete abschießen   *to launch a rocket*
rasch → langsam   quick
sich ra'sieren   to shave, to have a shave
  rasieren, bitte!   *a shave, please!*
  der Rasierapparat   *razor*
  die Rasierklinge   *razor-blade*
der Rat s/Ratschläge   advice; council
  einen guten Rat geben   *to give a good piece of advice*
  um Rat fragen   *to ask s. o.'s advice*
  höre auf seinen Rat   *take his advice*
  ich werde seinen Rat   *I'll follow his advice*
  befolgen
  das Rathaus   *town hall/city hall*
'raten ie-a/ä   to advise; to guess
  rate mal!   *just guess!*
  das Rätsel   *mystery; puzzle*
  das ist mir ein Rätsel   *that puzzles me*
der Rauch s/Rauchfahnen   smoke
'rauchen   to smoke
  Rauchen verboten!   *No smoking*
  der Raucher   *smoker*
  Raucher(abteil)   *smoking compartment*
  der Nichtraucher   *non-smoker*
  Nichtraucher(abteil)   *non-smoking compartment*
der Raum s/äu-e   room; space
  die Räume des Hauses   *the rooms of the house*
  der Raumflug   *space-flight*

raus! (s. hinaus, heraus)   (get) out! (go) out (there)!, (come) out (here)!

'rechnen   to reckon, to calculate; to count
die 'Rechnung /en   account; bill; invoice
   Herr Ober, die Rechnung bitte!   *waiter, the bill, please!*
   die Hotelrechnung   *hotel bill*
das Recht s/e   right
   mit Recht   *justly, with good reason, rightly*
   das Recht haben (zu)   *to have the right (to)*
recht → unrecht   fair, well, right
   so ist's recht!, recht so!   *that's right!*
   ganz recht   *quite right*
   schon recht   *(it's) all right*
   zur rechten Zeit / rechtzeitig   *in good time*
'recht 'geben a-e/i **(jdm)**   to agree with s. o.
'recht 'haben   to be right
   nicht recht haben   *to be wrong*
'rechte(r,s) → linke(r,s)   right
   die rechte Hand   *the right hand*
   rechter Hand   *on the right*
rechts → links   on/to the right
   von rechts nach links   *from right to left*
   rechts abbiegen   *to turn right*
   rechts fahren   *to drive on the right*
   Rechts halten!   *Keep right*
die 'Rede /n   speech
   eine Rede halten (über)   *to make/deliver a speech (on)*
   das ist nicht der Rede wert   *that's not worth mentioning*
'reden → schweigen   to talk
   mit jdm reden   *to talk to s. o.*
   über etw reden   *to talk about s. th.*
   über Politik reden   *to talk politics*
   der Redner   *speaker, orator*
die 'Regel /n   rule
   → Ausnahme
   in der Regel   *as a rule*
   regelmäßig   *regular*
'regeln   to regulate
sich 'regen   to stir; to be active
der 'Regen s/-   rain
   der Regenmantel   *raincoat*

der Regenschirm	*umbrella*
regnen	*to rain*
es regnet	*it is raining*
es regnet in Strömen	*it's pouring with rain*
die Re'gierung /en	government
die Bundesregierung	*Federal Government*
'reiben ie-ie	to rub
reich → arm	rich
der Reichtum	*wealth*
'reichen	to give, to pass
das reicht!	*that will do, that's enough*
die Hand reichen	*to shake hands (with)*
reichen Sie mir bitte das Salz!	*will you pass me the salt, please*
reif → unreif	ripe
reif werden	*to ripen*
der 'Reifen s/-	tyre
eine Reifenpanne haben	*to have a flat tyre*
die 'Reihe /n	row; rank; series; line; file
in einer Reihe	*in a line/file*
der Reihe nach	*one after the other; in turn, by turns*
wer ist an der Reihe?	*whose turn is it?*
ich bin an der Reihe	*it's my turn*
rein → schmutzig	pure; clean; neat
ins reine schreiben	*to make a fair copy (of)*
reinen Tisch machen	*to make a clean sweep*
reinigen	*to clean*
die Reinigung	*cleaning*
die 'Reise /n	voyage; journey; travel; trip; tour
gute Reise!	*a pleasant journey!*
eine Reise machen	*to go on a journey, to take a trip*
das Reisebüro	*travel agency*
das Reisegepäck	*luggage, baggage* am
'reisen	to travel
ins Ausland reisen	*to go abroad*
von . . . nach . . .	*to go from . . . to . . .*
über . . . reisen	*via . . .*
der Reisende	*traveller, passenger*
'reißen i-i	to tear; to break
ein Loch reißen	*to tear a hole*
in Stücke reißen	*to tear to pieces*
der Faden reißt	*the thread breaks*
'reiten i-i	to ride; to be/go on horseback

die Religi'on /en	religion
religiös	*religious*
'rennen a-a	to run
die Repara'tur /en	repair(s)
in Reparatur	*under repair*
in Reparatur geben	*to have repaired*
die Reparaturwerkstatt	*service station, repair shop*
reparieren	*to repair*
reparieren lassen	*to have repaired*
die Repu'blik /en	republic
die Bundesrepublik Deutschland	*Federal Republic of Germany*
der Rest es/e	rest; remnant, remains *pl*
das Restau'rant s/s (s. Gasthaus)	restaurant
'retten	to save
die Revoluti'on /en	revolution
'richten	to direct; to judge
sich richten (an)	*to address o. s. (to)*
der 'Richter s/-	judge
'richtig → falsch	right, exact, correct
richtig!	*right!, quite (so)!*
richtig rechnen	*to calculate correctly*
die Uhr geht richtig	*the watch/clock is right*
die 'Richtung /en	direction, way
in dieser Richtung	*this way*
in Richtung auf	*in the direction of*
in der entgegengesetzten Richtung	*in the opposite direction*
'riechen o-o **(nach)**	to smell (of)
gut/schlecht riechen	*to smell good/bad*
riechen (an)	*to take a sniff (at)*
rief (1., 3. pers sg prät v. rufen)	called
das Rind s/er	cattle
das Rindfleisch	*beef*
der Ring s/e	ring; circle; link
einen Ring tragen	*to wear a ring*
rings(um[her])	around, round about
der Rock s/ö-e	coat; skirt
roh	raw; coarse, rough
die 'Rolle /n	roll(er); part, role
rollen	*to roll*
der Ro'man s/e	novel

die 'Rose /n	rose
rot/röter/am rötesten	red
rot werden	*to turn red*
das Rote Kreuz	*the Red Cross*
bei Rot halten	*to stop at the red light*
der 'Rücken s/-	back
die Rückseite	*back*
die 'Rückkehr	return
bei meiner Rückkehr	*on my return*
(die) Rückfahrkarte	*return (ticket)*
'rückwärts → vorwärts	backward(s)
rückwärtsfahren	*to back (up)*
der Ruf s/e	call, cry
die Rufnummer	*(tele)phone number*
'rufen ie-u	to call, to cry
(um) Hilfe rufen	*to call for help*
die Polizei rufen	*to call for the police*
die 'Ruhe	rest, calm, silence
Ruhe!	*silence!, be quiet!*
laß mich in Ruhe!	*leave me alone!*
nur die Ruhe!, immer mit der Ruhe!	*easy does it!, take it easy!*
die Ruhe bewahren	*to keep calm*
'ruhen	to rest
'ruhig → unruhig	calm, quiet
sei ruhig!	*keep quiet!*
ruhig bleiben	*to keep calm*
ruhig schlafen	*to sleep peacefully*
der Ruhm es	glory, fame
(sich) 'rühren	to stir / move; to touch
rühren Sie sich nicht!	*don't stir!*
das rührt ihn nicht	*that doesn't touch him*
rund	round; circular
der 'Rundfunk s	wireless, radio, sound
im Rundfunk	*on the wireless/radio*
'runter (s. herunter)	down

S

die 'Sache /n	thing; affair, matter
das ist meine Sache	*that's my affair*
das ist Ihre Sache	*that's your business*
eine Sache für sich	*a separate matter*

das ist eine andere Sache	that's another matter
das ist nicht deine Sache!	that's no business of yours
zur Sache!	(back) to the subject!
so steht die Sache	that's how matters stand
das gehört nicht zur Sache	that's beside the point
die Sache ist erledigt	that settles the matter
der Sack s/ä-e	sack, bag
'säen	to sow
der Saft s/ä-e	juice
'sagen	to say, to tell
sag!, was du nicht sagst!	you don't say (so)!
man sagt	they say
Dank sagen (für)	to thank (for)
das hat nichts zu sagen	it does not matter
wie sagt man . . . auf deutsch?	what is the German for . . .?
das sagt man nicht	that's not the proper thing to say
was wollen Sie damit sagen?	what do you mean by that?
sah (1., 3. pers sg prät v. sehen)	saw; looked
das Salz es/e	salt
ist Salz daran?	is it salted?
die Speisen salzen	to salt the dishes
salzig	salty
'sammeln	to gather, to collect
Briefmarken sammeln	to collect stamps
die Sammlung	collection
'sämtliche → einige	all (together)
sämtliche Werke pl	complete works pl
der Sand s/e	sand
sanft → heftig	gentle
saß (1., 3. pers sg prät v. sitzen)	sat
satt sein → hungrig	to have had enough
sich satt essen	to eat o's fill
ich habe es satt	I'm sick of it
der Satz es/ä-e	sentence; leap, bound
einen Satz machen	to take a leap
in einem Satz	with one bound/leap
ein Satz Briefmarken	a set of stamps
'sauber → schmutzig	clean; neat

sauber machen	to clean (up)
ein sauberes Heft	a clean exercise book
'sauer → süß	sour; acid
sauer werden	to turn sour
die Milch ist sauer	the milk has turned (sour)
es wird ihm sauer	he's finding it tough (going)
die 'Schachtel /n	box, case
eine Schachtel Streichhölzer	a box of matches
eine Schachtel Zigaretten	a packet of cigarettes
es ist **'schade**	it's a pity
wie schade!	what a pity!
'schaden → nützen	to do harm, to hurt
das schadet nichts	that does not matter
der 'Schaden s/ä → Nutzen	harm, damage
Schaden anrichten	to do harm, to cause damage
Schaden erleiden	to suffer harm
Schaden wiedergutmachen	to repair the damage
das Schaf s/e	sheep
'schaffen / erschaffen u-a	to create; to produce
er hat ein Meisterwerk geschaffen	he has created a masterpiece
'schaffen	to work; to do
er schafft den ganzen Tag	he is busy all day long
ich habe es geschafft	I managed it
nach Hause schaffen	to take home
zur Post schaffen	to post
ins Krankenhaus schaffen	to take to the hospital
'schälen	to peel
Kartoffeln schälen	to peel potatoes
die 'Schallplatte /n	record
eine (Schall-)Platte auflegen	to put on a record
eine andere Platte auflegen	to put on another record
'schalten (rauf/runter)	to change gear, to change up / down
der Schalter	switch, knob
scharf	sharp, keen
scharf einstellen	to bring into focus

der 'Schatten s/- → Licht — shade; shadow
  im Schatten — *in the shade*
  in den Schatten stellen — *to put in the shade*
  Schatten werfen (auf) — *to cast a shadow (upon)*
'schätzen — to estimate; to value
  sich glücklich schätzen — *to be happy (to)*
  wie alt schätzt du ihn? — *how old do you think he is?*
das 'Schauspiel s/e — spectacle; play
der Scheck s/s — cheque
der Schein s/e — shine, light; note, bill *am*
  bei/im Sonnenschein — *in the sun(shine)*
  zwei Zehnmarkscheine — *two 10 mark notes*
  den Schein wahren — *to keep up appearances* pl
'scheinen ie-ie — to shine; to seem, to appear
  der Mond scheint — *the moon is shining*
  es scheint — *it seems*
  mir scheint — *it seems to me*
  er scheint krank zu sein — *he appears to be ill*
der 'Scheinwerfer s/- — headlight
'schenken — to give, to present
  jdm etw schenken — *to give s. o. a present*
die 'Schere /n — scissors *pl*
  eine Schere — *a pair of scissors*
'schicken — to send
  mit der Post schicken — *to (send by) post*
  ins Haus schicken — *to deliver (to)*
  nach dem Arzt schicken — *to send for the doctor*
das 'Schicksal s/e — destiny, fortune, fate
'schieben o-o → ziehen — to push
  den Wagen schieben — *to push the car*
schief → gerade — inclined, leaning, sloping, tilted
schien (1., 3. pers sg prät v. scheinen) — shone; seemed, appeared
'schießen o-o (auf) — to shoot (at)
  schieß los! — *fire away!*
  ein Tor schießen — *to score a goal*
  eine Rakete abschießen — *to launch a rocket*
das Schiff s/e — ship, boat
  mit dem Schiff fahren — *to travel by ship*
  auf dem Schiff — *on board (the ship)*
der Schirm s/e — umbrella
  der Bildschirm — *screen*
die Schlacht /en — battle
der Schlaf s — sleep

im Schlaf	*in o's sleep*
ein Schläfchen machen	*to take a nap*
das Schlafzimmer	*bedroom*
'schlafen ie-a/ä → wachen	to sleep, to be asleep
schlafen gehen	*to go to sleep/to bed*
schlafen Sie gut!	*sleep well*
fest schlafen	*to sleep soundly*
einschlafen	*to fall asleep*
eingeschlafen sein	*to have fallen asleep*
der Schlag s/ä-e	blow, knock
einen Schlag versetzen	*to strike a blow*
Schlag auf Schlag	*blow upon blow*
auf einen Schlag	*at one blow*
Schlag 5 (Uhr)	*on the stroke of 5*
'schlagen u-a/ä	to strike, to beat, to knock, to hit
mit dem Stock schlagen	*to beat with a stick*
das Herz schlägt mir	*my heart beats*
es schlägt zehn (Uhr)	*it's just striking ten (o'clock)*
einen Nagel in die Wand schlagen	*to drive a nail into the wall*
schlecht → gut	bad
nicht schlecht	*not (at all) bad*
mir ist schlecht	*I feel ill/sick*
es geht mir schlecht	*I'm in a bad way*
immer schlechter	*worse and worse*
schlecht aussehen	*to look ill*
es ist schlechtes Wetter	*the weather is bad*
'schließen o-o → öffnen	to shut, to close
in die Arme schließen	*to embrace*
einen Vertrag schließen	*to conclude a treaty, to enter in a contract*
den Brief schließen	*to finish the letter*
'schließlich	finally, at length, after all
schließlich etw tun	*to end by doing s. th.*
schlimm → gut	bad; evil
umso schlimmer	*all the worse, so much the worse*
das ist nicht so schlimm	*it's not as bad as all that*
ein schlimmes Ende nehmen	*to come to a bad end*
schlimmstenfalls	*at the worst*
nichts Schlimmes	*nothing serious*
das Schloß sses/össer	lock; castle
der Schluck s/e	mouthful
einen Schluck nehmen	*to have a sip*

schlucken	to swallow
der Schluß sses/üsse	close; end
→ Anfang	
Schluß machen (mit)	*to put an end (to), to finish (with)*
Schluß!	*done!, finished!*
Schluß damit!	*stop it!, that will do!*
der 'Schlüssel s/-	key
der Schlüssel steckt	*the key is in the lock*
den Schlüssel stecken lassen	*to leave the key in the lock*
schmal/schmaler/am schmalsten → breit	narrow
'schmecken	to taste
gut schmecken	*to taste good*
bitter schmecken	*to have a bitter taste*
(wie) schmeckt's?	*do you like it?*
der Schmerz es/en	pain, ache
heftige Schmerzen	*severe pains*
ich habe Schmerzen	*I feel pains*
Kopfschmerzen haben	*to have a headache*
schmerzen	*to be painful*
es schmerzt mich	*it gives me pain*
schmerzhaft	*painful*
'schmutzig → sauber, rein	dirty, nasty
(sich) schmutzig machen	*to get dirty*
der Schnee s	snow
'schneiden i-i	to cut
in Stücke schneiden	*to cut up*
sich die Haare schneiden lassen	*to have o's hair cut*
sich in den Finger schneiden	*to cut o's finger*
der Schneider	*tailor, dressmaker*
schnell → langsam	quick, rapid, swift; fast
schnell!	*be quick!, hurry up!*
so schnell wie möglich	*as quickly as possible*
machen Sie schnell!	*hurry up!*
schnell fahren	*to drive fast*
der 'Schnupfen s	cold
die Schnur /ü-e	cord, string
die Schoko'lade /n	chocolate
eine Tafel Schokolade	*a bar of chocolate*
schon/bereits	already

schon jetzt	*already*
schon lange	*for a long time*
heute schon	*this very day*
er wird schon kommen	*he is sure to come*
schön → häßlich	beautiful, fine
wie schön!	*how nice/beautiful!*
es war so schön!	*it was (so) beautiful/ wonderful!*
es ist heute schön(es Wetter)	*the weather is fine today*
danke schön!	*many thanks*
bitte schön!	*don't mention it*
die 'Schönheit /en	beauty
der Schrank s/ä-e	wardrobe; cupboard
der 'Schreck(en) s/(-)	fright; terror, horror
schrecklich	*frightful; terrible*
'schreiben ie-ie	to write; to spell
ins reine schreiben	*to write out a fair copy*
mit der Maschine schreiben	*to type(write)*
die Schreibmaschine	*typewriter*
'schreien ie-ie	to cry, to shout
vor Schmerz schreien	*to cry with pain*
'schreiten i-i	to walk
die Schrift /en	writing
das Schriftstück	*writing, document*
der Schriftsteller	*writer*
schriftlich	*written*
der Schritt s/e	step
Schritt für Schritt	*step by step*
auf Schritt und Tritt	*at every step/turn*
mit schnellen Schritten	*at a brisk pace*
Schritte unternehmen	*to take steps*
Schritt halten (mit)	*to keep step (with)*
Schritt fahren!	*Drive slowly*
der Schuh s/e	shoe, boot
ein Paar Schuhe	*a pair of shoes*
die Schuhe putzen	*to polish o's shoes*
die Schuhe anziehen/ ausziehen	*to put on/take off o's shoes*
die Schuld /(en)	fault; debt
es ist meine Schuld	*it is my fault*
wer ist schuld?	*whose fault is it?*
schuld sein (an)	*to be to blame (for)*

schieb die Schuld nicht auf mich	*don't put the blame on me*
Schulden machen	*to run into debt*
seine Schulden bezahlen	*to pay o's debts*
'schulden	to owe
'schuldig	guilty
was bin ich schuldig?	*how much do I owe you?*
die 'Schule /n	school
in der Schule	*at school*
in die Schule gehen	*to go to school*
Schule haben	*to have lessons*
eine Schule besuchen	*to go to a school*
Schularbeiten machen	*to do o's home-work*
der 'Schüler s/-	pupil, schoolboy
die Schülerin	*pupil, schoolgirl*
die 'Schulter /n	shoulder
der Schuß sses/üsse	shot
die 'Schüssel /n	dish, bowl
'schütteln	to shake
die Hand schütteln	*to shake hands (with)*
vor Gebrauch schütteln	*shake well before use*
der Schutz es	protection
in Schutz nehmen	*to defend*
Schutz suchen	*to take shelter*
'schützen (vor)	to protect (from)
geschützt (gegen)	*safe (from), protected (against)*
schwach → stark	weak
mir wird schwach	*I am feeling faint*
eine Schwäche haben (für)	*to have a weakness (for)*
der Schwamm s/ä-e	sponge
mit dem Schwamm wegwischen	*to sponge out*
der Schwanz es/ä-e	tail
der Hund wedelt mit dem Schwanz	*the dog wags its tail*
schwarz	black
ins Schwarze treffen	*to hit the nail on the head*
schwarz auf weiß	*in black and white*
'schweigen ie-ie → reden	to be silent
ganz zu schweigen von	*to say nothing of*
schweigend	*in silence*
das Schwein es/e	pig
schwer → leicht	heavy; difficult; serious

5 Pfund schwer sein	*to weigh 5 pounds*
schwer arbeiten	*to work hard*
eine schwere Arbeit	*hard work*
ein schwerer Fehler	*a bad mistake*
schwer krank	*seriously ill*
schwer verletzt	*seriously injured*
die 'Schwester /n	sister
'schwierig → leicht	difficult
ein schwieriger Punkt	*a knotty problem*
die 'Schwierigkeit /en	difficulty
ohne Schwierigkeit	*without difficulty*
in Schwierigkeiten sein	*to be in trouble*
in Schwierigkeiten geraten	*to get into difficulties*
'schwimmen a-o	to swim, to take a swim
schwimmen gehen	*to go for a swim*
durch einen Fluß schwimmen	*to swim across a river*
gegen den Strom schwimmen	*to swim against the current*
das Schwimmbad	*swimming pool*
'schwitzen → frieren	to sweat, to perspire
der See s/n	lake
die See	sea
auf See	*at sea*
an die See fahren	*to go to the seaside*
an der See	*by the sea(side)*
zur See gehen	*to go to sea*
seekrank sein	*to be seasick*
die 'Seele /n	soul
mit Leib und Seele dabei sein	*to put o's heart and soul into s. th.*
das 'Segel s/-	sail
mit vollen Segeln	*under full sail*
'sehen a-e/ie	to see; to look
sieh mal an!	*I say!*
sieh mich an!	*look at me*
sieh dich um!	*look around you*
sieh nach rechts!	*look right*
laß mal sehen!	*let me see*
gut sehen	*to have good eyesight*
schlecht sehen	*to have bad eyesight*
klar sehen	*to see clearly*
mit eignen Augen sehen	*to see with o's own eyes*

sieh nach der Uhr, wie spät es ist	*see what time it is by your watch*
vom Sehen kennen	*to know by sight*
im Fernsehen sehen	*to see on television*
fernsehen	*to watch television*
der Fernsehzuschauer	*(tele)viewer*
sehr → wenig	very; much
sehr gern	*(most) willingly*
sehr gut	*very good/well*
sehr viele	*a great many*
das gefällt mir sehr	*I like it very much*
danke sehr!	*thanks very much*
bitte sehr!	*don't mention it*
sei (imp v. sein)	be
seid (2. pers pl präs v. sein)	are
die 'Seife /n	soap
ein Stück Seife	*a cake of soap*
sein, war — gewesen	to be; to exist
wer ist da?	*who's there?*
ich bin's	*it's me*
bist du's?	*is it you?*
da bin ich	*here I am*
was ist das?	*what's that?*
was soll das sein?	*what does that mean?*
laß das sein!	*stop that!*
'seinetwegen	because of him
seit	since
seit wann?	*since when?*
seit gestern	*since yesterday*
seit langem	*for a long time*
seit 3 Jahren	*(for) 3 years*
seit'dem	(ever) since
die 'Seite /n	side; page
auf der rechten Seite	*on the right (-hand side)*
an meiner Seite	*by my side*
auf seiner Seite	*on his side*
geh zur Seite!	*step aside*
auf beiden Seiten	*on both sides*
von allen Seiten	*from all sides*
nach allen Seiten	*in all directions*
Seite an Seite	*side by side*
das ist nicht seine starke Seite	*that's not his strong point*

wir sind auf Seite 3	*we are on page 3*
die Se'kunde /n	second
'selber/selbst	self; even
ich selbst	*I myself*
selbst seine Freunde	*even his friends*
das versteht sich von selbst	*that goes without saying*
die Selbstbedienung	*self-service*
'selbstverständlich	(as a matter) of course
aber selbstverständlich!	*why, certainly!, naturally!*
es ist selbstverständlich, daß	*it goes without saying that*
'selten → oft/häufig	rarely, seldom
nicht selten	*pretty often*
ein seltener Vogel	*a rare bird*
'senden a-a → empfangen	to send, to dispatch
Bitte nachsenden!	*Please forward*
'senden ete-et	to broadcast, to telecast
ein Programm senden	*to broadcast/telecast a programme*
der 'Sessel s/-	armchair
'setzen	to put; to place
alles daran setzen	*to do o's utmost*
in Gang setzen	*to set going*
sich setzen	*to sit down, to take a seat*
setzen Sie sich!	*sit down, take a seat*
sich zu Tisch setzen	*to sit down at table*
sich in den Wagen setzen	*to get into the car*
sich	oneself; each other
sie lieben sich	*they love each other*
'sicher → unsicher	sure; certain
sicher (vor)	*safe (from)*
es wird sicher regnen	*it's sure to rain*
sicher!	*certainly!*
sicher nicht	*certainly not*
die 'Sicherheit /en	safety
in Sicherheit bringen	*to put in a safe place*
die Sicherheitsnadel	*safety-pin*
die Sicherheits-vorschriften pl	*safety regulations* pl
'sichtbar → unsichtbar	visible
der Sieg es/e	victory
sieht (3. pers sg präs v. sehen)	sees

das 'Silber s	silver
aus Silber	*made of silver*
sind (1., 3. pers pl präs v. sein)	are
'singen a-u	to sing
ein Lied singen	*to sing a song*
falsch singen	*to sing out of tune*
'sinken a-u → steigen	to sink
den Mut sinken lassen	*to lose courage*
die Preise sinken	*(the) prices are going down*
der Sinn s/(e)	sense; meaning
die fünf Sinne	*the five senses*
das hat keinen Sinn	*that doesn't make sense/there is no point in that*
ganz in meinem Sinne	*just to my liking*
im wahrsten Sinne des Wortes	*in the truest sense of the word*
im Sinn haben	*to have in mind*
'sittlich → unsittlich	moral
der Sitz es/e	seat
'sitzen aß-ess	to sit
bleiben Sie sitzen!	*keep your seat(s), don't get up*
bei Tisch sitzen	*to sit at (the) table*
dieser Anzug sitzt gut	*this suit fits well*
die 'Sitzung /en	session, meeting
so	so; thus; that way; like this/that
so!	*that's that!; there!*
so?	*indeed?*
so, so!	*well, well!*
ach so!	*oh, I see!*
so ist es	*that's how it is*
und nicht so	*and not like that*
und so weiter	*and so on*
so siehst du aus!	*you don't say; that's just like you*
so groß wie	*as big as*
nicht so groß wie	*not so big as*
die 'Socke /n	sock
so'eben/eben	just (now)
soeben erschienen	*just published*
das 'Sofa s/s	sofa
so'fort → später	at once; immediately, right away
so'gar	even; yet
soge'nannt	so-called; would-be, pretended
der Sohn es/ö-e	son

so'lange	while, as long as
'solche(r,s)	such
ein solcher Mensch, solch ein Mensch	*such a man*
solche Menschen pl	*such people* pl
der Sol'dat en/en	soldier
'sollen	to be to; to have to
ich soll morgen fahren	*I am to/should go tomorrow*
was (soll ich) tun?	*what am I to do?*
sag ihm, er soll kommen	*tell him to come*
sollten Sie ihn sehen	*if you should see him*
man sollte meinen	*one would think*
ich sollte eigentlich arbeiten	*I ought to work*
er soll krank sein	*he is supposed to be ill*
der 'Sommer s/-	summer
im Sommer	*in summer*
der Sommer ist vorbei	*summer is over*
'sonderbar	singular, strange
'sondern (im Gegenteil)	but (on the contrary)
nicht nur . . ., sondern auch	*not only . . ., but also*
die 'Sonne /n	sun
in der Sonne	*in the sun*
ein Platz an der Sonne	*a place in the sun*
die Sonne scheint	*the sun is shining*
die aufgehende/ untergehende Sonne	*the rising/setting sun*
die Sonne geht auf	*the sun is rising*
die Sonne geht unter	*the sun is setting*
im Sonnenschein	*in the sunshine*
sonst	otherwise, or else; as a rule
was sonst noch?	*what else?, anything else?*
sonst nichts	*nothing else*
wie sonst	*as usual*
was gibt es sonst Neues?	*any other news?*
die 'Sorge /n	care; sorrow, worry, trouble
sich Sorgen machen (um)	*to be worried (about)*
machen Sie sich keine Sorgen!	*don't worry*
laß das meine Sorge sein	*leave that to me*

'sorgen to care (for), to look (after), to see (to)

  dafür sorge ich — *I'll see to that*
  er sorgt für die Familie — *he takes care of the family*
  sich sorgen (um) — *to be uneasy, to worry (about)*

'sorgfältig with care; carefully

so'viel → sowenig as far as

  doppelt soviel — *twice as much*
  soviel ich weiß — *as far as I know*
  soviel wie möglich — *as much/often as possible*
  so viel/so viele — *so much/so many*

so'wie as well as

sowie'so in any case, anyhow/anyway, as it is

so'wohl . . . als auch as well as

sozi'al social

sozu'sagen so to speak

'spalten → vereinen to split; to divide

'spannen → lösen to stretch; to tighten

  spannend — *exciting; thrilling*
  gespannt sein (auf) — *to be curious (about)*
  die Spannung — *tension; close attention*

'sparen to save (up)/put by; to spare

der Spaß es/ä-e → Ernst fun; joke

  aus/zum Spaß — *for (the) fun (of it)*
  viel Spaß! — *have a good time*
  Spaß beiseite! — *joking apart!*
  es macht mir Spaß — *I like it (a lot)*
  er versteht keinen Spaß — *he cannot see a joke*
  spaßig — *funny*

spät → früh/zeitig late

  es ist spät — *it is late*
  es wird spät — *it's getting late*
  wie spät ist es? — *what's the time?*
  zu spät — *too late*
  (fünf Minuten) zu spät kommen — *to be (five minutes) late*
  spät nachts — *late at night*

'später → sofort/früher later (on)

  früher oder später — *sooner or later*

spa'zierenfahren u-a/ä to go for a drive

spa'zierengehen i-a to go for a walk

  der Spaziergang — *walk, stroll*

einen Spaziergang machen	*to go for a walk*
die 'Speise /n	food; dish
die Speisekarte	*menu*
der 'Spiegel s/-	mirror, (looking-)glass
sieh in den Spiegel	*look (at yourself) in the mirror*
das Spiel s/e	play; game; match
wie steht das Spiel?	*what's the score?*
der Spielplatz	*playground, playing field*
'spielen	to play
ein Spiel spielen	*to play a game*
Karten spielen	*to play cards*
ein Instrument spielen	*to play an instrument*
Geige spielen	*to play the violin*
eine Rolle spielen	*to play/act a part*
einen Film spielen	*to show a film*
spitz	pointed; sharp
die 'Spitze /n	point; head
an der Spitze	*in the lead; ahead*
an der Spitze stehen	*to be at the head (of)*
wer ist an der Spitze?	*who's at the head/in the lead?*
den Bleistift spitzen	*to sharpen the pencil*
der Sport s/Sportarten	sport
Sport treiben	*to go in for sport*
der Sportler	*sportsman*
der Sportplatz	*sports field*
sprach (1., 3. pers sg prät v. sprechen)	spoke
die 'Sprache /n	language; speech
fremde Sprachen pl	*foreign languages* pl
die lebenden Sprachen pl	*the living languages* pl
eine Sprache lernen	*to learn a language*
eine Sprache sprechen	*to speak a language*
er kann mehrere Sprachen	*he speaks several languages*
'sprechen a-o/i → schweigen	to speak
deutsch sprechen	*to speak German*
laut sprechen	*to speak loudly/ in a loud voice*
sprich lauter!	*speak up*
leise sprechen	*to speak quietly/ in a low voice*
kein Wort sprechen	*not to open o's mouth*
ist Herr X zu sprechen?	*may I see Mr X?*

er wünscht Sie zu sprechen	he wishes to see you
wir sprechen deutsch	German spoken
bitte hier sprechen	speak here
hier spricht . . .	this is . . . speaking
die Sprechstunde	office hours pl; surgery
'springen a-u	to spring; to jump
über einen Graben springen	to jump a ditch
ins Wasser springen	to jump into the water
aus dem Bett springen	to jump out of bed
in Stücke springen	to fall to pieces
die Scheibe ist gesprungen	the pane is cracked
vor Freude springen	to jump for joy
in die Augen springen	to strike the eye
die Spur /en	trace
keine Spur!	not a bit!, not at all!
keine Spur von . . .	not a trace of . . .
jdm auf die Spur kommen	to get on s. o.'s track
der Staat s/en	state
die Staatsangehörigkeit	nationality
der Staatsmann	statesman
das Staatsoberhaupt	the head of state
der Bundesstaat	confederation; federal state
der Stab s/ä-e	staff, stick
die Stadt /ä-e	town, city
die ganze Stadt	the whole town
in der Stadt	in town
in die Stadt gehen	to go to town
die Stadt Bonn	the city of Bonn
Stadt und Land	town and countryside
(die) Stadtmitte	town centre
der Stadtplan	map of the town
eine Stadtrundfahrt	a tour of the town
der Stahl s/ä-e	steel
aus Stahl	made of steel
der Stall s/ä-e	stable; cow-shed
der Stamm s/ä-e	trunk, stem; parent stock; tribe
stand (1., 3. pers sg prät v. stehen)	stood
der Stand es/ä-e	position; profession
gut im Stande sein	to be in good condition

imstande/außerstande sein (zu)	to be able/unable (to)
der 'Standpunkt es/e	point of view
auf dem Standpunkt stehen, daß	to take the view that
stark/stärker/am stärksten → schwach	strong; great; powerful
das ist ein starkes Stück!	that's a bit thick
eine starke Erkältung	a bad cold
die 'Stärke /n → Schwäche	strength; force; power
seine Stärke	his strong point
der Start s/s → Ziel/Landung	start; take-off
Start und Ziel	start and finish
Start frei!	Clear for take-off!
'starten → ankommen/landen	to start; to take off
'statt|finden a-u	to take place
der Staub s/Staubteile	dust; powder
Staub wischen	to dust
der Staublappen	duster
der Staubsauger	vacuum cleaner
'staunen (über)	to be astonished (at)
'stechen a-o/i	to sting, to prick
'stehen a-a	to stand
die Uhr steht	the watch/clock has stopped
wie steht's?	how do you do?, how are you?
wie steht das Spiel?	what's the score?
wie die Dinge stehen	as things stand
offen stehen	to be open
das steht Ihnen gut	it becomes you well
wie steht es um ...?	what about ...?
stehenbleiben	to stop
nicht stehenbleiben!	move on!, keep moving!
'stehend	standing
'stehlen a-o/ie	to steal
'steigen ie-ie, hi'nauf|steigen → fallen / sinken	to climb, to go up, to ascend
herab-/hinabsteigen	to climb/go down, to descend
auf den Berg steigen	to climb a mountain
in den Wagen steigen	to get into the car
aufs Rad steigen	to mount the bicycle

aus dem Wagen steigen	*to get out of the car*
die Preise steigen	*prices are rising*
der Stein s/e	stone
aus Stein	*made of stone*
einen Stein werfen (auf)	*to throw a stone (at)*
die Steinkohle	*hard coal*
die 'Stelle /n	place, spot; post, job
auf der Stelle	*on the spot, this minute, then and there*
an Stelle von	*in place of*
von einer Stelle zur andern	*from one place to another*
ich an Ihrer Stelle	*if I were you*
eine Stelle erhalten	*to get a post/job*
eine Stelle suchen	*to look for a post*
zur Stelle sein	*to be present*
an erster Stelle	*in the first place*
an Ort und Stelle	*on the spot*
'stellen	to put; to place; to set; to provide
auf den Tisch stellen	*to put on the table*
in die Ecke stellen	*to put in the corner*
die Uhr stellen	*to set the watch/clock*
leiser stellen	*to turn down*
anstellen	*to turn on; to take on, to employ*
abstellen	*to turn off*
eine Aufgabe stellen	*to set a task*
eine Frage stellen	*to ask a question*
in Frage stellen	*to call into question, to doubt*
sich dumm stellen	*to play the fool*
die 'Stellung /en	position; situation; condition, standing
eine Stellung suchen	*to look for a job*
'sterben a-o/i → geboren werden	to die; to pass away
der Stern s/e	star
unter einem guten Stern	*under a lucky star*
stets	always
still → laut	quiet; calm; silent
(sei) still!	*(be) quiet!, silence!*
im stillen	*secretly*
stillstehen	*to stand still*
die 'Stille	silence
die 'Stimme /n	voice; vote
mit lauter Stimme	*in a loud voice*

mit leiser Stimme	*in a low voice*
seine Stimme abgeben	*to cast o's vote*
seine Stimme erheben	*to raise o's voice*
'stimmen	to tune (up); to vote
das Instrument stimmen	*to tune the instrument*
stimmen (für/gegen)	*to vote (for/against)*
das stimmt	*that's right, that's correct*
das mag stimmen	*that may be so*
da stimmt etwas nicht	*there is something wrong here*
er ist gut/schlecht gestimmt	*he is in a good/bad mood*
die 'Stimmung /en	humour
guter/schlechter Stimmung sein	*to be in a good/bad mood*
der Stock s/ö-e	stick; cane
der Stock/das Stockwerk	*floor, storey*
im zweiten Stock wohnen	*to live on the second floor*
das Haus ist drei Stock hoch	*the house is three storeys high*
ein zweistöckiges Haus	*a two-storey building*
der Stoff s/e	material; cloth; subject (matter)
Stoff zu . . .	*matter for . . .*
stolz (auf)	proud (of)
'stören	to trouble; to disturb
Bitte nicht stören!	*Please don't disturb*
lassen Sie sich nicht stören!	*don't let me disturb you!*
störe ich?	*am I disturbing you?*
stör mich nicht!	*don't bother me!*
'stoßen ie-o/ö	to push, to kick
die 'Strafe /n	punishment; fine
→ Belohnung	
eine Strafe zahlen	*to pay a fine*
strafen	*to punish*
der Strahl s/en	ray; beam
die 'Straße /n	street; road
auf der Straße	*in the street*
über die Straße gehen	*to cross the street*
er wohnt Goethestraße 30	*he lives at No. 30 Goethe street*
die Straßenbahn	*tram, streetcar am*
am Straßenrand	*by the roadside*

an der Straßenecke	*at the street corner*
'streben (nach)	to strive (after)
die 'Strecke /n	distance
eine Strecke zurücklegen	*to cover a distance*
'streichen i-i (über)	to stroke; to pass (over); to paint
von der Liste streichen	*to strike off the roll*
Frisch gestrichen!	*Wet paint*
das 'Streichholz es/ö-er	match
ein Streichholz anzünden	*to strike a match*
die Streichholzschachtel	*matchbox*
der Streit s/e; Streitigkeiten	quarrel
Streit anfangen (mit)	*to start a quarrel (with)*
den Streit beilegen	*to settle the quarrel*
streiten	*to quarrel, to argue, to dispute (with)*
darüber läßt sich streiten	*that's open to question*
streng	severe, strict
streng sein (gegen)	*to be strict (with)*
Streng verboten!	*Strictly forbidden*
das Stroh s	straw
der Strom es/ö-e	(large) river; current
gegen den Strom	*against the current*
mit dem Strom schwimmen	*to go with the tide*
es regnet in Strömen	*it is pouring with rain*
den Strom abschalten	*to cut off the electricity supply*
den Strom einschalten	*to turn on the electricity supply*
der Strumpf es/ü-e	stocking
die Strümpfe anziehen	*to put on o's stockings*
die Strümpfe ausziehen	*to take off o's stockings*
das Stück es/e	piece; play
ein Stück Brot	*a piece of bread*
ein Stück Papier	*a piece of paper*
ein Stück Seife	*a cake of soap*
Stück für Stück	*piece by piece*
ein starkes Stück!	*that's a bit thick*
in Stücke gehen	*to fall to pieces*
in Stücke hauen	*to knock to pieces*
was für ein Stück wird gegeben?	*what play is on?*

der Stu'dent en/en	student
die Studentin	*girl student*
stu'dieren	to study; to go to university
Geschichte studieren	*to study history*
er studiert in Berlin	*he is at university in Berlin*
das 'Studium s/ien	study, studies *pl*
Studien treiben	*to study*
die 'Stufe /n	step; degree
Vorsicht, Stufe!	*Mind the step*
auf gleicher Stufe mit	*on a level with*
der Stuhl s/ü-e	chair
die 'Stunde /n	hour; lesson
eine halbe Stunde	*half an hour*
anderthalb Stunden	*one hour and a half*
stundenlang	*for hours (on end)*
nach einer Stunde	*after an hour*
zu jeder Stunde	*any time*
Stundenkilometer	*kilometre per hour*
(km/st)	
der Sturm s/ü-e	storm
'stürzen → steigen	to fall
Nicht stürzen!	*Do not drop*
sich in Unkosten stürzen	*to go to great expense*
'suchen → finden	to seek, to look for
Verkäuferin gesucht	*shop assistant wanted*
der 'Süden s	south
im Süden (von)	*in/to the south (of)*
in Süd . . .	*in South . . .*
gegen/nach Süden, in	*to the south, southward*
südlicher Richtung	
der Südpol	*South Pole*
südlich von	*south of*
südliche Winde	*southern winds*
die 'Summe /n → Teil	sum
eine hohe Summe	*a large sum*
die 'Suppe /n	soup
süß → sauer	sweet
es schmeckt süß	*it tastes sweet, it has a sweet taste*
Süßigkeiten pl	*sweets pl*
das Sy'stem s/e	system
die 'Szene /n	scene

T

der 'Tabak s/e   tobacco
die Ta'blette /n   tablet
die 'Tafel /n   table; (black)board
   eine Tafel Schokolade   *a bar of chocolate*
   an die Tafel schreiben   *to write on the blackboard*
der Tag es/e   day
   eines Tages   *one day, some day*
   am Tage   *by day*
   den ganzen Tag (lang)   *all day (long)*
   jeden Tag/alle Tage   *every day*
   Tag für Tag   *day after day*
   von Tag zu Tag   *from day to day*
   tags zuvor   *the day before*
   am folgenden Tag   *the next day*
   vor acht Tagen   *a week ago*
   in acht Tagen   *today week*
   alle acht Tage   *every week*
   in 14 Tagen   *in a fortnight*
   guten Tag!   *how do you do?, good morning/ afternoon*
   welchen Tag haben wir heute?   *what's today?, what day is it (today)?*
'täglich   daily
das Tal s/ä-er → Berg   valley
'tanken   to fill up
   die Tankstelle   *garage, filling station*
   der Tankwart   *service-station attendant*
die 'Tante /n   aunt
der Tanz es/ä-e   dance
   tanzen   *to dance*
die 'Tasche /n   pocket; bag, briefcase
   in die Tasche stecken   *to put in o's pocket*
   aus der Tasche holen   *to take out of o's pocket*
   das Taschenbuch   *paperback*
das 'Taschentuch es/ü-er   handkerchief
die 'Tasse /n   cup
   eine Tasse Kaffee   *a cup of coffee*
   eine Kaffeetasse   *a coffee cup*
   aus der Tasse trinken   *to drink out of a cup*
tat (1., 3. pers sg prät v. tun)   did
die Tat /en   action, act; deed

in der Tat	*in fact, indeed*
in die Tat umsetzen	*to put into practice*
'tätig	active
die Tätigkeit	*activity*
die 'Tatsache /n	fact
tat'sächlich	really, as a matter of fact
'tausend	a / one thousand
zweitausend	*two thousand*
Tausende von Menschen	*thousands of people*
das 'Taxi s/s	taxi
Taxi frei / besetzt	*taxi for hire / hired*
'technisch	technical
der Tee s/Teesorten	tea
Tee trinken	*to have tea*
der Teil s/e	part
zum Teil	*in part, partly*
ein großer Teil	*a great deal*
zum größten Teil / größtenteils	*for the most part, mostly*
das Teil s/e	part, share
ich für mein Teil	*I for my part, as for me*
ein gut Teil	*a good deal*
sein Teil beitragen	*to do o's share*
das Ersatzteil	*spare part*
'teilen → vereinen	to divide; to share
durch 5 teilen	*to divide by 5*
den Gewinn teilen	*to share (in) the profit*
'teil‖nehmen a-o/i **(an)**	to take part (in)
an einem Kurs teilnehmen	*to take a course*
teils	in part, partly
das Tele'fon s/e (s. Fernsprecher)	telephone
am Telefon	*on the phone*
der (Telefon-)Anruf	*(telephone) call*
das Telefonbuch	*(tele)phone directory*
das Telefongespräch	*(telephone) call*
die Telefonzelle	*call- / telephone-box, booth am*
telefo'nieren	to (tele)phone, to ring up, to call up
das Tele'gramm s/e	telegram
der 'Teller s/-	plate
vom Teller essen	*to eat off a plate*
die Tempera'tur /en	temperature
Temperatur haben	*to have a temperature*

der 'Teppich s/e	carpet
'teuer / teurer / am	dear, expensive
teuersten → billig	
wie teuer ist das?	*how much is that?*
das ist (zu) teuer	*that's (too) expensive*
teuer bezahlen	*to pay a lot (for)*
das The'ater s/-	theatre
ins Theater gehen	*to go to the theatre*
die Theaterkarte	*theatre ticket*
tief → hoch/flach	deep; low
. . . ist 5 Meter tief	*. . . is 5 metres deep*
tief schlafen	*to sleep soundly*
die Tiefe	*depth*
das Tier s/e	animal; beast
wilde Tiere	*wild beasts*
ein hohes Tier	*a big noise, V. I. P.*
der Tisch es/e	table
bei Tisch	*at table*
vor Tisch	*before the meal*
nach Tisch	*after the meal*
bei Tisch sitzen	*to be at (the) table*
zu Tisch, bitte!	*dinner is served!*
sich zu Tisch setzen	*to sit down at the table*
den Tisch decken	*to lay the table*
reinen Tisch machen	*to make a clean sweep (of it)*
die 'Tochter /ö	daughter
der Tod es/Todesfälle	death
→ Geburt, Leben	
sich zu Tode langweilen	*to be bored to death*
die Toi'lette /n	lavatory, W. C.
toll	mad
eine tolle Sache	*it's marvellous/ wonderful*
der Ton s/ö-e	sound; tone
der gute Ton	*good form*
den Ton angeben	*to set the tone*
das Tonband	*(recording) tape*
auf Tonband aufnehmen	*to record on tape*
das Tonbandgerät	*tape recorder*
der Topf s/ö-e	pot
das Tor s/e	door, gate; goal
ein Tor schießen	*to score a goal*
tot → lebendig	dead
auf dem toten Punkt ankommen	*to reach a deadlock*

der 'Tote n/n → Lebende	dead man
die Toten pl	*the dead* pl
töten	*to kill*
'tragen u-a/ä	to carry; to wear; to bear
eine Brille tragen	*to wear glasses*
Früchte tragen	*to bear fruit*
der 'Traktor s/en	tractor
die 'Träne /n	tear
mit Tränen in den Augen	*with tears in o's eyes*
in Tränen ausbrechen	*to burst into tears*
der Traum s/äu-e	dream
einen Traum haben	*to have a dream*
träumen	*to dream*
'traurig → froh/freudig	sad
'treffen a-o/i	to hit; to meet
es traf sich, daß	*it so happened that*
ich habe ihn zu Hause getroffen	*I found him at home*
sich treffen	*to meet*
eine Verabredung treffen (mit)	*to have an appointment (with)*
das trifft sich gut!	*that's lucky!*
'treiben ie-ie	to practise
Sport treiben	*to go in for sport*
Handel treiben	*to do business*
was treibst du?	*what are you doing?*
'trennen → vereinen	to separate
sich trennen (von)	*to separate (from)*
die 'Treppe /n	staircase
auf der Treppe	*on the staircase*
ich gehe die Treppe hinauf/hinunter	*I am going up/down the stairs*
'treten a-e/i **(auf)**	to step, to tread (on)
er tritt ins Zimmer	*he enters the room*
er tritt aus dem Zimmer	*he leaves the room*
er tritt ans Fenster	*he goes to the window*
treten Sie näher!	*step nearer*
an die Stelle treten (von)	*to take the place (of)*
treu	faithful, true; loyal
treu bleiben	*to remain faithful/ true (to)*
'trinken a-u	to drink
aus einem Glas trinken	*to drink out of a glass*
ich trinke gern Wein	*I like wine*

ich trinke lieber Wein als Bier	I would rather have wine than beer, I prefer wine to beer
was trinken Sie?	what will you have (to drink)?
das Trinkwasser	drinking-water
das Trinkgeld	tip
der Tritt s/e	step
der Fußtritt	kick
'trocken → naß/feucht	dry
trocken aufbewahren	keep dry
trocknen	to dry
der 'Tropfen s/-	drop
tropfenweise	drop by drop
der Trost es/ö-ungen	comfort
das ist kein Trost (für mich)	that's no comfort (to me)
trösten	to comfort
trotz 'alledem	for all that, in spite of
'trotzdem	all the same, nevertheless
ich tu's trotzdem	I'll do it all the same
das Tuch s/e, ü-er	cloth; scarf
tun a-a	to do; to put
er tut nichts	he does not do anything
das tut nichts	it doesn't matter
was soll ich tun?	what am I to do?
zu tun haben (mit)	to have to do (with)
das tut gut	that does you good
er tut nur so	he is just pretending
die Tür /en	door
bitte Tür schließen!	shut the door, please
bei verschlossenen Türen	with the doors locked
an die Tür klopfen	to knock at the door
die Tür ist zu	the door is closed
die Tür ist angelehnt	the door is (left) ajar
die Tür ist offen	the door is open
'turnen	to do gymnastics

U

'übel → wohl	evil, bad
mir ist übel	I feel sick
mir wird übel	I am going to be sick
das ist nicht übel	that's not bad

wohl oder übel	*willy-nilly*
'üben	to exercise / train
sich üben	*to practise*
einen Beruf ausüben	*to practise a profession*
'überall → nirgends	everywhere, all over *am*
von überall her	*from all sides*
über'haupt	generally (speaking), on the whole; at all; besides
überhaupt nicht	*not at all*
überhaupt nichts	*nothing at all*
über'holen	to pass, to overtake
Nicht überholen!	*No overtaking*
'übermorgen	the day after tomorrow
über'queren	to cross
die Straße überqueren	*to cross the road*
über'raschen	to surprise
die Überraschung	*surprise*
zu meiner Überraschung	*to my surprise*
über'setzen	to translate
ins Deutsche übersetzen	*to translate into German*
die Übersetzung	*translation*
über'zeugen	to convince
'übrig	left (over), remaining, rest of
das übrige Geld	*the rest of the money*
die übrigen Menschen	*the rest of the people, the others*
ich habe Geld übrig	*I have some money left*
übrig sein/übrigbleiben	*to be left*
es ist nichts übriggeblieben	*there is nothing left*
übriglassen	*to leave (over)*
laß mir was übrig	*leave me something*
'übrigens	besides, by the way
die 'Übung /en	exercise, practice
das 'Ufer s/-	bank, shore
am Ufer	*ashore, on shore*
am rechten Ufer	*on the right bank*
die Uhr /en	watch; clock; hour *am*
die Uhr aufziehen	*to wind up the watch/clock*
auf die Uhr sehen	*to look at o's watch/clock*
meine Uhr geht nicht	*my watch has stopped*
meine Uhr geht richtig	*my watch keeps good time*
meine Uhr geht vor/nach	*my watch is fast/slow*
wieviel Uhr ist es?	*what time is it?*
es ist 3 Uhr	*it is 3 o'clock*

gegen 6 (Uhr)	*about 6 (o'clock)*
Punkt 6 (Uhr)	*6 o'clock sharp*
Punkt 12 (Uhr)	*at noon sharp*
es ist halb 6 (Uhr)	*it is half past 5*
um 6 (Uhr)	*at 6 (o'clock)*
um wieviel Uhr?	*at what time?*
'um|bringen a-a	to kill
der 'Umfang s/ä-e	extent
um'geben a-e/i **(mit)**	to surround (with)
die Umgebung	*surroundings* pl
um'her	about, around
'um|kehren	to return, to turn back
umgekehrt	*reverse; opposite; vice versa*
umgekehrt!	*just the other way (round)!*
(die) 'Umleitung /en	diversion
um'sonst	in vain; for nothing, free
alles war umsonst	*everything was useless*
der 'Umstand s/ä-e	circumstance
unter diesen Umständen	*under these circumstances*
unter Umständen	*possibly*
unter keinen Umständen	*on no account*
machen Sie keine Umstände!	*don't make a fuss!*
'um|steigen ie-ie	to change
'unbedingt	definitely, absolutely
und so 'weiter (usw.)	and so on (etc.)
der 'Unfall s/ä-e	accident
ein schwerer Unfall	*a serious accident*
bei einem Unfall	*in an accident*
'ungefähr → genau	about, roughly
ungefähr 100	*a hundred or so*
ungefähr eine Woche	*a week or so*
'ungesund → gesund	unhealthy
das Unglück s/	misfortune, accident
Unglücksfälle → Glück	
Unglück haben	*to be unlucky*
es ist ein Unglück geschehen	*there's been an accident*
unglücklich	*unhappy; unfortunate*
'unmittelbar/direkt	directly; immediate
un'möglich	impossible
der 'Unsinn s	nonsense
Unsinn!	*nonsense!, rubbish!*
mach keinen Unsinn!	*stop fooling (about)!*

'unten → oben	below, beneath; downstairs
da unten	*down there*
hier unten	*down here*
unten auf der Seite	*at the bottom of the page*
'unter 'anderem (u. a.)	among other things
unter uns	*between you and me*
unter Null	*below zero*
unter'brechen a-o/i	to interrupt
→ fortfahren, fortsetzen	
'unter|gehen i-a	to go down; to set; to sink
→ aufgehen	
die untergehende Sonne	*the setting sun*
die Sonne ist	*the sun has set*
untergegangen	
unter'halten ie-a/ä	to entertain
die Familie unterhalten	*to maintain the family*
sich unterhalten	*to talk to each other*
sich gut unterhalten	*to enjoy o. s., to have a good time*
haben Sie sich gut	*did you have a nice time?*
unterhalten?	
die Unter'haltung /en	conversation
unter'nehmen a-o/i	to undertake
das Unternehmen	*firm, enterprise*
der 'Unterricht s	instruction; teaching; classes
Unterricht haben	*to have lessons*
unter'scheiden ie-ie	to distinguish
sich unterscheiden (von)	*to differ (from)*
der 'Unterschied s/e	difference
ein großer Unterschied	*a big difference*
ohne Unterschied	*alike*
einen Unterschied	*to make a distinction*
machen	
unter'schreiben ie-ie	to sign
mit seinem Namen	*to sign o's name*
unterschreiben	
die Unterschrift	*signature*
unter'suchen	to examine
einen Kranken	*to examine a patient*
untersuchen	
die Unter'suchung /en	test
eine ärztliche	*a medical examination*
Untersuchung	
'unvergleichlich	incomparable, beyond comparison
'unzufrieden (mit)	discontented (with)

der 'Urlaub s/e — holiday / vacation / leave
auf / im Urlaub — *on holiday / leave*
Urlaub haben — *to be on holiday / leave*
die 'Ursache /n — cause; reason
→ Wirkung
keine Ursache! — *don't mention it*
der 'Ursprung s/ü-e — origin
das 'Urteil s/e — judgment
urteilen — *to judge*
urteilen Sie selbst! — *judge for yourself*
die USA, die Vereinigten — the U.S.(A.) / the United States (of Staaten (von America)
Amerika) / *pl*

V

der 'Vater s/ä — father
(sich) ver'ändern — to change
er hat sich sehr — *he has changed a good deal*
verändert
die Veränderung — *change*
ver'bergen a-o/i → zeigen — to conceal, to hide
im verborgenen — *in secret*
(sich) ver'bessern — to improve; to correct
ver'bieten o-o → erlauben — to forbid
verboten — *forbidden, prohibited*
es ist verboten (zu) — *... (is) prohibited*
Betreten verboten! — *Keep off., No trespassing*
Eintritt verboten! — *No entry*
Rauchen verboten! — *No smoking*
ver'binden a-u → trennen — to connect, to combine
verbinden Sie mich mit ... — *put me on to ...*
falsch verbunden — *wrong number*
eine Wunde verbinden — *to dress a wound*
ich bin Ihnen sehr — *I am greatly obliged to you*
verbunden
die Ver'bindung /en — union; connection
sich in Verbindung — *to get in touch (with)*
setzen (mit)
in Verbindung bleiben — *to keep in touch (with)*
(mit)
in Verbindung stehen — *to be connected (with)*
(mit)

das Ver'brechen s/-	crime
der Verbrecher	*criminal*
ver'breiten	to spread
ver'brennen a-a	to burn
Papier verbrennen	*to burn (up) paper*
sich die Finger verbrennen	*to burn o's fingers*
ver'bringen a-a	to spend, to pass
das Wochenende verbringen	*to spend the weekend*
die Zeit verbringen	*to pass the time*
ver'derben a-o/i	to spoil, to ruin
jdm die Freude verderben	*to spoil s. o's pleasure/fun*
sich den Magen verderben	*to upset o's stomach*
ver'dienen	to earn; to deserve
sein Brot verdienen	*to earn o's living*
das hat er nicht verdient	*he didn't deserve that*
ver'einen/ver'einigen → *trennen/teilen*	to unite; to unify
die Vereinigten Staaten	*the United States*
das Ver'fahren s/-	process
ver'folgen	to pursue
seinen Weg verfolgen	*to go o's way*
ver'gangen (part perf v. vergehen)	past
die Ver'gangenheit	past
ver'gebens	in vain
vergebens suchen	*to search/seek in vain*
ver'gehen i-a	to pass
schnell vergehen	*to go by quickly*
vergangenes Jahr	*last year*
die Lust dazu ist mir vergangen	*I have lost all liking for it*
ver'gessen a-e/i → *sich erinnern*	to forget
ver'gleichen i-i	to compare
verglichen mit	*compared to*
das Ver'gnügen s/-	pleasure, amusement, delight
mit Vergnügen	*gladly*
viel Vergnügen!	*have a good time!*
Vergnügen finden an	*to find pleasure (in)*
vergnügt	*gay, joyous*

ver'haften	to arrest
das Ver'hältnis ses/se	relation; proportion
im Verhältnis zu	*compared with, in proportion to*
die Ver'handlung /en	negotiation
in Verhandlungen treten	*to enter into negotiations*
ver'heiratet → ledig	married
der Ver'kauf s/äu-e	sale
→ Kauf	
zum Verkauf anbieten	*to offer for sale*
ver'kaufen → (ein)kaufen	to sell
zu verkaufen	*for sale, to be sold*
teuer verkaufen	*to sell at a profit*
ausverkauft	*sold out*
der Verkäufer; die	*seller; shop assistant*
Verkäuferin	
der Ver'kehr s	traffic
das Verkehrsamt	*tourist office*
das Verkehrsbüro	*tourist agency*
das Verkehrsmittel	*(means of) transport*
der Verkehrsunfall	*road accident*
das Verkehrszeichen	*road sign*
ver'langen → gewähren	to ask (for), to want, to demand
Sie werden am Telefon	*your are wanted on the*
verlangt	*(tele)phone*
auf Verlangen	*on demand*
ich habe kein Verlangen	*I feel no desire (to)*
(zu)	
ver'lassen ie-a/ä	to leave
→ bleiben / betreten	
sich verlassen (auf)	*to depend (on), to trust (in)*
verlassen Sie sich	*take it from me!*
darauf!	
ich verlaß mich auf dich	*I rely on you*
ver'letzen	to hurt, to injure
sich verletzen	*to hurt/injure o. s.*
verletzt sein	*to be hurt*
seine Pflicht verletzen	*to fail in o's duty*
ver'lieren o-o	to lose
→ finden / gewinnen	
seine Zeit verlieren	*to waste o's time*
der Verlust	*loss*
ein schwerer Verlust	*a heavy loss*
einen Verlust erleiden	*to suffer a loss*
ver'meiden ie-ie	to avoid

es läßt sich nicht vermeiden	*it cannot be helped*
das Ver'mögen s/-	fortune
ein Vermögen verdienen	*to make a fortune*
ver'muten	to suppose, to guess
vermutlich	*presumable*
er kommt vermutlich	*I suppose he'll come*
ver'nichten → erzeugen/erhalten	to destroy
ver'nünftig	reasonable
vernünftig reden	*to talk sense*
ver'passen → erreichen	to miss
ich habe den Zug verpaßt	*I've missed the train*
ver'pflichten (zu)	to oblige (to); to engage
sich verpflichten (zu)	*to undertake (to)*
zu Dank verpflichtet	*obliged*
ver'rückt	mad, crazy
wie verrückt	*like mad*
eine verrückte Idee	*a crazy idea*
ver'sammeln	to gather, to assemble
sich versammeln	*to meet*
die Versammlung	*meeting*
eine Versammlung abhalten	*to hold a meeting*
eine Versammlung besuchen	*to attend a meeting*
ver'schieden → gleich	different, various; diverse
das ist verschieden	*that depends*
verschieden sein	*to differ*
verschiedenemal	*repeatedly*
ver'schließen o-o → öffnen	to close; to lock
ver'schwinden a-u → erscheinen	to disappear
das Ver'sehen s/-	error, mistake
aus Versehen	*by mistake*
ver'sichern	to assure
sich versichern	*to insure o. s.; to satisfy o. s.*
die Versicherung	*assurance; insurance*
ver'sprechen a-o/i	to promise
das Versprechen	*promise*
sein Versprechen halten	*to keep o's promise*
der Ver'stand es	understanding

den Verstand verlieren	*to go out of o's mind*
der gesunde Menschenverstand	*common sense*
ver'standen (part perf v. verstehen)	heard; understood
ver'stecken → zeigen	to hide
sich verstecken	*to hide o. s.*
ver'stehen a-a	to hear; to understand; to see
ich habe (es) nicht verstanden	*I didn't hear (you), I didn't understand you*
ich habe das Wort nicht verstanden	*I didn't catch the word*
ich verstehe!	*I see!*
das versteht sich	*that goes without saying*
was verstehen Sie unter . . .?	*what do you mean by . . .?*
verstehen Sie Deutsch?	*do you understand German?*
falsch verstehen	*to misunderstand*
sich verstehen	*to get on with*
der Ver'such s/e	attempt; experiment
ver'suchen	to attempt, to try
den Wein versuchen	*to taste the wine*
ver'teidigen → angreifen	to defend
die Verteidigung	*defence*
das Ver'trauen s	confidence, trust
Vertrauen haben (zu)	*to have confidence (in), to trust*
ver'ursachen	to cause; to raise
ver'vollständigen	to complete
(sich) ver'wandeln	to change / transform
ver'wandt (mit)	related (to)
wir sind verwandt	*we are related*
der Verwandte	*relative*
ver'wechseln (mit)	to confuse (with)
ver'weigern	to refuse
ver'wenden	to apply, to use
viel Mühe verwenden (auf)	*to go to much trouble (to)*
viel Zeit verwenden (auf)	*to devote much time (to)*
etw gut verwenden	*to make good use of s. th.*
ver'wirklichen	to realize
seine Pläne verwirklichen	*to realize o's plans*
ver'wirren → ordnen	to confuse
verwirrt	*confused*

ver'wunden	to wound
das Ver'zeichnis ses/se	list
ver'zeihen ie-ie	to forgive
verzeihen Sie! /	*I beg your pardon!, excuse me!,*
Verzeihung!	*sorry!*
um Verzeihung bitten	*to ask (s. o.'s) pardon*
ver'zollen	to pay duty (on)
haben Sie etw zu	*have you anything to declare?*
verzollen?	
das Vieh s	cattle; beast
viel/mehr/am meisten	much
→ wenig	
nicht viel	*not much*
sehr viel	*a great deal (of)*
ziemlich viel	*a good deal (of)*
zuviel	*too much*
wieviel?	*how much?*
vielen Dank!	*many thanks!*
viel Glück!	*good luck!*
viel Vergnügen!	*have a good time!*
'viele → wenige	many
sehr viele	*a great many*
wie viele Male?	*how often?*
so viele Bücher	*as/so many books*
viel'leicht → bestimmt	perhaps, maybe
'vielmals	many times, often
danke vielmals!	*many thanks!*
'vielmehr	rather; on the contrary
das 'Viertel s/-	quarter
es ist viertel 2 / ein	*it is a quarter past one*
Viertel nach 1	
es ist dreiviertel 2 / ein	*it is a quarter to two*
Viertel vor 2	
ein Viertel (¼)	*a quarter (of)*
dreiviertel (¾)	*three quarters (of)*
ein(und)einviertel (1¼)	*one and a quarter*
ein Vierteljahr	*three months, a quarter (of a year)*
eine Viertelstunde	*a quarter of an hour*
der 'Vogel s/ö	bird
das Volk s/ö-er	people, nation
volkstümlich	*popular*
der Volkswagen/VW	*volkswagen*
[fau'we]	
voll → leer/hohl	full (of)

voll Wasser	*filled with water*
voll(er) Ideen	*full of ideas*
die volle Summe	*the entire sum*
voll besetzt	*full up, occupied*
voll'enden	to complete; to accomplish
vollends	*entirely, wholly*
'völlig → kaum	fully, completely
das genügt völlig	*that's quite enough*
voll'kommen	perfect, complete
ich verstehe vollkommen	*I understand perfectly*
'vollständig	complete, entire
vor 'allem	above all
vor 'kurzem	recently, the other day
vor 8 Tagen	*a week ago*
vor einiger Zeit	*some time ago*
vor langer Zeit	*a long time ago*
es ist 10 vor 1	*it's 10 to one*
vo'raus → zurück	ahead
im voraus	*in advance*
geh voraus!	*lead on*
vorausgesetzt (daß)	*provided (that)*
vor'bei	along, past; over, past
er ging an mir vorbei	*he passed me by*
der Sommer ist vorbei	*summer is over*
(sich) 'vor|bereiten (auf)	to prepare (o. s. for); to get ready for
die 'Vorderseite /n → Rückseite	front (side)
die 'Vorfahrt	priority, right of way
er hat Vorfahrt	*he has the right of way*
vorgestern	the day before yesterday
vor'handen	existing; present, at hand
vorhanden sein	*to exist; to be available*
der 'Vorhang s/ä-e	curtain
den Vorhang auf-/zuziehen	*to open/draw the curtain*
vorher → hinterher	before, beforehand, in advance
kurz vorher	*a short while before*
am Tag vorher	*the day before*
vorhin	just now, a little while ago
vorig	last
voriges Jahr	*last year*
vorläufig	for the time being
der 'Vormittag s/e	morning, forenoon

am Vormittag /	*in the morning, a. m.*
vormittags	
heute vormittag	*this morning*
vorn(e) → hinten	in front, at the head
nach vorn	*forward*
von vorn	*from the front; anew*
der 'Vorname ns/n	Christian name
der 'Vorrat s/ä-e	provision, supply
vorrätig	*in store/stock*
'vor|rücken	to advance
der 'Vorschlag s/ä-e	proposal
vorschlagen	*to propose*
die 'Vorsicht	caution, care
Vorsicht!	*Caution!, Take care!, Look out!*
vorsichtig	*careful*
der 'Vorsitzende n/n	president, chairman
'vor|stellen	to present, to introduce; to represent
ich stelle Sie ihr vor	*I'll introduce you to her*
sich (etw) vorstellen	*to imagine (s. th.)*
die 'Vorstellung /en	performance; idea
Beginn der Vorstellung um . . .	*the performance begins at . . ., the curtain will rise at . . .*
der 'Vorteil s/e	advantage
Vorteil haben (von)	*to benefit (from)*
vo'rüber	past
vorübergehen (an)	*to pass (by)*
'vorwärts → rückwärts	forward
vorwärts!	*go ahead!, let's go!*
'vor|ziehen o-o	to prefer; to like better
vor'züglich	excellent

W

die 'Waage /n	balance, scales
auf die Waage legen	*to put on the scales*
wach	awake
wach werden	*to wake up*
wachen	*to stay awake*
bei einem Kranken wachen	*to sit up with a sick person*
'wachsen u-a/ä	to grow; to increase
die 'Waffe /n	weapon, arm(s)
unter Waffen	*under arms*

zu den Waffen greifen	*to take up arms*
'wagen	to dare, to risk
sein Leben wagen	*to risk o's neck*
der 'Wagen s/-	carriage; car
mit dem Wagen fahren	*to go by car*
seinen Wagen parken	*to park o's car*
er hat seinen eigenen Wagen / selbst einen Wagen	*he has a car of his own*
der Lkw/Last(kraft)wagen	*lorry*
der Pkw/Personen(kraft)- wagen	*motorcar*
die Wahl /en	choice; election
seine Wahl treffen	*to take o's choice*
ich habe keine Wahl	*I have no choice*
'wählen	to choose; to elect
die Nummer wählen	*to dial the number*
wahr	true, real
nicht wahr?	*isn't it?, is it not so?, don't you think so?*
wahr machen	*to make s. th. come true*
wahr werden	*to come true*
die 'Wahrheit /en → Lüge	truth
in Wahrheit	*in truth, in reality*
die Wahrheit sagen	*to tell the truth*
wahr'scheinlich	likely, probable, probably
wahrscheinlich kommt er heute (nicht)	*he is (un)likely to come today*
der Wald es/ä-er	forest, wood(s)
die Wand /ä-e	wall, side
in seinen vier Wänden	*at home*
'wandern	to wander, to walk; to hike / go hiking
die 'Wange /n	cheek
rotwangig	*rosy-cheeked*
wann? *int adv*	when?
wann kommst du?	*when will you come?*
bis wann?	*till when?, by what time?*
seit wann?	*how long?, since when?*
wann auch immer	*whenever*
dann und wann	*now and then / again*
wann sind Sie geboren?	*when were you born?*
war; 'waren (1., 3. pers sg, pl prät v. sein)	was; were

die 'Ware /n	merchandise, goods, wares; article
das Warenhaus	*store*
warm/wärmer/am	warm
wärmsten → kalt	
es ist warm	*it is warm*
mir ist warm	*I am warm*
es wird warm	*it is getting warm*
sich wärmen	*to warm o. s.*
die 'Wärme → Kälte	warmth
'warnen (vor)	to warn (of, against)
Vor Taschendieben wird	*Beware of pickpockets*
gewarnt!	
'warten (auf)	to wait (for)
→ weggehen/weglaufen	
warten lassen	*to keep s. o. waiting*
auf sich warten lassen	*to be long in coming*
wa'rum? *int adv*	why?
warum nicht?	*why not?*
was? *int adv*	what?
was ist das?	*what's this?*
was für ein . . .?	*what (kind of)...?*
was für ein . . .!	*what (a)...!*
was kostet das?	*how much is that?*
die 'Wäsche	linen; washing; underwear
frische Wäsche anziehen	*to change o's underclothes* pl
'waschen u-a/ä	to wash
sich waschen	*to wash o. s.*
der Waschlappen	*face-cloth*
das 'Wasser s/-	water
ein Glas Wasser	*a glass of water*
warmes Wasser	*hot water*
mit fließendem Wasser	*with running water*
mit kaltem Wasser	*with cold water*
das Wasser kocht	*the water is boiling*
die 'Watte	cotton-wool
das WC	W. C., lavatory, cloakroom
der 'Wechsel s/-	change
die Wechselstube	*exchange office, foreign exchange bureau*
wechseln	*to change*
Geld wechseln	*to exchange money*
können Sie 100 Mark wechseln?	*can you give me change for 100 marks?, can you exchange 100 marks?*

'wecken	to (a)waken, to wake up
'weder . . . 'noch	neither . . . nor
der Weg es/e	way, path, road
der Weg nach Berlin	*the way to Berlin*
der Weg zum Bahnhof	*the way to the station*
den Weg zeigen	*to show the way*
einen Weg einschlagen	*to take a road*
einen Weg fahren	*to follow a road/route*
sich auf den Weg machen	*to set out (for)*
der richtige Weg (nach)	*the right way (to)*
nach dem Weg fragen	*to ask the way*
weg → da	away, off
er ist weg	*he is gone*
das Buch ist weg	*the book is lost*
Hände weg!	*hands off!*
'weg|fahren u-a/ä, 'weg|gehen i-a → zurückkehren	to go away, to leave
das geht weg	*that'll pass off*
'weg|laufen ie-au/äu	to run away
'weg|nehmen a-o/i	to take away
'weg|schaffen → holen	to remove
weh → wohl	sore
es tut mir weh	*it hurts me*
wo tut es (Ihnen) weh?	*where does it hurt?*
der Kopf tut mir weh	*my head aches*
er hat mir wehgetan	*he has hurt me*
'wehen	to blow; to wave
der Wind weht	*the wind is blowing*
die Fahne weht	*the flag is waving*
'weiblich	feminine; female
weich → hart/fest	soft; tender
'Weihnachten	Christmas
zu Weihnachten	*at Christmas*
Fröhliche Weihnachten!	*Merry Christmas!*
die 'Weile	while
eine Weile	*for a while*
eine ganze Weile	*quite a while*
nach einer Weile	*after a while*
bleib noch eine Weile!	*stay a bit longer*
der Wein es/e	wine; vine; grapes *pl*
ein Glas Wein	*a glass of wine*
das Weinglas	*the wine-glass*

Wein trinken	*to drink wine*
den Wein kosten	*to taste the wine*
'weinen → lachen	to weep, to cry
'weise → dumm	wise
die Weisheit	*wisdom*
die 'Weise /n	way
auf welche Weise?	*in what way?*
auf diese Weise	*in this way*
in keiner Weise	*in no way*
weiß	white
weiß (1., 3. pers sg präs v. wissen)	know, knows
weit → nahe/eng	far; wide, large, broad
ich bin so weit	*I am ready*
das geht zu weit	*that's going too far*
es ist weit von hier	*it is a long way from here*
weit und breit	*far and wide*
weit weg	*a long way off*
ist es noch weit?	*is it still a long way?*
wie weit ist es nach . . .?	*how far is it to . . .?*
von weitem	*from a distance*
bei weitem / weitaus	*by far, much*
'weiter → näher	farther, further
nichts weiter	*that's all, nothing else*
weiter niemand	*no one else*
und so weiter	*and so on*
'weiter|gehen i-a → stehenbleiben	to go along
weitergehen!	*move on!, keep moving!*
der 'Weizen s/ Weizensorten	wheat
'welche(r,s)? *int prn*	what?, which (one)?
die Welt /en	world
die ganze Welt	*the whole world*
in der ganzen Welt	*all over the world*
auf die Welt kommen	*to come into the world*
wem? *int prn*	to whom?
wen? *int prn*	whom?
'wenden	to turn
Bitte wenden!	*Please turn over*
die Seite umwenden	*to turn over the page*
sich 'wenden a-a **(an)**	to turn to
'wenig → viel	little, few
ein wenig	*a little, a bit*

wenig Zeit	*little time*
ein wenig Geduld	*a little patience*
zu wenig Geld	*too little money*
wenig Leute	*few people*
'weniger (als) → mehr (als)	less (than)
viel weniger	*much less*
mehr oder weniger	*more or less*
immer weniger	*less and less*
5 weniger 3 ist 2	*5 minus 3 equals 2*
'wenigstens → höchstens	at least
wer? *int prn*	who?
wer ist da?	*who is there?*
wer ist das?	*who is he?*
'werden *u-o/i*	to become; to get; to grow
es wird kalt	*it is getting cold*
es wird schon werden	*it will be all right*
das muß anders werden	*there must be a change*
'werfen *a-o/i*	to throw
das Werk *es/e*	work; works *pl;* plant
sich ans Werk machen	*to set to work*
Goethes Werke	*Goethe's works*
die Werkstatt	*workshop*
das Werkzeug	*tool*
wert	worth
wert sein	*to be worth*
das ist nichts wert	*that's no good*
das ist nicht viel wert	*that's not up to much*
das ist nicht der Rede wert	*it's not worth mentioning*
der Wert *es/e*	value; worth
Wert legen (auf)	*to make much of*
das 'Wesen *s/-*	being, creature; nature
ein lebendes Wesen	*a living creature*
sein Wesen gefällt mir	*I like his manners*
'wesentlich	essential
die wesentlichen Merkmale	*the essential features*
wes'halb? *int adv*	why?, wherefore?
'wessen? *int prn*	whose?
der 'Westen *s*	west
im Westen (von)	*in/to the west (of)*
westlich von	*west of, western*
gegen/nach Westen, in westlicher Richtung	*to the west, westward*

westliche Winde	*western winds*
der Westwind	*west wind*
die westliche Seite	*the western side*
das 'Wetter s/-	weather
es ist schönes Wetter	*it's a lovely weather*
bei schlechtem/ schönem Wetter	*in bad/fine weather*
wie ist heute das Wetter?	*how is the weather today?*
bei solchem Wetter	*in such weather*
der Wetterbericht	*weather forecast*
'wichtig → unwichtig	important
es ist für mich sehr wichtig	*it's of great importance to me*
nichts Wichtiges	*nothing that matters*
die Wichtigkeit	*importance*
von größter Wichtigkeit	*of the greatest importance*
wider'stehen a-a	to resist
wie? *int adv*	how?
wie geht es Ihnen?	*how do you do?, how are you?*
wie lange?	*how long?*
wie lange (noch)?	*how much longer?*
wie lange (schon)?	*how long?*
wie bitte?	*I beg your pardon?*
wie schön das ist!	*how beautiful it is!*
wie groß er ist!	*how tall he is!*
wie interessant!	*how interesting!*
wie schade!	*what a pity!*
wie zum Beispiel	*such as, as for instance*
'wieder	again
immer wieder	*again and again*
nie wieder	*never again*
wieder'holen	to repeat
wiederholt	*repeatedly*
die Wiederholung	*repetition*
'wieder|sehen a-e/ie	to see again
(auf) Wiedersehen!	*good-bye!, so long!*
'wiegen o-o	to weigh
das Päckchen wiegt	*the parcel weighs*
die 'Wiese /n	meadow
wie'so? *int adv*	how?, why (so)?, but why?
wie'viel? *int adv*	how much?, how many?
wieviel kosten die Äpfel?	*how much are these apples?*
wieviel ist 2+2?	*how much is 2+2?*

wieviel Personen?	*how many people?*
wieviel Blumen!	*what a lot of flowers!*
wieviel Uhr ist es?	*what's the time?*
den wievielten haben wir heute?	*what is the date today?*
wild	wild; fierce
wilde Tiere	*wild animals*
will (1., 3. pers sg präs v. wollen)	want, wants
der 'Wille ns/n	will
guten Willens sein	*to have good intentions*
um . . . willen	*for the sake of . . .*
will'kommen	welcome
seien Sie willkommen!	*welcome!*
willkommen heißen	*to welcome*
willst (2. pers sg präs v. wollen)	want
der Wind es/e	wind
draußen geht ein Wind	*there is a wind blowing outside*
'winken	to wave
mit der Hand winken	*to wave o's hand*
mit dem Taschentuch winken	*to wave o's handkerchief*
der 'Winter s/-	winter
im Winter	*in winter*
wir Deutschen	we Germans
wird (3. pers sg präs v. werden)	becomes
er wird Arzt	*he becomes a doctor*
'wirken	to work, to act (on); to operate; to take effect
das Mittel wirkt	*the remedy takes (effect)/is effective*
'wirklich → unwirklich	real(ly), actual(ly), indeed
die Wirklichkeit	*reality*
in Wirklichkeit	*in reality*
wirksam	*effective*
die 'Wirkung /en	effect; action
eine Wirkung haben	*to produce an effect*
die 'Wirtschaft /en	household; economy
sie führt ihm die Wirtschaft	*she runs his household*
wirtschaftlich	*economic(al)*
'wischen	to wipe (clean), to clean

die Tafel abwischen	*to wipe the blackboard*
sich das Gesicht abwischen	*to wipe o's face*
'wissen u-u/ei	to know
ich möchte wissen	*I wonder, I would like to know*
man kann nie wissen	*you never know*
soviel ich weiß	*for all I know*
ich weiß nichts davon	*I don't know anything about it*
das Wissen	*knowledge; learning*
meines Wissens	*as far as I know*
nach bestem Wissen und Gewissen	*to the best of o's knowledge and belief*
die 'Wissenschaft /en	science
wo? *int adv*	where?
die 'Woche /n	week
nächste Woche	*next week*
vor einer Woche	*a week ago*
letzte Woche	*last week*
wöchentlich	*weekly*
das 'Wochenende s/n	weekend
der 'Wochentag s/e	weekday
wo'für? *int adv*	what . . . for?, for what?
wo'her? *int adv*	from where?
wo'hin? *int adv*	where (to)?
wohl → übel	well
sich wohl fühlen	*to be well*
mir ist nicht wohl	*I don't feel well*
leben Sie wohl!	*good-bye!*
auf Ihr Wohl!	*here's to you!*
'wohnen	to live; to stay
in der Stadt wohnen	*to live in the town*
auf dem Lande wohnen	*to live in the country*
ich wohne in der Goethestraße	*I live in Goethe Street*
ich wohne Goethe-straße 3	*I live at No. 3 Goethe Street*
er wohnt bei mir	*he lives/is staying with me*
die 'Wohnung /en	apartment, flat; residence
das Wohnzimmer	*sitting-room*
die 'Wolke /n	cloud
die 'Wolle	wool
aus Wolle	*woollen, made of wool*
'wollen o-o/i	to want
lieber wollen	*to prefer*

(ganz) wie Sie wollen   *(just) as you like*
zu wem wollen Sie?   *whom do you want to see?*
wo'mit? *int adv*   with what?
wo'ran? *int adv*   at / of / in what?
woran denkst du?   *what are you thinking about / of?*
'worden (part perf v. werden)   become
das Wort es/ö-er; e   word
ein offenes Wort sprechen   *to speak frankly*
kein Wort sprechen   *to keep silent*
Wort halten   *to keep o's word*
das Wort ergreifen   *to (begin to) speak*
sein Wort brechen   *to break o's word*
beim Wort nehmen   *to take s. o. at his word*
mit einem Wort   *in a word*
mit anderen Worten   *in other words*
wo'zu? *int adv*   for what?, what for?
die 'Wunde /n   wound
eine Wunde verbinden   *to dress a wound*
sich 'wundern (über)   to wonder, to be surprised (at)
das wundert mich   *I am surprised*
der Wunsch es/ü-e   wish, desire
haben Sie noch einen Wunsch?   *(is there) anything else (you'd like)?*
mit den besten Wünschen   *with best wishes*
'wünschen   to wish, to desire, to want
wünschen Sie noch etwas?   *would you like anything else?*
das läßt zu wünschen übrig   *that leaves something to be desired*
jdm Glück wünschen   *to wish s. o. luck*
'wurde (1., 3. pers sg prät v. werden)   became
die 'Würde   dignity
'würdig → unwürdig   worthy
die Wurst /ü-e   sausage
die 'Wurzel /n   root
Wurzel schlagen   *to take root*
'wußte (1., 3. pers sg prät v. wissen)   knew
die 'Wüste /n   desert

die Wut — rage
wütend sein — *to be in a rage*
wütend werden — *to lose o's temper*

Z

die Zahl /en — number; figure
in großer Zahl — *in large numbers*
Zahlen zusammenzählen — *to add up figures*
zahlreich — *numerous*
'zahlen — to pay
zahlen, bitte! — *the bill, please!*
'zählen — to count
das zählt nicht — *that does not count*
ich zähle auf dich — *I am counting on you*
an den Fingern abzählen — *to count on o's fingers*
der Zahn s/ä-e — tooth
die Zähne putzen — *to brush o's teeth*
sich einen Zahn ziehen lassen — *to have a tooth out*
der Zahnarzt — *dentist*
zum Zahnarzt gehen — *to go to the dentist's*
die Zahnbürste — *toothbrush*
Zahnschmerzen haben — *to have a toothache*
die Zahnpaste — *toothpaste*
zart — delicate; tender
die 'Zehe /n — toe
auf Zehenspitzen — *on tiptoe*
das 'Zeichen s/- — sign; signal
ein Zeichen geben — *to make a sign*
das Zeichen abwarten — *to wait for the signal*
das Verkehrszeichen — *traffic sign*
'zeichnen — to draw; to sign
'zeigen — to show, to point
das wird sich zeigen — *we shall see*
die Papiere zeigen — *to show o's papers*
die 'Zeile /n — line
schreib/schreiben Sie ein paar Zeilen — *drop me a line*
die Zeit /en — time
zur Zeit — *at the present time*
zur (rechten) Zeit kommen — *to arrive in good time*

zur gleichen Zeit	at the same time
die ganze Zeit	all the time
vor langer Zeit	a long time ago
nach einiger Zeit	some time afterwards
kurze Zeit danach	shortly after
um welche Zeit?	at what time?
von Zeit zu Zeit	from time to time
Zeit haben	to have (plenty of) time
ich habe keine Zeit	I have no time
es ist höchste Zeit	it is high time
lassen Sie sich Zeit	take your time (about it)
seine Zeit verbringen	to pass o's time
zeitig	early
zeitig aufstehen	to get up early
die 'Zeitung /en	(news)paper
die Zeitung lesen	to read the paper
das Zelt s/e	tent
der/das Zenti'meter s/-	centimetre, centimeter *am*
zer'brechen a-o/i	to break (in two)
zer'reißen i-i	to tear, to tear to pieces
zer'schlagen u-a/ä	to break (to pieces)
zer'stören	to destroy, to demolish, to ruin
der 'Zettel s/-	label; slip (of paper)
das Zeug s	thing(s)
dummes Zeug reden	to talk nonsense
'ziehen o-o → schieben	to pull; to draw
den Griff ziehen	to pull the handle
eine Linie ziehen	to draw a line
in Zweifel ziehen	to doubt
hier zieht es	there is a draught here
das Ziel s/e	aim; finish
das Ziel erreichen	to achieve o's aim
das Ziel verfehlen	to miss the mark
(sich) ein Ziel setzen	to set (o. s.) an aim
'ziemlich	rather
ziemlich gut	pretty good
ziemlich viel	quite a lot (of)
die Ziga'rette /n	cigarette
eine Zigarette rauchen	to smoke a cigarette
eine Zigarette anzünden	to light a cigarette
die Zi'garre /n	cigar
das 'Zimmer s/-	room
Zimmer zu vermieten	Room to let

das Zimmer geht nach dem Garten	*the room faces the garden*
ist ein Zimmer frei?	*is there a room vacant?*
'zittern (vor)	to tremble, to shake (with)
der Zoll s/ö-e	customs pl
die Zollkontrolle	*customs inspection*
die 'Zone /n	zone
zu → offen	closed, shut
Tür zu!	*Shut the door!*
der 'Zucker s/Zucker-sorten	sugar
'zu|decken (mit) → aufdecken	to cover (with)
zu'erst → zuletzt	at first, first of all; first; to begin with
die 'Zufahrt /en	approach, access
'zufällig → absichtlich	by chance
zufällig etw tun	*to happen to be doing s. th.*
zu'frieden	content, satisfied
zufrieden sein (mit)	*to be satisfied (with)*
der Zug s/ü-e	train, trait
mit dem Zug	*by train*
mit dem Zug fahren	*to go by train*
den Zug verpassen	*to miss the train*
der Personenzug	*stopping train*
der Schnellzug	*express (train)*
zu'gleich → nacheinander	at the same time; together
'zu|hören	to listen
hör mal (zu)!	*listen!*
die 'Zukunft	future
in Zukunft	*in (the) future*
zu'letzt → zuerst	in the end, at last; last
er kam zuletzt	*he came last*
'zu|machen → öffnen	to shut, to close
zu'nächst	first of all, to begin with
die 'Zunge /n	tongue
zu'rück	back
zurück!	*go back!*
er ist noch nicht zurück	*he hasn't come back yet*
zu'rück|kehren → weggehen	to return; to come back
zu'sammen → einzeln/getrennt	(al)together
zu'sammen|setzen	to compose, to assemble; to put together

der 'Zuschauer s/- — spectator, (tele)viewer
'zu|schließen o-o — to lock (up)
→ aufschließen
der 'Zustand s/ä-e — state; condition
in gutem Zustand — *in good condition*
der 'Zutritt s — access; admission
Zutritt verboten! — *No admittance., No entrance.,*
Off limits am

zu'viel(e) — too much / many
viel zuviel — *far too much*
das ist zuviel! — *that's really too much!*
zu'weilen — sometimes
zwar — to be sure, it's true
und zwar — *namely*
der Zweck s/e — aim, end, purpose
zu diesem Zweck — *for this purpose*
zu welchem Zweck? — *what for?*
das hat keinen Zweck — *that's pointless / of no use*
der 'Zweifel s/- — doubt
ohne Zweifel — *no doubt*
darüber besteht kein — *there is no doubt about it*
Zweifel
zweifellos — *doubtless*
zweifeln — *to doubt*
der 'Zweig es/e — branch, twig
'zwingen a u — to force

Der Aufbauwortschatz

I. Quantität / Qualität

1. Größe, Zahl, Grad

Grundwortschatz: Betrag, Dutzend, Ergebnis, Grad, Größe, Hälfte, Million, Null, Nummer, Paar, Produkt, Rest, Stärke, Stufe, Summe, Teil, Viertel, Zahl

ausrechnen, fehlen, geben, genügen, hinzufügen, rechnen, teilen, wegnehmen, zählen

alle, beide, doppelt, einfach, einige, einmal, ganz, genau, gerade, groß, halb, hoch, klein, manche(r,s), mehrere, niedrig, niemand, ein paar, sämtliche, schwach, soviel, stark, übrig, viele, vollständig

ab, außerdem, äußerst, beinahe, davon, dazu, fast, höchstens, je ... desto, kaum, mehr, mindestens, minus, nahezu, plus, sehr, ungefähr, völlig, weg, weniger, wenigstens, ziemlich, zusammen.

die Ziffer	figure
die Einheit	unit
die Anzahl	number
die Einzahl	singular
die Mehrzahl	plural; majority
das Einmaleins	multiplication table(s)
der Bruch	fraction
das Drittel	third (part)
aufzählen	to enumerate
zusammenzählen/addieren	to add/count/sum up; to total
malnehmen/multiplizieren	to multiply
abziehen/subtrahieren	to take away, to subtract
weglassen	to leave out, to omit
verringern	to diminish
ergeben	to amount to
aufgehen	to divide with no remainder
sich verrechnen	to make a mistake, to miscalculate

145

anderthalb	one and a half
beides	both, the two
weitere(r,s)	further, other, new
dreifach	threefold, treble, triple
mehrfach	several times
vielfach	manifold, multiple
etliche	some, a few
zahlreich	numerous
gesamt	total, whole, entire
vollzählig	complete
unzählig	innumerable
zweimal	twice
insgesamt	in all, altogether
vollends	entirely, wholly

Redewendungen und Sätze

ein Ganzes bilden	to make a whole
ins Quadrat erheben	to square
im Quadrat	squared
zwei im Quadrat	two squared
zwei hoch drei	two cubed
zwei hoch vier	two to the fourth
etliche Male	several times
weiter nichts	nothing more
in hohem Grade	to a high degree
Ich muß mich verrechnet haben.	I must have made a mistake. I must have calculated wrongly.
Sie kamen zu Hunderten.	Hundreds of people came.
ein Paar Strümpfe	a pair of socks
ein paar Blumen	a few flowers

2. Maß, Gewicht, Menge

Grundwortschatz: Durchschnitt, Gewicht, Gramm, Grenze, Hälfte, Höhe, Inhalt, Kilo(gramm), Kilometer, Länge, Last, Liter, Maß, Masse, Menge, Meter, Pfund, Quantität, Rest, Stärke, Strecke, Stück, Teil, Umfang, Viertel, Waage, Zentimeter

abnehmen, enthalten, fassen, fehlen, füllen, genügen, hinzufügen, messen, passen, reichen, sammeln, teilen, vervollständigen, wegnehmen, wiegen

alle(s), ein bißchen, breit, doppelt, einfach, einige, eng, ganz, gering, groß, halb, hoch, klein, kurz, lang, leer, leicht, mäßig, niedrig, sämtliche, schmal, schwer, stark, tief, übrig, viel(e), voll, vollständig, weit, wenig, zuviel(e)

außerdem, bloß, davon, dazu, durchaus, etwa, etwas, fast, genau, genug, häufig, höchstens, mehr, nichts, nur, soviel, wenigstens, zusammen.

der Maßstab	scale; standard
der Durchmesser	diameter
die Breite	breadth
die Weite	width, breadth
die Enge	narrowness, closeness
der/das Millimeter	millimetre/millimeter
der Gehalt	content; substance
das Gleichgewicht	balance, equilibrium
der Zentner	hundredweight
die Tonne	ton
der Abschnitt	cutting
die Scheibe	slice
der Streifen	band
der Block	block
der Klotz	block
der Brocken	piece, lump
der Splitter	splinter, chip
das Bündel	bundle
der Haufen	heap, pile
erhöhen	to raise; to augment
vermehren	to increase, to multiply
verlängern	to lengthen
verkürzen, kürzen	to shorten
vertiefen	to deepen
verstärken, stärken	to strengthen
verbreitern	to broaden
verdoppeln	to double
verringern	to diminish, to lessen
vermindern, mindern	to diminish, to lower
halbieren	to halve, to divide into halves
leeren	to empty
abschneiden	to cut off
zunehmen	to increase
überschreiten	to exceed

übersteigen	to surpass
belasten	to load
zweifach	twofold, double
knapp	tight
genügend, ausreichend	sufficient
durchschnittlich	on an average
reichlich	abundant, ample
beträchtlich	considerable
umfangreich	extensive, voluminous
gewaltig	powerful
ungeheuer	immense
unendlich	infinite
endlos	endless
allerhand	all sorts (of)
mancherlei	diverse
überfüllt	crowded, packed
winzig	minute
einigermaßen	to a certain degree; somewhat
einschließlich	including, inclusive
restlos	completely
teilweise	partly, in part(s)
paarweise	in pairs
dutzendweise	by the dozen
haufenweise	in heaps; in large amounts
lediglich	only, merely
zu, allzu	too, much too

Redewendungen und Sätze

im Maßstab 1 : 100000	to the scale of 1 : 100000
in zunehmendem Maße	more and more
nach Maß anfertigen	to make to order
das rechte Maß halten	to be moderate
im Verhältnis 1 : 3	in the ratio of 1 to 3
in keinem Verhältnis stehen zu	to be out of proportion to
aus dem Gleichgewicht kommen/das Gleichgewicht verlieren	to lose o's balance

Das fällt nicht ins Gewicht.	That's not really important.
in rauhen Mengen	in large quantities
in Hülle und Fülle	in abundance
das Weite suchen	to take to o's heels
in die Enge treiben	to (drive into a) corner
Auf einen groben Klotz gehört ein grober Keil.	Tit for tat!

3. Form, Farbe, Laut, Eigenschaft (s. 17)

Grundwortschatz: Art, Charakter, Ecke, Eigenschaft, Farbe, Form, Geräusch, Geruch, Geschmack, Gestalt, Kreis, Kreuz, Kugel, Kurve, Länge, Lärm, Licht, Linie, Punkt, Qualität, Ring, Rolle, Schein, Spitze, Stille, Ton, Weise

bilden, glänzen, kleben, leuchten, riechen, scheinen, zeichnen

bitter, blau, braun, bunt, dicht, dick, dunkel, dünn, eben, fein, fest, feucht, flach, flüssig, gelb, gerade, glatt, grau, grob, grün, hart, heiß, hell, hohl, kalt, klar, krumm, kühl, kurz, lang, laut, leise, naß, neu, rein, roh, rot, rund, sauer, scharf, schief, schmal, schwarz, spitz, still, süß, trocken, warm, weich, weiß

so, wie.

der Laut	sound
der Bogen	arc; arch
die Welle	wave
die Windung	winding
der Winkel	angle
der Strich	dash
der Pfeil	arrow
die Figur	figure
die Fläche	plane
die Ebene	plane
das Dreieck	triangle
das Viereck	quadrilateral
die Kante	edge
der Würfel	cube
die Walze	roller
der Schnitt	cut, cutting
die Achse	axis
der Glanz	shine, gloss
der Klang	ring

der Schall	sound
der Knall	bang
der Krach	crash
(sich) färben	to colo(u)r
schimmern	to glimmer
schillern	to shimmer
blinken	to blink
blitzen	to flash
(er)tönen	to (re)sound
klingen	to toll
schallen	to (re)sound
knallen	to bang
krachen	to crash
eigenartig	singular, strange
eigentümlich	peculiar
charakteristisch	characteristic
typisch	typical
neutral	neutral
länglich	longish, oblong
wellig	wavy
platt	flat
stumpf	obtuse; blunt
eckig	angular
dreieckig	three-cornered, triangular
viereckig	four-angled, quadrangular
rosa	pink
lila	lilac
violett	violet(-blue)
blank	shiny, bright
rauh	rough
matt	mat
durchsichtig	transparent
straff	stretched
starr	rigid; fixed
steif	stiff
biegsam	flexible; supple
elastisch	elastic
zäh	tough
stabil	stable
massiv	massive
zerbrechlich	fragile
stachlig	bristly; prickly

fettig	fatty, greasy
klebrig	sticky, gluey
schmierig	smeary, greasy
rutschig	slippery

Redewendungen und Sätze

der spitze Winkel	the acute angle
der tote Winkel	the dead area
etw in Form bringen	to put s.th. into shape
Der Plan nimmt Form an.	The plan ist taking shape.
Falten werfen	to crease
in Falten legen	to pleat
die Farbe verlieren	to lose (its) colour
in allen Farben spielen	to sparkle all colours
seinen Glanz verlieren	to tarnish
gut/schlecht beschaffen sein	to be in good/bad condition
ohne jeden Laut	without a sound
Er brachte keinen Laut/ Ton hervor.	He was speechless.
keinen Laut von sich geben	not to utter a sound
nichts dergleichen	no such thing, nothing of the kind

II. Ordnung / Bewegung

4. Raum, Ort, Lage

Grundwortschatz: Anfang, Anordnung, Boden, Ecke, Ende, Entfernung, Ferne, Gebiet, Gegend, Grund, Höhe, Kreis, Lage, Land, Länge, Linie, Loch, Mitte, Mittelpunkt, Nähe, Norden, Oberfläche, Ordnung, Ort, Osten, Platz, Punkt, Raum, Richtung, Seite, Sitz, Spitze, Stelle, Stellung, Strecke, Süden, Vorderseite, Welt, Westen, Zentrum, Zone

anfangen, aufstellen, bedecken, beginnen, besetzen, bleiben, enden, festhalten, festmachen, finden, halten, hängen, legen, liegen, lösen, loslassen, ordnen, setzen, sitzen, stehen, stellen, suchen, umgeben, versammeln

äußere(r,s), breit, eben, entfernt, fern, gerade, groß, hoch, innere(r,s), klein, krumm, kurz, lang, leer, linke(r,s), nahe, niedrig, obere(r,s), rechte(r,s), schmal, tief

anderswo(hin), außen, da, dabei, dahinter, daneben, daran, darauf, daraus, darin, darüber, darunter, dort, dorthin, draußen, drin, drinnen, drüben, durcheinander, entgegengesetzt, gegenüber, hier, hinten, hintereinander, innen, jenseits, links, mitten in, nirgends, oben, rechts, rings, überall, umher, unten, vorn(e), weg.

die Bewegung	movement
die Situation	situation
die Ausdehnung	dimension, extent
der Abstand	distance
die Lücke	gap
die Leere	emptiness, void
der Vordergrund	foreground
der Hintergrund	background
die Tiefe	depth
der Horizont	horizon
die Ebene	level
der Rahmen	frame(work)
der Rand	edge, brink; brim, border; margin
die Rückseite	back
das Äußere	exterior
das Innere	interior
das Zentrum	centre, center *am*
der Kern	nucleus; core
die Zelle	cell
der Winkel	corner
die Öffnung	opening
der Bereich	region, zone
der Fleck	district; area
sich befinden	to be
herumliegen	to lie about
verlegen	to displace
örtlich	local
schräg	oblique, inclined
steil	steep
senkrecht/vertikal	vertical, perpendicular
waag(e)recht/horizontal	horizontal, level

zentral	central
seitlich	lateral, at the side
parallel	parallel
nördlich	north(ern)
östlich	east(ern)
südlich	south(ern)
westlich	west(ern)

seitwärts	sideways
abseits	aside
auswärts	outwards; away from home
außerhalb	outside
innerhalb	inside
oberhalb	above; upstream
unterhalb	below; downstream
ineinander	in(to) one another/each other
auseinander	apart, separate(d)
übereinander	above each other
untereinander	below each other; among one another/ourselves/yourselves/themselves
davor	before, in front
dazwischen	between (them); among (them)
ringsherum	(all-)around

Redewendungen und Sätze

Abstand halten	to keep o's distance
eine Lücke lassen/ausfüllen	to leave/to fill/to stop a gap
seinen Horizont erweitern	to widen o's horizon
aus dem Rahmen fallen	to be out of the ordinary
nicht in den Rahmen passen	to be out of place
zum Kern der Sache kommen	to get to the core of if
nicht vom Fleck kommen	not to get on
in Reichweite	within reach
außer Reichweite	out of reach
auf engem Raum	close together

Raum für etw finden	to find room for s.th.
von einem Ort zum andern	from one place to another
an Ort und Stelle	on the spot
Er hat seine Lage verbessert.	He's better off (now).
Der Garten hat eine sonnige Lage.	The garden gets plenty of sun.
Ich bin heute nicht auf der Höhe.	I'm not feeling too well today.
Er wird seinen Betrieb wieder auf die Höhe bringen.	He'll bring his firm back up to scratch.
Weit und breit ist niemand zu sehen.	No one can be seen for miles.
Die Eltern nahmen das Kind in die Mitte.	The parents had their child between them.
Der Weg zieht sich in die Länge.	The path is never-ending.
im tiefsten Wald	deep in the forest

5. Einteilung, Wertung

Grundwortschatz: Abteilung, Beispiel, Einzelheit, Fach, Glied, Grad, Gruppe, Hälfte, Hauptsache, Klasse, Mal, Mangel, Muster, Nummer, Ordnung, Plan, Programm, Prozent, Prüfung, Punkt, Seite, Stufe, System, Teil, Viertel, Vorteil, Wert, Zeichen, Zweig

bestehen (aus), bestimmen, bezeichnen, einrichten, falten, gelten, genügen, ordnen, prüfen, sammeln, schätzen, teilen, trennen, unterscheiden, vereinen

allerbeste, andere(r,s), außergewöhnlich, besondere(r,s), besser, billig, echt, einzig, falsch, fein, gering, gewöhnlich, groß, großartig, günstig, gut, halb, herrlich, hervorragend, ideal, interessant, kostbar, mäßig, normal, prima, schlecht, schön, solche(r,s), sonderbar, teuer, unvergleichlich, vollkommen, vorzüglich, wert, wesentlich, wichtig

anders, besonders, dafür, dagegen, einmal, einzeln, größtenteils, jeweils.

die Einteilung	classification
die Wertung	evaluation
die Teilung	division, partition
die Gliederung	grouping, arrangement

der Aufbau	structure
die Organisation	organization
der Überblick	survey, general view
die Übersicht	summary, synopsis
die Tabelle	table, schedule
die Methode	method
die Auswahl	choice, selection
die Trennung	separation
der Schnitt	cut, cutting
der Rang	rank; grade
die Note	note, mark
die Wichtigkeit	importance
einteilen	to divide; to class(ify)
austeilen	to share out
verteilen	to distribute
einordnen	to arrange, to class
planen	to plan
organisieren	to organize
gliedern	to group, to arrange
zerlegen	to divide; to analyse
halbieren	to halve
auswählen	to choose; to select
ausschließen	to exclude
bewerten	to value
auszeichnen	to mark (out); to distinguish
numerieren	to number
irgendwelche(r,s)	any
planlos	haphazard, desultory
planmäßig	methodical, systematic
allmählich	gradual
eingehend	detailed; thoroughly
übersichtlich	clearly arranged
gültig	valid
endgültig	definitive
entscheidend	decisive, crucial
perfekt	perfect
einwandfrei	faultless
tadellos	blameless
wertvoll	valuable
unentbehrlich	indispensable
bemerkenswert	remarkable
ausgezeichnet	excellent

ordentlich	in good order
außerordentlich	extraordinary
spannend	exciting; thrilling
vortrefflich	splendid
einmalig	unmatched
einzigartig	unique
prächtig	magnificent
mittelmäßig	mediocre
genügend, ausreichend	sufficient
befriedigend	satisfactory
mangelhaft	faulty, defective; unsatisfactory
ungenügend	insufficient
minderwertig	inferior
wertlos	worthless

Redewendungen und Sätze

in gleichem Abstand	at an equal distance
in regelmäßigen Abständen	at regular intervals
zu zweit	two by two; the two of us
zu dritt	the three of us
richtig bewerten	to rate/judge correctly
zu hoch bewerten	to overrate
zu niedrig bewerten	to underrate
nach Gebühr	according to merit
über Gebühr	beyond all measure
der entscheidende Punkt	the crucial point
die Grundlage bilden	to form/supply the basis
im Vordergrund stehen	to be well to the fore; to be in the spotlight
in den Hintergrund treten	to fall into the background
den Vorzug vor jdm haben	to be preferred to
ersten Ranges	first-rate
über alles Lob erhaben	above all praise
sich ein Verdienst um etw erwerben	to deserve well of s.th.
Das ist nicht so einfach.	It's not all that easy, you know.
So wichtig ist es nicht.	It's not all that important.
Dabei kommt nichts heraus.	That leads to nothing. You'll get nothing out of that.

Das kommt auf eins heraus.	It's all the same.
Das ist gehupft wie gesprungen.	That's all the same. It's no different.
Das ist Jacke wie Hose.	It's six of one and half a dozen of the other.
Viel Lärm um nichts.	Much ado about nothing.
recht und schlecht	somehow or other
Das ist Nebensache.	That's a minor matter.
Es nützt nichts.	It's no use.
Es taugt nichts.	It's no good.
unter aller Kritik	beneath contempt
nicht im entferntesten	not in the least
gut/schlecht ausgehen	to turn out well/badly

6. Beziehung, Folge

Grundwortschatz: Anfang, Ausnahme, Bedingung, Beginn, Beziehung, Druck, Ende, Entwicklung, Ergebnis, Folge, Fortsetzung, Gegenteil, Gleichheit, Grund, Mittel, Muster, Ordnung, Reihe, Schluß, Umstand, Unterschied, Ursache, Ursprung, Verbindung, Verhältnis, Vorderseite, Wahl, Weg, Wirkung, Ziel, Zweck

abhängen, anfangen, aufhören, beenden, beginnen, begleiten, betreffen, binden, drücken, entwickeln, folgen, fortfahren, fortsetzen, funktionieren, gleichen, ordnen, passen, schließen, stimmen, teilnehmen, unterbrechen, verbergen, verbinden, vereinen, vereinigen, vergleichen, verursachen, verwechseln, verwirren, vorbereiten, wählen, wiederholen, wirken, zusammensetzen

ähnlich, allgemein, andere(r,s), äußere(r,s), dasselbe, derselbe, direkt, entgegengesetzt, erste(r,s), fertig, geschlossen, gleich, innere(r,s), letzte(r,s), linke(r,s), nächste(r,s), obere(r,s), offen, rechte(r,s), unmittelbar, verschieden, vorige(r,s)

allein, also, anders, anfangs, auch, außerdem, dadurch, daher, damit, danach, daran, darin, darum, dennoch, deshalb, deswegen, diesmal, doch, dran, drin, durcheinander, ebenfalls, ebenso, eher, einander, einmal, einzeln, endlich, erst, erstmal, gegeneinander, gegenüber, gleich, gleichfalls, herum, hintereinander, jedesmal, mehrmals, meinetwegen, miteinander, nacheinander, nebenan, nebenbei, nebeneinander, noch, quer (über), ringsum(her), schließlich, seinetwegen, selber, selbst, sofort, sonst, sowie, sowohl ... als auch, trotzdem, übrigens, vielmals, weiter, weniger, wieder, zu, zuerst, zuletzt, zunächst, zusammen.

die Situation	situation
die Einheit	unity
die Bindung	band, tie
der Zusammenhang	relation, connection
die Kette	chain
die Grundlage	base, basis, foundation
der Vergleich	comparison
die Ähnlichkeit	likeness, resemblance
der Gegensatz	contrary, opposite
die Ergänzung	complement
die Verbesserung	improvement
die Unordnung	disorder
die Verwirrung	trouble, confusion
die Unterbrechung	break, interruption
die Wiederholung	repetition
die Stockung	stop
der Riß	tear
der Sprung	crack
der Spalt	split
die Kluft	cleft
die Abwechslung	change, variety
die Reihenfolge	sequence
die Serie	series *pl*
der Höhepunkt	height, summit
der Anlaß	cause
die Voraussetzung	condition
die Vorbereitung	preparation
das Resultat	result
der Vorzug	advantage
der Nachteil	disadvantage
zusammenhängen	to be connected
sich beziehen (auf)	to refer (to)
entsprechen	to correspond
zielen (auf)	to aim (at)
vermitteln	to mediate
veranlassen	to move
erregen	to provoke
beeinflussen	to influence
voraussetzen	to presume
nachmachen/-ahmen	to imitate
anpassen	to adapt
aus-/umtauschen	to exchange
übergehen	to pass over

überspringen	to skip
ausbreiten	to spread (out)
entfalten	to unfold, to display
vereinfachen	to simplify
vergrößern	to enlarge
verkleinern	to make smaller; to reduce
verlängern	to lengthen
verstärken	to strengthen; to amplify
erleichtern	to facilitate
erschweren	to make (more) difficult; to aggravate
ergänzen	to complete
nachlassen	to diminish
stecken	to stick in; to be stuck
klemmen	to jam
losmachen	to detach
losbinden	to unbind, to untie
befestigen	to fasten; to fix
wechseln	to change
abwechseln	to alternate
einheitlich	uniform
gleichmäßig	regular; even
zweckmäßig	appropriate
zwecklos	useless
entsprechend	corresponding
abhängig	dependent
konsequent	consistent, logical
ursprünglich	original
passend	suitable
verwickelt, kompliziert	complicated
wirr	confused, entangled
planlos	haphazard, desultory
planmäßig	methodical, systematic
wirksam	effective
verkehrt	wrong, incorrect
umgekehrt	reverse; opposite
lose, locker	loose
wackelig	wobbly
entzwei	in two
gegenseitig	mutual
der übernächste	the next but one
der vorletzte	the last but one
einsam	solitary, lonely

dergleichen	such, similar
beisammen	together
voran	ahead; on(wards)
entsprechend	as
beziehungsweise	respectively
verhältnismäßig	relatively
genauso	the same, equally
ebensosehr	(just) as much
vorausgesetzt	provided that
demnach, folglich	consequently
unbedingt	without fail; absolutely
ausnahmsweise	exceptionally
hauptsächlich	mainly, chiefly
zugunsten von	in favour of
meinerseits	for my part
einerseits . . . and(r)er- seits	on the one hand . . . on the other hand

Redewendungen und Sätze

im Vergleich zu	in comparison with
einen Vergleich anstel- len/ziehen	to make/draw a comparison
mit Rücksicht auf	with regard to; in view of
ohne Rücksicht auf	regardless of
in diesem Zusammen- hang	in this context, regarding this
im Zusammenhang mit	in connection with
im Zusammenhang mit etw stehen	to be connected with s.th.
aus dem Zusammenhang reißen	to take out of context
ohne Zusammenhang	incoherent, loose
im Gegensatz zu	contrary to
einen Gegensatz zu etw bilden	to form a contrast with s.th.
in Widerspruch zu etw stehen	to be contradictory with s.th.
mit Benutzung von	with the help of
im Tausch gegen	in exchange for
einen schlechten Tausch machen	to make a bad exchange
als Ersatz für	as a replacement for

den Tatsachen entspre-chen	to correspond to the facts
durch Zufall	by accident/chance
es dem Zufall überlassen	to leave it to chance
Das kommt darauf an.	It depends.
unter der Voraussetzung, daß . . .	on condition that
im Anschluß an	in connection with
Anlaß geben	to give rise
allen Anlaß haben zu etw	to have every reason for s.th.
es besteht kein Anlaß	there is no reason
die Gelegenheit ergreifen	to take the occasion/opportunity to . . .
es ergibt sich, daß . . .	it happens that . . .
sich aus etw ergeben	to result from s.th.
zu einem Ergebnis führen	to achieve a result
zum Nachteil von	to the prejudice of
zur Abwechslung	for a change
in alphabetischer Reihen-folge	in alphabetic order
dreimal hintereinander	three times in succession
jdm auf den Fersen fol-gen	to follow on the heels of s.o.
im Gänsemarsch	in Indian file

7. Regelung, Bewegung, Richtung

Grundwortschatz: Eile, Fahrt, Fall, Flug, Fortschritt, Gang, Ge-schwindigkeit, Lauf, Regel, Reise, Richtung, Schritt, Tanz, Wechsel

ändern, aufheben, aufmachen, aufstehen, aufstellen, bewegen, brin-gen, drehen, einführen, einstellen, erscheinen, fahren, fallen, fliegen, fließen, folgen, fortfahren, funktionieren, gehen, heben, hereinkom-men, hinausgehen, hinfallen, hinlegen, sich hinsetzen, holen, klettern, kommen, laufen, mischen, mitbringen, mitnehmen, neigen, öffnen, ordnen, platzen, regeln, reiben, reichen, reisen, rennen, schieben, schlagen, schließen, schütteln, schwimmen, sinken, springen, steigen, stören, stoßen, streichen, stürzen, treten, überqueren, umkehren, um-steigen, verändern, verbreiten, verlassen, verschwinden, verstecken, verwandeln, vorrücken, wegfahren, weggehen, weglaufen, weg-schaffen, weitergehen, wenden, werden, werfen, zeigen, ziehen, zu-machen, zurückkehren

langsam, rasch, schnell

ab, abwärts, anderswohin, auf, aufwärts, dahin, daraus, dorthin, entlang, fort, gegeneinander, her, herauf, heraus, herein, herum, herunter, hierher, hin, hinauf, hinaus, hindurch, hinein, hintereinander, hinunter, links, los, miteinander, nieder, rechts, rückwärts, umher, voraus, vorbei, vorwärts, zu, zurück.

die Regelung	regulation; adjustment
die Bewegung	movement
die Änderung, die Veränderung	change
die Wendung	turn
die Drehung	turn, twist
die Umdrehung	rotation, revolution
der Bogen	bend, curve
der Stoß	push, thrust
der Schwung	swing
der Wurf	throw
der Sturz	(down)fall
die Runde	round(s)

strecken	to stretch
dehnen	to extend
beugen	to bend, to flex
knicken	to break
senken	to sink, to lower
aufbrechen	to set out
auftauchen	to rise up, to emerge
aufsteigen	to mount, to rise
hinaufgehen	to go up(stairs)
hineingehen	to go in
hinübergehen	to go/cross over
hinaufbringen/-schaffen	to take up
wiederkommen	to come again/back
herkommen	to come here
herauskommen	to come/get out
zurückkommen	to come back
zurückgehen	to go back, to return
zurückbleiben	to stay/fall behind
zurücklegen	to cover
sich zurückziehen	to withdraw, to retire
vorgehen	to advance
sich entfernen	to move away/off
entfernen	to remove
abmachen	to take off, to detach

eilen, sich beeilen	to make haste, to hurry up
wegbringen	to take away
wegwerfen	to throw away
wegräumen	to clear (away)
räumen	to free, to clear
rücken	to displace
umwerfen	to overturn, to upset
umdrehen	to turn (over/up)
auflesen	to pick up
herausreißen	to pull/tear out
vermischen	to mix, to mingle
durcheinanderbringen	to muddle up
sich nähern	to come near, to approach
ausweichen	to stand aside, to give way to
schleichen	to sneak, to slink
schlüpfen	to slip
rollen	to roll
rutschen	to slide; to skid
gleiten	to glide
treiben	to drive; to float
schweben	to hover; to float
schwanken	to stagger
schwingen	to swing; to vibrate
schwellen	to swell
schaukeln	to swing; to rock
wackeln	to totter
flattern	to flutter; to stream
kreisen	to revolve, to circle
wirbeln	to whirl (round)
wimmeln	to swarm
rasen	to rush; to speed
sausen	to dash (along)
weiterfahren	to run/move on
regelmäßig	regular
beweglich	movable, mobile
wackelig	unsteady, wobbly
geradeaus	straigth ahead/on
beiseite	aside, apart
seitwärts	sideward(s), sideways
empor	up(wards)
hinan	up (there)
hinab	down (there); down(stairs)

hinüber	over/across (there)
herüber	over/across (here)
heran	close (by), near, up
herbei	here
herab	down (here), downward(s)
hervor	out (from), forth
hierhin	here, this way

Redewendungen und Sätze

eine Lücke ausfüllen	to fill a gap
straff spannen	to tighten
in Schwingung(en) versetzen	to cause to vibrate
im Takt	in time
Takt halten	to keep time
einen Bogen machen	to make a detour
einen Bogen um jdn machen	to five s.o. a wide berth
die Runde machen	to make/do the rounds
ins Stocken geraten	to stop short
nicht vom Fleck kommen	to mark time
Wir müssen weiter.	We'd better be moving.
in großer Hast	in great haste
auf Schritt und Tritt	at every step and turn
Der Zug kommt aus Richtung Berlin.	The train is coming from Berlin.
die Geschwindigkeit erhöhen/vermindern	to increase/reduce speed

III. Zeit

8. Zeitpunkt, Tageszeit, Uhr

Grundwortschatz: Abend, Anfang, Augenblick, Beginn, Eile, Ende, Geschwindigkeit, Minute, Mittag, Mitternacht, Moment, Morgen, Nachmittag, Nacht, Pause, Punkt, Schlag, Schluß, Sekunde, Stunde, Tag, Uhr, Viertel, Vormittag, Zeit

anfangen, aufhören, beenden, beginnen, enden, nachgehen, schlagen, stattfinden, treffen, wecken

dunkel, finster, früh, hell, spät

abends, da, eben, einmal, endlich, gleich, halb, jetzt, langsam, morgens, nun, pünktlich, schließlich, schnell, soeben, sofort.

der Zeitpunkt	moment, instant
die Tageszeit	time of day, hour of the day
die Dämmerung	dawn, dusk
die Dunkelheit,	darkness
die Finsternis	
die Frist	time, delay
der Termin	term, time limit
die Hast	haste, hurry
die Schnelligkeit	swiftness, rapidity
die Verspätung	delay
der Takt	time, measure; beat
der Wecker	alarm-clock
der Zeiger	hand
festsetzen	to fix, to settle
aufschieben	to delay, to adjourn
verschieben	to put off, to postpone
eintreffen	to arrive; to happen
einholen	to recover; to make up for (lost time)
beschleunigen	to accelerate
sich beeilen	to make haste, to hurry up
verzögern	to delay
versäumen	to lose, to miss
verschlafen	to oversleep
sich verspäten	to be late
vorgehen	to be fast
aufziehen	to wind (up)
hastig	hasty
eilig	urgent, pressing
voreilig	precipitate, rash
jetzig	present; actual
fällig	due
irgendwann	no matter when, at some time or other
zeitig	early
beizeiten	in (good) time

rechtzeitig	in (due) time, on time
sogleich	at once, immediately
augenblicklich	this minute
nunmehr	now; from now on
spätestens	at the latest
schnellstens	at the earliest; as fast as possible
umgehend	immediately
einstweilen	meanwhile
geschwind	swiftly
vormittags	in the morning
mittags	at noon
nachmittags	in the afternoon
nachts	at night

Redewendungen und Sätze

den Zeitpunkt für gekommen halten	to consider the time (to be) right/ripe
im entscheidenden Augenblick	at the critical moment
Haben Sie einen Augenblick Zeit für mich?	Can you spare me a moment?
in kürzester Frist	with the minimum delay
eine Frist gewähren	to allow a delay, to grant an extension
Die Frist ist abgelaufen.	The time has expired.
die Frist verlängern/einhalten	to extend/to observe the time limit
im Nu	in a flash
Es ist sehr eilig.	It is very urgent.
Warum so eilig?	What is the hurry?
Es eilt nicht.	There's no hurry.
bei passender Gelegenheit	when occasion serves, at a suitable moment
Es ist Zeit aufzubrechen.	It's time we left (here).
Verspätung haben	to be late/overdue
kurz zuvor	shortly before
Wir haben es gerade noch geschafft.	We just made it.
zu jeder Tageszeit	at any hour
Es tagt.	Day is dawning. Dawn is breaking.
in aller Frühe	bright and early
am hellichten Tag	in broad daylight

Am frühen Nachmittag paßt es am besten.	The best time is early afternoon.
Die Tage nehmen zu/ab.	The days are growing longer/are drawing in.
eine geschlagene Stunde	a good/full hour
zwei Stunden hintereinander	two hours running
gut drei Stunden	a good three hours
Können Sie mir die genaue Zeit sagen?	Can you tell me the right time?
Die Uhr geht 10 Minuten vor.	It is 10 minutes fast.
Beeile dich, es ist schon halb acht.	Hurry up, it is half past seven.
Das dauert mindestens eine halbe Stunde.	It will take at least half an hour.

9. Kalender, Datum, Geschichte

Grundwortschatz: April, August, Dezember, Dienstag, Donnerstag, Ereignis, Februar, Fest, Freitag, Frühjahr, Frühling, Gang, Gegenwart, Gelegenheit, Geschichte, Herbst, Jahr, Jahreszeit, Jahrhundert, Januar, Juli, Juni, Lauf, Mai, März, Mittwoch, Monat, Montag, November, Oktober, Ostern, Samstag, September, Sommer, Sonnabend, Sonntag, Tag, Vergangenheit, Weihnachten, Weile, Winter, Woche, Wochenende, Wochentag, Zeit, Zukunft

dauern, geschehen, passieren, stattfinden, verbringen, vergehen, warten

alt, früher, gegenwärtig, gleichzeitig, häufig, jährlich, kurz, lang, modern, neu, selten, später, täglich, vorläufig

bald, bereits, bisher, dahin, damals, danach, dann, darauf, eben, einmal, einst, endlich, gestern, gleich, heute, heutzutage, hindurch, hinterher, immer, inzwischen, je(mals), jetzt, kürzlich, lange, längst, manchmal, meist(ens), morgen, nachher, neulich, nie, niemals, oft, schon, seit, seitdem, soeben, sofort, solange, stets, täglich, übermorgen, voraus, vorbei, vorgestern, vorher, vorhin, vorüber, wann, weiter, zugleich, zuweilen.

der Kalender	calendar
das Datum	date
der Werktag	work(ing) day

der Feiertag	holiday
Neujahr	New Year
Pfingsten	Whitsun(tide)
das Zeitalter	age, era
das Altertum	antiquity
das Mittelalter	Middle Ages *pl*
die Neuzeit	modern times *pl*
die Dauer	duration
sich ereignen	to happen, to come to pass
vorkommen	to occur, to take place
vorgehen	to occur
ausfallen	not to take place
wegfallen	to be cancelled
heutig	present, of this day
künftig	future, coming
ständig	permanent
ewig	eternal; perpetual
fortwährend	continual
dauerhaft	lasting, durable
vielfach	manifold, multiple
stündlich	hourly; per hour
wöchentlich	weekly
monatlich	monthly
nachträglich	later
vergänglich	passing, transitory
geschichtlich	historical
veraltet	obsolete, out-of-date
nächstens	one of these days
demnächst	before long
zuvor	before; previously
unterdes(sen)	in the meantime, meanwhile
mitunter	from time to time, once in a while
gelegentlich	sometime or other
öfters	(quite) often
jederzeit	at any time
monatelang	for months
jahrelang	for (many) years

Redewendungen und Sätze

im Kalender rot anstrei- **chen**	to mark (it) as a red-letter day
der gesetzliche Feiertag	the public/legal *am* holiday
der graue Alltag	the daily round
am übernächsten Tag	the day after tomorrow
3 Tage hintereinander	3 days running
von Mittwoch bis Freitag **einschließlich**	from Wednesday to Friday inclusive/from Wednesday thru Friday *am*
Mitte nächster Woche	(in) the middle of next week
vergangene Woche	last week
vor anderthalb Jahren	a year and a half ago
Welches Datum haben **wir heute?**	What is the date to-day?
mit dem Datum versehen	to date
das Datum des Post- **stempels**	the date of the postmark
Das erledige ich morgen.	I'll see about/to it tomorrow.
in der jetzigen Zeit	at the present time
Das ist eine Frage der **Zeit.**	It's a matter of time.
Das braucht Zeit.	It takes time.
auf lange/kurze Sicht	in the long/short term
für die Dauer von . . .	for a period of . . .
von Dauer sein	to last
von langer Dauer sein	to last a long time
von kurzer Dauer sein	to be of short duration

IV. Sein / Welt

10. Element, Stoff

Grundwortschatz: Atom, Dampf, Ding, Eisen, Erde, Feuer, Flamme, Gas, Gegenstand, Gold, Holz, Kohle, Kreide, Luft, Masse, Materie, Metall, Öl, Rauch, Sache, Salz, Silber, Staub, Stein, Stoff, Ursprung, Wasser, Welt

aussehen, bestehen (aus), brennen, dasein, entstehen, erscheinen, mischen, rauchen, scheinen, sein, verschwinden

dick, dünn, fest, flüssig, hart, heiß, kalt, sichtbar, vorhanden, wirklich.

das Sein	being; existence
das Element	element
die Wirklichkeit	reality
die Energie	energy
die Elektrizität	electricity
der Kern	nucleus
die Entstehung	origin, formation
der Grundstoff	element; (basic) raw material
die Flüssigkeit	liquid
die Säure	acid
die Lösung	solution
der Rost	rust
das Pulver	powder
die Mischung	mixture
das Gemisch	mixture
der Brei	paste
der Schaum	foam; froth, lather
die Glut	blaze, live coals *pl*
vorkommen	to be found/met with
rosten	to rust
auflösen	to dissolve
schäumen	to foam; to lather
dampfen	to steam
glühen	to glow
körperlich, stofflich, materiell	material
gasförmig	gaseous
feurig	fiery
rostig	rusty
staubig	dusty
eisern	(of) iron
silbern	silver; silvery
golden	made of gold, golden

11. Weltall, Sonne, Mond, Sterne

Grundwortschatz: All, Himmel, Licht, Mond, Schatten, Schein, Sonne, Stern, Strahl, Welt aufgehen, bewegen, drehen, glänzen, leuchten, scheinen, sinken, untergehen

dunkel, finster, hell

das Weltall	universe, cosmos
der Weltraum	space
der Planet	planet
der Satellit	satellite
die Bahn	course; orbit
die Umdrehung	rotation; revolution
der Aufgang (Sonne, Mond)	rising
der Untergang (Sonne, Mond)	setting
die Dunkelheit, die Finsternis	darkness
kreisen	to turn round; to orbit
strahlen	to gleam, to glitter
blenden	to blind, to dazzle

Redewendungen und Sätze

bei Sonnenaufgang/-untergang	at sunrise/sunset
Der Mond nimmt zu/ab.	The moon is waxing/waning.

12. Erde, Natur

Grundwortschatz: Amerika, Berg, Boden, Eis, Erde, Fels, Fluß, Gebiet, Gebirge, Gegend, Gipfel, Grund, Hügel, Insel, Küste, Land, Luft, Meer, Mündung, Natur, Norden, Osten, Ozean, Quelle, Sand, See, Stein, Strom, Süden, Tal, Ufer, Wald, Wasser, Westen, Wiese, Wüste

fließen

eben, feucht, flach, hoch, naß, tief, trocken.

der Erdball, die Erdkugel, der Globus	globe
der Erdteil, der Kontinent	continent

das Festland	mainland
Europa	Europe
Asien	Asia
Afrika	Africa
Australien	Australia
die Landschaft	landscape
das Gelände	(tract of) land, ground
die Ebene	plain
die Flur	(open) fields *pl*
die Heide	heath(-land)
das Moor	moor(land), swamp
der Schlamm	mud
der Ton	clay
der Lehm	loam
der Kies	gravel
die Schicht	layer
der Graben	ditch
die Grube	pit, hole
die Höhle	cave, cavern
der Hang, der Abhang	slope
der Abgrund	abyss, precipice
die Kluft	gulf
die Schlucht	ravine, gorge
die Bucht	bay
der Strand	beach
die Flut	flood(s); high tide
die Ebbe	ebb, low tide
die Welle	wave
die Woge	billow
die Strömung	stream, current
der Sprudel	hot spring
der Bach	brook
strömen	to stream, to flow
wogen	to surge, to wave
ragen	to tower (up)
beben	to tremble, to quake
steinig	stony; pebbly
sumpfig	swampy, marshy
kahl	bare, naked
öde	desert, waste

Redewendungen und Sätze

Es ist Ebbe.	The tide is out. It is low-water.
Es ist Flut.	It is high tide. It is high-water.
Ebbe und Flut	low (tide) and high tide
sich dem Gelände anpassen	to adapt o.s. to the land
in freiem Gelände	in the open country
am Horizont	on the horizon
Das ist gegen die Natur.	That's contrary to nature.

13. Klima, Wetter

Grundwortschatz: Blitz, Donner, Eis, Grad, Hitze, Kälte, Luft, Nebel, Regen, Schatten, Schnee, Sonne, Stille, Strahl, Sturm, Temperatur, Tropfen, Wärme, Wetter, Wind, Wolke

bedecken, fallen, frieren, gießen, pfeifen, scheinen, steigen, wehen

dicht, dunkel, feucht, frisch, glatt, heiß, heiter, hell, hoch, kalt, klar, kühl, naß, ruhig, schlecht, schön, still, tief, trocken, ungesund, warm.

das Klima	climate
das Hoch	high(-pressure area)
das Tief	low(-pressure area)
die Trockenheit	dryness, drought
die Feuchtigkeit	moisture, humidity
die Nässe	wetness
der Tau	dew
der Niederschlag	precipitation
das Unwetter	storm(y) weather
das Gewitter	thunderstorm
die Witterung	weather
der Dunst	haze, mist
die Sicht	visibility
der Hauch	breath
die Störung	atmospherics *pl*
der Frost	frost
der Reif	hoar (frost)
das Glatteis	(slippery) ice
die Pfütze	puddle
das Thermometer	thermometer
der Wetterbericht	weather forecast

blasen	to blow
regnen	to rain
tropfen	to drop
blitzen	to lighten
donnern	to thunder
stürmen	to rage
rauschen	to roar; to murmur
toben	to rave
wüten	to rage
sich aufklären	to clear up, to become bright(er)
nieseln	to drizzle
schneien	to snow
gefrieren	to freeze
tauen	to thaw
schmelzen	to melt
trocknen	to dry
ansteigen	to rise
mild	mild
lau	mild
schattig	shady
sonnig	sunny
wolkenlos	cloudless
wolkig	cloudy
bewölkt, bedeckt	overcast
dunstig	hazy, misty
schwül	sultry, close
trüb(e)	dull
neblig	foggy
regnerisch	rainy
windig	windy
stürmisch	stormy
rauh	rough
frostig	frosty
beständig	settled
veränderlich	unsettled, variable
niederschlagsfrei	dry

Redewendungen und Sätze

Der Himmel ist bedeckt/ bewölkt.	The sky is overcast.
Es sieht nach Regen aus.	It looks like rain.

Es ist windig.	It is windy.
Es ist ein Gewitter im An- **zug.**	There is a thunderstorm coming up.
stürmisches Wetter	stormy weather
Es blitzt/donnert.	It is lightning/thundering.
Es ist regnerisch.	It is rainy.
Es hellt sich auf.	It is clearing up.
Das Barometer ist gestie- **gen.**	The glass has risen/gone up.
Das Barometer fällt.	The glass is falling.
Das Wetter hält sich.	The weather keeps up.
bei günstiger Witterung	weather permitting
bei jeder Witterung	in all weather
Es schneit.	It is snowing.
Es taut.	The dew is falling. It is thawing.
glühende Hitze	tropical heat
glühend heiß	burning hot
Das Hoch verlagert sich.	The high-pressure area is shifting.

14. Pflanze (s. 48)

Grundwortschatz: Apfel, Apfelsine, Art, Ast, Baum, Birne, Blatt, Blume, Frucht, Gemüse, Getreide, Gras, Holz, Kirsche, Korn, Pflanze, Rose, Saft, Stamm, Wald, Weizen, Wurzel, Zweig

blühen, klettern, kriechen, stechen, tragen, wachsen

bunt, grün, reif, sauer, süß, wild.

der Samen	seed
die Zwiebel	bulb
der Keim	germ
die Knospe	bud
der Trieb	sprout, shoot
das Gewächs	plant
das Wachstum	growth
der Stengel	stem
der Stiel	stalk
der Halm	blade
die Blüte	blossom
die Beere	berry; grape
die Nuß	(wal)nut; hazel-nut
der Kern	kernel, pip; stone

die Schale	shell; paring, skin
die Rinde	bark
der Stachel	prick, prickle
das Laub	leaves *pl*, foliage
das Kraut	herb
der Strauch	shrub
der Busch	bush
das Gebüsch	bushes *pl*
die Hecke	hedge
der Pilz	mushroom
der Duft	scent, perfume
keimen	to germinate
ranken	to climb, to creep
treiben	to sprout
gedeihen	to grow well, to thrive
sich entfalten	to open
duften	to smell sweet
verblühen	to fade
verwelken	to wither
welk	faded, withered
kahl	bare
dürr	dry, dead

Redewendungen und Sätze

Die Knospe geht auf.	The bud opens.
in Blüte stehen	to be in bloom
Der Efeu rankt sich an der Mauer hoch.	The ivy is climbing up the wall.
Frucht ansetzen	to form fruit
welk werden	to fade
Pilze sammeln	to pick mushrooms
Die Beeren werden reif.	The berries will soon be ripe.
ein üppiger Pflanzenwuchs	luxuriant vegetation
Das Laub färbt sich.	The leaves are turning brown.
jdm etw durch die Blume sagen	to say s.th. diplomatically

15. Tier (s. 48, 49)

Grundwortschatz: Ei, Feder, Fell, Fisch, Fliege, Flügel, Hahn, Huhn, Hund, Insekt, Katze, Kuh, Maus, Mücke, Ochse, Pferd, Rind, Schaf, Schwanz, Schwein, Tier, Vogel

beißen, fangen, fliegen, fressen, füttern, klettern, kriechen, laufen, schreien, schwimmen, singen, springen, stechen, trinken

gefährlich, nützlich, weiblich, wild.

das Lebewesen	living being
die Art	species *pl*
die Rasse	race
das Männchen	male
das Weibchen	female
das Junge	young
das Maul	muzzle
die Schnauze	muzzle, snout
der Rüssel	trunk; snout
der Schnabel	bill, beak
die Pfote	paw
die Kralle	claw
der Stachel	sting, spine
das Horn	horn
der Pelz	pelt, fur
das Gefieder	feathers *pl*, plumage
die Gräte	(fish-)bone
der Käfer	beetle
der Schmetterling	butterfly
der Sperling	sparrow
die Schwalbe	swallow
das Nest	nest
picken	to peck; to pick (up)
saufen	to drink
kratzen	to scratch, to claw
flattern	to flutter
tauchen	to dive, to plunge
brüten	to brood, to sit
brummen	to growl
brüllen	to roar; to bellow/low
bellen	to bark
heulen	to howl

männlich	male
zahm	tame

Redewendungen und Sätze

ein Nest bauen	to build a nest
Tiere halten	to keep animals/pets
den Hund ausführen	to take the dog out
wie ein Pferd arbeiten	to work like a horse
fleißig wie eine Biene sein	to be as busy as a bee
wie Hund und Katze leben	to lead a cat-and-dog life
auf den Hund kommen	to go to the dogs
Schwein haben	to be lucky
Er macht aus einer Mücke einen Elefanten.	He's making a mountain out of a molehill.
Eine Schwalbe macht noch keinen Sommer.	One swallow doesn't make a summer.

V. Mensch / Person

16. Körper, Äußeres, Verhalten

Grundwortschatz: Arm, Atem, Auge, Bauch, Bein, Blut, Brust, Daumen, Faust, Finger, Fleisch, Frau, Fuß, Gang, Gesicht, Gestalt, Gewicht, Gewohnheit, Glied, Größe, Haar, Hals, Haltung, Hand, Haupt, Haut, Herz, Junge, Kind, Knie, Knochen, Kopf, Körper, Kraft, Leben, Leib, Lippe, Mädchen, Magen, Mann, Mensch, Mund, Muskel, Nagel, Nase, Nerv, Ohr, Rücken, Schlaf, Schritt, Schulter, Seite, Stärke, Stellung, Tritt, Wange, Zahn, Zehe, Zunge

aussehen, bewegen, gehen, klettern, kriechen, laufen, leben, rennen, ruhen, schlafen, schreiten, sitzen, spielen, springen, stehen, steigen, stürzen, treten, wachsen

dick, dünn, fett, groß, häßlich, hübsch, klein, kräftig, lebendig, leicht, mager, nackt, schön, schwach, schwer, stark, wach, weiblich, zart.

das Äußere	exterior, looks *pl*
die Erscheinung	appearance
die Miene	air, look
das Merkmal	characteristic
das Verhalten	behaviour
die Stirn	forehead, brow
die Backe	cheek
das Kinn	chin
die Kehle	throat
der Rumpf	trunk, body
die Hüfte	hip
der Schenkel	thigh
die Wade	calf
das Geschlecht	sex
die Rippe	rib
das Gelenk	joint
der Ellbogen	elbow
die Ferse, die Hacke	heel
die Fußsohle	sole
die Ader	vein; artery
das Gehirn	brain(s)
die Lunge	lung(s)
die Leber	liver
die Niere	kidney
der Darm	intestine, bowel
die Locke	curl
der Bart	beard; moustache
der Trieb, der Antrieb	instinct; impulse
das Bedürfnis	need, want
die Angewohnheit	habit

atmen	to breathe
gähnen	to yawn
einschlafen	to fall asleep
wachen	to wake
aufwachen	to awake(n), to wake (up)
schlucken	to swallow (down)
verdauen	to digest
nicken	to nod
sich verhalten	to behave
sich bücken	to bend down, to stoop
sich strecken	to stretch
sich lehnen	to lean

knien	to kneel
schleichen	to sneak, to slink
hüpfen	to hop
stolpern	to stumple, to trip
ausrutschen	to slip
stillstehen	to stand still
körperlich	bodily, physical
blond	blond(e), fair
lockig	curly
barfuß	barefoot(ed)
schlank	slim, slender
dürr	thin, skinny
zierlich	dainty; delicate
niedlich	nice, pretty, sweet *am*
anmutig	graceful, charming
lieblich	lovely
drollig	quaint
stattlich	stately, imposing
männlich	masculine
plump	clumsy; heavy
ungeschickt	awkward
schläfrig	sleepy; drowsy

Redewendungen und Sätze

die äußere Erscheinung	the outward appearance
von Kopf bis Fuß	from top to toe
wie er leibt und lebt	his very self; the spitting image of him
eine gute Figur haben	to have a good figure
(k)eine gute Figur machen	to cut a fine (poor) figure
sich aufrecht halten	to keep upright
sich abseits halten	to keep out of the way
sich ruhig verhalten	to keep quiet
ohne eine Miene zu verziehen	without moving a muscle
die Stirn runzeln	to frown
die Augen senken	to cast down o's eyes
den Kopf senken/schütteln	to bow/shake o's head
die Achseln zucken	to shrug o's shoulders

keinen Ton von sich geben	not to utter a sound
auf Zehenspitzen gehen	to go on tiptoe
jdm nicht von den Fersen gehen	to follow (up) on s.o.'s heels
jdm die Hand schütteln	to shake hands with s.o.
jdm den Rücken zudrehen	to turn o's back on s.o.
etw aus eigenem Antrieb tun	to do s.th. of o's own accord
etw aus bloßer Angewohnheit tun	to do s.th. from mere habit
sich keinen Zwang antun	to be quite free and easy
auf allen vieren kriechen	to crawl on all fours
alle viere von sich strecken	to lie sprawling
sich den Kopf zerbrechen	to rack o's brains
sich etw zu Herzen nehmen	to take s.th. to heart

17. Sinn, Wahrnehmung, Erfahrung (s. 3)

Grundwortschatz: Anblick, Ansicht, Aussicht, Bewußtsein, Blick, Druck, Eindruck, Erfahrung, Farbe, Geruch, Geschmack, Gesicht, Gewicht, Kälte, Licht, Ort, Richtung, Sinn, Ton, Wärme

ansehen, bemerken, berühren, drücken, empfinden, erblicken, erfahren, ergreifen, fassen, frieren, fühlen, greifen, gucken, halten, hören, kosten, merken, riechen, schmecken, schwitzen, sehen

blind, leicht, schwer, wach

deutlich, genau, ungefähr.

die Wahrnehmung	perception
die Sicht	sight
das Gehör	hearing
das Gleichgewicht	equilibrium, balance
die Berührung	touch
das Erlebnis	event, adventure
blicken	to look
anblicken	to look at
anschauen	to look (at), to view

zuschauen	to look on
sich umsehen	to take a look round
horchen	to listen
lecken	to lick
tasten	to touch
streifen	to graze, to brush
anfassen	to touch; to handle
spüren	to feel; to perceive
wahrnehmen	to sense, to perceive
erleben	to live to see, to experience
sich wärmen	to warm o.s.
bewußt	conscious
wachsam	watchful, vigilant
spürbar	sensible; perceptible
stumm	dumb
taub	deaf

Redewendungen und Sätze

geblendet sein	to be blinded
nach (dem) Gehör (spielen)	(to play) by ear
ein gutes Gehör haben	to have good hearing
eine gute Nase haben	to have a flair/good nose
Es riecht nach Rauch.	It smells of smoke.
sich hart/weich anfühlen	to be hard/soft to the touch
das Gleichgewicht verlieren/halten	to lose/regain o's balance
ins Gleichgewicht bringen	to balance
Das springt in die Augen.	That stands out a mile.
seinen Augen nicht trauen	not to believe o's eyes
sich von etw mit eigenen Augen überzeugen	to see s.th. with o's own eyes
ein wachsames Auge auf jdn haben	to keep a watchful eye upon s.o.
Ich habe ihn neulich gesehen.	I saw him the other day.
Sieh(e) da!	Look there!
Sieh dir das mal an.	Look at that.
sich nach etw umsehen	to look out for s.th.

in Sicht kommen	to come in sight
außer Sicht	out of sight
Das läßt sich hören.	Now you're talking.
Mir klingen die Ohren.	My ears are ringing.
Gehör finden	to get a hearing
jdm Gehör schenken	to lend an ear to s.o.
schweigend zuhören	to listen in silence
allem Anschein nach	by all appearances
Es ist mir aufgefallen.	It struck me.
etw auf Umwegen erfahren	to learn s.th. in a roundabout way
Der kann was erleben!	He is in for it.
Hat man so was schon erlebt?	Can you beat that?
Wir werden es ja erleben.	We shall live to see it.

18. Nahrung, Ernährung

Grundwortschatz: Abendessen, Apfel, Apfelsine, Banane, Bier, Birne, Brot, Butter, Durst, Eis, Essen, Fisch, Fleisch, Frucht, Frühstück, Gemüse, Gericht, Geschmack, Getränk, Honig, Hunger, Kaffee, Kakao, Kirsche, Kuchen, Lebensmittel, Mahlzeit, Mehl, Milch, Nahrung, Obst, Öl, Saft, Salz, Schluck, Schokolade, Speise, Suppe, Tabak, Tee, Tropfen, Vorrat, Wasser, Wein, Wurst, Zigarette, Zigarre, Zucker

backen, braten, essen, genießen, kauen, kochen, kosten, rauchen, reichen, schälen, schmecken, trinken, verderben

bitter, dick, dünn, fest, fett, flüssig, frisch, gesund, hart, heiß, hungrig, kalt, kräftig, leicht, mager, reif, roh, satt, sauer, scharf, schwer, süß, warm, weich.

die Ernährung	nourishment
die Nahrungsmittel pl	food; victuals *pl*
die Verpflegung	feeding, victualling; victuals *pl*
die Versorgung	supply, maintenance, provision
das Mahl	meal
die Portion	portion, helping
der Nachtisch	dessert
der Bissen	bite, mouthful
der Appetit	appetite
der Genuß	consumption; enjoyment
der Braten	joint, roast(meat)

die Soße	sauce, gravy
der Schinken	ham
der Speck	bacon
das Fett	grease; fat
die Schnitte	slice; sandwich
das Brötchen	roll
die Margarine	margarine
die Marmelade	jam; marmalade
der Brei	porridge; mash
das Mus	mash; purée
das Gewürz	spice, herb
der Pfeffer	pepper
der Essig	vinegar
der Senf/Mostrich	mustard
die Säure	sourness, acidity
die Sahne	cream
die Torte	cake, tart
die Süßigkeiten pl	sweets *pl*
der Trunk	drink; draught
die Erfrischung	refreshment
der Sprudel	pop
das Rezept	recipe
der Raucher	smoker

ernähren	to nourish, to feed
verpflegen	to feed
versorgen	to supply, to provide
zubereiten	to cook, to dress
rösten	to roast, to grill
salzen	to salt
einschenken	to pour out
probieren	to taste, to sample
frühstücken	to (have) breakfast
hungern	to be/go hungry

eßbar	eatable, edible
nahrhaft	nourishing
schmackhaft	tasty, savoury
fettarm	low-fat
würzig	spicy
salzig	salt(ed), salty
saftig	juicy
üppig	substantial, plentiful
durstig	thirsty

Redewendungen und Sätze

sich von etw ernähren	to feed/live on s.th.
Appetit haben/bekom-men	to have/to find an appetite
einen gesunden Appetit haben	to have a good appetite
tüchtig essen	to have a good meal, to eat heartily
seinen Hunger stillen	to still/appease o's hunger
Ich habe noch nichts ge-gessen.	I haven't eaten yet.
Möchtest du noch etwas haben?	Do you want any more?
Nehmen Sie doch noch etwas.	Have a little more.
Noch etwas von dem?	(A little) More of this?
Ich möchte nicht so viel haben.	I don't want so much.
Danke, ich habe genug.	I have had enough, thanks.
Danke, ich möchte nichts mehr.	No, thanks, I don't want/fancy any more.
Wie wär's mit einer Tas-se Kaffee?	How about a cup of coffee?
Könnte ich ein Glas Milch haben?	Do you think I could have a glass of milk?
Zum Wohl!	Here's to you! Cheers!
seinen Durst löschen	to quench o's thirst

19. Empfindung, Gefühl

Grundwortschatz: Angst, Bitte, Dank, Freude, Furcht, Gefühl, Glück, Hoffnung, Klage, Last, Leid, Leidenschaft, Liebe, Lust, Mit-leid, Mut, Neid, Schmerz, Schreck(en), Seele, Sorge, Spaß, Stim-mung, Träne, Trost, Unglück, Vergnügen, Vertrauen, Wut

achten, sich ärgern, aushalten, bedauern, sich beruhigen, bitten, dan-ken, empfinden, erschrecken, erstaunt sein, erwarten, sich freuen, (sich) fühlen, (sich) fürchten, gefallen, genießen, hassen, hoffen, sich hüten, küssen, lächeln, lachen, leiden, lieben, mögen, rühren, schät-zen, schreien, sorgen, staunen, überraschen, verzeihen, vorziehen, weinen, sich wundern, zittern

angenehm, ängstlich, anstrengend, bitter, egal, ernst, frei, freudig, froh, fröhlich, gemütlich, glücklich, heftig, heiter, herzlich, ideal, kalt, komisch, kühl, langweilig, lebhaft, lieb, lustig, merkwürdig, nett, ruhig, stolz, traurig, übel, unzufrieden, warm, wohl, zart, zufrieden

ach, bitte, gern, hoffentlich, leider, lieber, am liebsten, oh, schade, weh.

die Empfindung	sensation; feeling
die Erregung	emotion, excitement
die Aufregung	emotion, excitement
die Unruhe	restlessness, anxiety, uneasiness
der Drang	urge, impulse
die Erwartung	expectation
die Sehnsucht	longing
der Reiz	stimulus; attraction
die Vorliebe	preference, predilection
der Liebling	favourite, dear, darling
der Geliebte	lover, love(d one)
der Takt	tact
die Zuneigung	liking, fancy; affection
die Freundschaft	friendship
das Bedauern	regret
die Verzeihung	pardon; forgiveness
die Begeisterung	enthusiasm
der Kuß	kiss
die Befriedigung	satisfaction, appeasement
der Genuß	enjoyment
die Überraschung	surprise
die Enttäuschung	disappointment
die Trauer	sadness; mourning
der Kummer	grief
der Ärger	annoyance
der Zorn	anger
die Qual	torment
die Verzweiflung	despair
der Schrei	cry
die Verachtung	contempt
der Haß	hatred
die Feindschaft	enmity, hostility
ertragen	to bear, to stand
sich erregen	to get excited
sich aufregen	to grow nervy, to work o.s. up
sich beunruhigen	to worry

reizen	to stimulate; to tempt
sich sehnen (nach)	to long for
sich verlieben	to fall in love
vertrauen	to trust
bewundern	to admire
sich begeistern	to get enthusiastic
sich erfüllen	to be fulfilled
befriedigen	to satisfy; to appease
erfreuen	to please
streicheln	to caress
necken	to tease
auslachen	to laugh at
befürchten	to fear, to be afraid
enttäuschen	to disappoint
erschrecken	to get frightened
beklagen	to deplore, to lament
klagen	to complain (of)
trauern	to mourn; to be in mourning
seufzen	to sigh; to groan
stöhnen	to groan, to moan
sich schämen	to be ashamed
bereuen	to repent
ärgern	to annoy
übelnehmen	to take s.th. in ill part; to bear s.o. a grudge
schimpfen (auf/über)	to grumble (at)
schelten	to scold
streiten	to quarrel
sich zanken	to quarrel, to have words
sich empören	to be indignant
beben	to tremble
lärmen	to make a noise
toben	to be in a rage
wüten	to be in a fury
verzweifeln	to despair
verachten	to contempt
sich ekeln	to feel disgust
empfindlich	sensitive
unruhig	restless, uneasy
erregt	excited
erfreulich	pleasing
spaßig	funny
reizvoll	delightful

reizend	charming
vergnügt	gay, joyous
eindrucksvoll	impressive
erstaunlich	astonishing
seltsam	strange, singular
wunderbar	wonderful, marvellous
wundervoll	wonderful, admirable
dankbar	grateful
zuversichtlich	confident
besorgt	worried
rührend	touching, moving
zärtlich	tender, affectionate
innig	intimate, heartfelt
mitleidig	pitiful
mutig	brave
verlegen	embarrassed, uneasy, ill at ease
niedergeschlagen	low-spirited, downcast
sprachlos	speechless
lächerlich	ridiculous
bedauerlich	regrettable
ärgerlich	annoying, irritating
verärgert	annoyed, vexed
lästig	troublesome
peinlich	embarrassing
empörend	revolting
schmerzlich	painful
unglücklich	unhappy; unfortunate
zornig	angry
leidenschaftlich	passionate, ardent
stürmisch	stormy, violent
feindlich	hostile
unerhört	unheard of
fürchterlich	dreadful
scheußlich	loathsome, vile
abscheulich	detestable, abominable
ekelhaft	disgusting, sickening
schauderhaft	horrible
unheimlich	uncanny
glücklicherweise	fortunately
au!	ow!, oh!

Redewendungen und Sätze

in Erwartung (daß)	hoping (that/for)
Würde es Ihnen etwas ausmachen, wenn ich . . .?	Would you mind my/me if I . . .?
Das macht mir nichts aus.	It doesn't matter at all.
Es ist mir völlig einerlei.	I couldn't care less. I don't mind at all.
kein Grund zur Aufregung	no reason to get upset
in Aufregung geraten	to become excited
nervös werden	to become nervous
Du fällst mir auf die Nerven.	You get on my nerves.
Beruhigen Sie sich!	Take it easy! Calm down.
Da bin ich beruhigt.	That sets my mind at rest.
geduldig ertragen	to be patient (of)
Es geht mir gegen den Strich.	I can't stand that.
Das ist ärgerlich.	That's a nuisance.
Wie ärgerlich!	What a nuisance!
Man hat nichts als Ärger.	One gets nothing but trouble.
aus Ärger	out of spite
in Zorn geraten	to fly into a passion
aus Neid	out of envy
Neid erregen	to make s.o. envious
aus Haß (gegen)	out of hatred (of)
Tun Sie Ihren Gefühlen keinen Zwang an.	Give vent to your feelings.
Schämst du dich nicht?	Aren't you ashamed of yourself?
Das ist Geschmack(s)sache.	It's a matter of taste.
Geschmack an etw finden	to take a fancy to s.th.
Das ist nicht zu verachten.	That's not to be sneered at.
Es hat mir viel Spaß gemacht.	I have enjoyed myself very much.
Es war nur Spaß.	It was only a joke.
im Scherz	in jest, in/for fun
im Ernst	in earnest, seriously
Ernst mit etw machen	to get down to s.th.

Ist das Ihr Ernst?	Do you mean it? Are you in earnest?
Das ist doch nicht Ihr Ernst!	You do not mean to say (so).
Das ist bedauerlich.	That is to be regretted.
zu meinem Bedauern	to my regret
Es tut mir aufrichtig leid.	I am sincerely sorry.
Ich habe es satt.	I'm fed up.
Ich weiß, wie dir zumute ist.	I know how you feel.
besorgt sein um	to be anxious/concerned about
Sie macht sich Sorgen um ihn.	She's worried about him.
Machen Sie sich bitte keine Sorgen.	Don't you worry.
jdm Kummer bereiten	to make s.o. unhappy, to cause s.o. grief
Kummer haben	to have s.th. on o's mind
etw tragisch nehmen	to take s.th. to heart
Trauer haben	to be in mourning
nicht zu ertragen	beyond bearing, unbearable
etw übel aufnehmen	to take s.th. in bad part
sich beleidigt fühlen	to feel hurt
die bittere Pille schlucken	to swallow the bitter pill
mit jdm böse sein	to be cross/offended with s.o.
Ich hoffe, Sie sind mir nicht böse.	I hope you're not cross with me.
Es ist zum Erbarmen.	It is pitiful.
Mich ekelt davor.	It makes me sick.
Es ist zum Verzweifeln.	It's enough to drive one to despair.
Mir graut davor.	I have a horror of it.
Es ist entsetzlich.	It's horrible.
jede Hoffnung aufgeben	to abandon all hope
in Tränen ausbrechen	to burst into tears
eine Schwäche für jdn haben	to have a weakness for s.o.
Zuneigung für jdn empfinden	to take a liking for s.o.
Zutrauen zu jdm haben	to have confidence in/to rely on s.o.
verliebt in jdn sein	to be in love with s.o.
jdn leidenschaftlich lieben	to love s.o. passionately, to be passionately fond of s.o.
sich nach jdm sehnen	to long for s.o.
Ich freue mich schon darauf.	I'm looking forward to it.

20. Charakter, Eigenschaft

Grundwortschatz: Angst, Art, Beispiel, Charakter, Eigenschaft, Fehler, Fleiß, Gabe, Geduld, Laune, Lüge, Mut, Natur, Neid, Neugier, Phantasie, Ruhe, Stärke, Wesen, Würde

auffallen, bilden, neigen, wagen

anständig, aufmerksam, beliebt, böse, dumm, einfach, ernst, falsch, faul, fein, freundlich, froh, gebildet, gemein, gerecht, gewöhnlich, grob, gut, häßlich, heftig, heiter, herzlich, höflich, klug, komisch, langweilig, lebhaft, lieb, liebenswürdig, lustig, natürlich, nett, praktisch, pünktlich, roh, ruhig, sanft, schlecht, schwach, schwierig, sonderbar, stark, stolz, streng, toll, traurig, treu, unzufrieden, würdig, zufrieden.

die Anlage	disposition
der Hang	inclination, tendency
die Neigung	bent
das Talent	talent
die Begabung	gift
der Vorzug	merit
das Vorbild	model
die Treue	faith, fidelity
die Güte	goodness, kindness
die Einfachheit	simplicity
der Humor	humour
der Ernst	earnestness
die Strenge	severity
die Schwäche	weakness
die Trägheit	indolence
der Leichtsinn	frivolity
die Frechheit	insolence
der Stolz	pride
der Typ	type
sich beherrschen	to control o.s., to keep o's temper
sich getrauen	to dare
prahlen	to boast
charakteristisch	characteristic
begabt	gifted
ursprünglich	original
aufrecht	upright

aufrichtig	sincere
ehrlich	honest
wahrhaftig	veracious, truthful
schlicht	plain
bescheiden	modest; humble
sympathisch	likable
gütig	good-natured
geduldig	patient
friedlich	peaceable; peaceful
redlich	loyal
tüchtig	efficient, (cap)able
rechtschaffen	honest
fleißig	hard-working, industrious
beständig	steady
zuverlässig	reliable
geeignet	suited
gründlich	solid
umsichtig	circumspect
mutig	courageous
keck	cheeky
derb	rude
rauh	rough
plump	awkward
scheu	shy
schüchtern	timid
neugierig	curious
listig	cunning
witzig	witty
albern	silly
oberflächlich	superficial
gleichgültig	indifferent
träge	indolent
leichtsinnig	light(-headed), heedless
leichtfertig	inconsiderate
liederlich	slovenly, careless
eigensinnig	wil(l)ful
ehrgeizig	ambitious
eitel	vain
anmaßend	arrogant
hochmütig	haughty
trotzig	stubborn
stur	obstinate, mulish
störrisch	intractable
launisch	moody, capricious

garstig	mean
frech	insolent
boshaft	wicked, malicious
niederträchtig	infamous
feig(e)	cowardly
geizig	miserly
neidisch	envious

Redewendungen und Sätze

Wofür halten Sie mich eigentlich!	What do you think I am.
ohne Tadel	without blemish, irreproachable
Ihm ist nichts anzuhaben.	There is no getting at him.
Er stellt hohe Anforderungen.	He makes great demands.
allen Anforderungen genügen	to meet all requirements
Er ist ein anständiger Kerl.	He's a good sort/sport.
eine gute Nummer haben	to be highly thought of
Er hat das Herz auf dem rechten Fleck.	He has his heart in the right place.
Humor haben	to have a sense of humo(u)r
etw mit Humor ertragen	to take s.th. good-humouredly/in good part
jdm die Treue halten	to remain faithful to s.o.
sich jdn zum Vorbild nehmen	to take a leaf out of s.o.'s book
schwer zu befriedigen	hard to please
kurz angebunden sein	to be brusque/short (with)
den Hang zu etw haben	to be inclined to s.th.; to have an inclination/a taste for s.th.
ein alter Fuchs	an old fox
ein geselliger Mensch sein	to be (a) sociable (person)
in seinem Element sein	to be in o's element
ein Hansdampf (in allen Gassen)	a Jack-of-all-trades
Er hat eine leichte Ader.	He has a frivolous streak.
ein leichtsinniger Mensch	a scatterbrain(s)
Er ist eingebildet.	He is conceited.
Gib nicht so an!	Don't brag so much.
Angeber!	Braggart! Show-off!

jdm lästig fallen	to bore s.o., to annoy s.o.
ein übler Bursche	a bad lot/sort
zu nichts taugen	to be good for nothing
Ihm ist alles gleichgültig.	He doesn't care about anything.
Unkraut vergeht nicht.	Ill weeds grow apace.

21. Bewußtsein, Denken, Wissen, Urteil (s. 73)

Grundwortschatz: Ansicht, Aufmerksamkeit, Aussicht, Bedeutung, Begriff, Beispiel, Beweis, Bewußtsein, Erinnerung, Erklärung, Gedächtnis, Gedanke, Geist, Glaube, Grundsatz, Hinweis, Idee, Interesse, Irrtum, Kenntnis, Kritik, Lage, Lehre, Lüge, Meinung, Problem, Rat, Sinn, Standpunkt, Tatsache, Traum, Unsinn, Urteil, Versehen, Verstand, Wahrheit, Zweifel

achtgeben, anerkennen, annehmen, aufpassen, sich ausrechnen, bedeuten, behaupten, beobachten, betrachten, beurteilen, bezeichnen, denken, entdecken, (sich) erinnern, erkennen, erklären, feststellen, finden, glauben, sich interessieren, (sich) irren, kennen, lernen, meinen, merken, mißverstehen, nachdenken, nachsehen, prüfen, raten, recht geben, recht haben, scheinen, suchen, überraschen, überzeugen, unterscheiden, untersuchen, vergessen, vergleichen, vermuten, verstehen, (sich) vorbereiten, wissen, zuhören

aufmerksam, deutlich, dumm, einverstanden, falsch, gebildet, gelehrt, gewiß, interessant, klar, klug, möglich, recht, richtig, sicher, sogenannt, toll, unmöglich, vernünftig, verrückt, wahr, wahrscheinlich, wirklich

ausgeschlossen, doch, eigentlich, freilich, immerhin, ja, jedenfalls, nämlich, natürlich, nein, nicht, selbstverständlich, sowieso, sozusagen, tatsächlich, überhaupt, vielleicht, vielmehr, wirklich, zwar.

das Denken	thinking, thought
das Wissen	knowledge; learning
die Vernunft	reason
das Andenken	memory
die Vorstellung	conception, idea, imagination
die Ahnung	presentiment; idea
der Einfall	idea
die Vermutung	supposition, conjecture
die Annahme	supposition
die Beobachtung	observation
die Anschauung	idea(s)

die Auffassung	view; conception
die Einstellung	outlook; attitude
die Behauptung	statement
die Berechnung	calculation, estimate
die Überlegung	reflection, consideration
die Überzeugung	conviction
die Beurteilung	judgement
das Gutachten	(expert) opinion; expert's report
die Lösung	solution
die Entdeckung	discovery
die Klarheit	clearness
die Gewißheit	certainty
das Rätsel	mystery
das Geheimnis	secret
die Spannung	tension; close attention
die Täuschung	illusion; deceit
die Einbildung	imagination
das Mißverständnis	misunderstanding
die Dummheit	stupidity; stupid thing/action
die Klugheit	cleverness, intelligence
die List	cunning; trick
der Ausweg	way out
beachten	to attend to; to mind to; to consider
erfassen, begreifen	to grasp
sich merken	to retain
(sich) überlegen	to reflect; to ponder
beraten	to deliberate; to give advice
berechnen	to calculate; to estimate
zutreffen	to be/prove right/true
nachweisen	to prove
beweisen	to prove, to argue
belegen	to document, to prove
begründen	to motivate
rechtfertigen	to justify
aufklären	to instruct, to enlighten
empfehlen	to (re)commend
einsehen	to see, to realize
sich überzeugen	to convince o.s.
erfinden	to invent
sich einbilden/vorstellen	to imagine
zweifeln, bezweifeln	to doubt
kritisieren	to criticize

zurückweisen	to decline, to refuse
urteilen	to judge
verurteilen	to condemn
strafen	to punish
täuschen	to deceive
sich täuschen	to deceive o.s., to be mistaken
sich widersprechen	to contradict o.s.
träumen	to dream
leugnen	to deny
lügen	to (tell a) lie
schwindeln	to lie, to tell fibs
geistig	intellectual, mental; spiritual
bewußt	conscious
denkbar	imaginable, conceivable
begreiflich	comprehensible
verständlich	understandable, intelligible
eventuell	possible; (possibly)
voraussichtlich	probable
vermutlich	presumable
treffend	striking
sachlich	objective
kritisch	critical
intelligent	intelligent
gescheit	intelligent, clever
schlau	sly
gespannt	curious
zerstreut	absent-minded
vergeßlich	forgetful
ratlos	perplexed; at a loss
rätselhaft	enigmatic
zweifelhaft	doubtful, dubious
scheinbar	specious, seeming
unglaublich	unbelievable, incredible
töricht	silly
sinnlos	senseless
gewissermaßen	so to speak, as it were
sicherlich	surely
bekanntlich	as is well known
zweifellos	doubtless
anscheinend	apparently
keinesfalls, keineswegs	not at all, by no means

Redewendungen und Sätze

Er ist sich dessen nicht bewußt.	He doesn't realize that.
sich vor etw in acht nehmen	to beware of s.th.
außer acht lassen	to neglect
sich auf etw einstellen	to be prepared for s.th.
Wo haben Sie das her?	Where did you get that?
Das wäre zu überlegen.	It's (well) worth considering.
sich etw reiflich überlegen	to consider s.th. well/thoughtfully
bei näherer Überlegung	on second thoughts
Daraus werde ich nicht klug.	I don't understand it.
Das geht über meinen Horizont./Das begreife ich nicht.	That's beyond me.
Ich weiß keinen Ausweg mehr.	I am at my wits' end.
einen Ausweg finden	to find a way
Das ist mir noch nie eingefallen.	It never occurred to me.
etw nicht einsehen wollen	to shut o's eyes to s.th.
jdm etw verständlich machen	to make s.th. clear to s.o./s.o. understand s.th.
Ich verstehe, was Sie meinen.	I see what you mean.
sich eine Vorstellung von etw machen	to form an idea of s.th.
Das will ich meinen.	I should say so.
Das habe ich nicht so gemeint.	I didn't mean that.
Ach, ich dachte bloß.	Oh! I just wondered.
ich bin neugierig, ob . . .	I wonder if/whether . . .
wenn ich nur wüßte	if only I knew/I wish I knew
Keine Ahnung!	No idea.
Ich habe nicht die geringste Ahnung (davon).	I haven't the least/faintest idea.
Du ahnst es nicht!	Who would believe it!
sich Gewißheit über etw verschaffen	to make sure about s. th.

Ich weiß schon.	I know all about it.
Bescheid wissen	to be (well) informed about
aus Erfahrung wissen	to know from experience
Er ist damit vertraut.	He is at home with it.
Wenn ich mich recht erinnere . . .	If I remember rightly . . .
Das glauben Sie doch selbst nicht.	You don't really believe that.
Überzeugen Sie sich selbst.	(Go and) See for yourself.
Es ist meine feste Überzeugung.	It's my firm conviction.
sich verrechnet haben	to be mistaken
Ich kann mich auch täuschen.	I may well be mistaken.
sich täuschen lassen	to let o.s. be deceived/fooled
etw für bare Münze nehmen	to take s.th. at its face value
Betrachtungen über etw anstellen	to speculate on s.th.
sich über jdn ein Urteil bilden	to size up s.o.
Was halten Sie davon?	What do you think of it?
nach meiner Auffassung	in my opinion
etw als Grund angeben	to state/give s.th. as the reason
mit der Begründung, daß . . .	on the grounds of . . .
unter diesem Gesichtspunkt	from this point of view
einen strengen Maßstab anlegen	to apply a strict standard
etw (für) gut befinden	to think/consider s.th. good
jds Erwartungen entsprechen	to live up to s.o.'s expectations
nichts von Bedeutung	nothing to speak of
Es läßt sich nicht leugnen.	It cannot be denied.
Es ist nicht zu bezweifeln.	It is beyond all doubt.
keinem Zweifel unterliegen	to leave no room for doubt, to admit of no doubt
einen Einwand erheben	to raise an objection
sich über etw aufhalten	to find fault with s.th.
Bilde dir nur nicht ein, daß . . .	Don't imagine that . . .

Das ist aber höchst un- **wahrscheinlich.**	It doesn't seem at all likely.
Das ist zu dumm!	That's too silly for words.
Das ist barer Unsinn.	That's sheer nonsense.
Du bist (wohl) nicht **(recht) gescheit.**	You must be crazy.

22. Stimme, Sprache, Gespräch, Mitteilung

Grundwortschatz: Anfrage, Anruf, Antwort, Ausdruck, Auskunft, Bericht, Erklärung, Frage, Gespräch, Gruß, Lied, Melodie, Rede, Ruf, Satz, Sprache, Stimme, Ton, Unterhaltung, Wort

anrufen, antworten, ausrufen, aussprechen, bemerken, berichten, bezeichnen, darlegen, erklären, erwähnen, erzählen, fortfahren, fragen, gestehen, grüßen, heißen, hinzufügen, mitteilen, nennen, reden, rufen, sagen, schweigen, singen, sprechen, telefonieren, übersetzen, verbreiten, versprechen, warnen

deutlich, deutsch, englisch, französisch, klar, laut, leise, still

ach, ja, nein, oh.

der Sprecher	speaker; spokesman
der Redner	speaker, orator
die Ansprache	address, speech
die Aussprache	talk; pronunciation
die Besprechung	conference, consultation
die Äußerung	utterance, statement
die Mitteilung	communication; notice
der Bescheid	information, reply
die Bemerkung	remark
die Erläuterung	comment(ary)
die Beschreibung	description
die Schilderung	depiction
die Übersetzung	translation
die Angabe(n)	indication; data *pl;* specifications *pl*
die Zustimmung	assent
der Beifall	approval
der Widerspruch	contradiction
die Diskussion	discussion
die Warnung	warning
der Hinweis	reference; hint
der Wink	sign, hint

der Witz	witticism
der Scherz	joke
das Geschwätz	(idle) chatter
das Diktat	dictation
die Anrede	(form of) address
der Spruch	saying
die Wendung	(turn of) phrase, idiom
die Silbe	syllable
der Laut	sound
die Mundart	dialect
sich äußern	to give o's views
ausdrücken	to express
besprechen	to talk s.th. over, to discuss, to debate
beantworten	to answer
erwidern, entgegnen	to reply
sich erkundigen	to make inquiries
erläutern	to comment (on)
beschreiben	to describe
schildern	to depict
angeben	to indicate, to specify, to state
zusammenfassen	to sum up, to resume
überreden	to persuade
diskutieren	to discuss
unterrichten	to instruct
ankündigen	to announce
bekanntmachen	to give notice (of)
sich verständigen	to come to an understanding
bejahen	to say yes (to), to affirm
bestätigen	to confirm
betonen	to stress
billigen	to approve (of)
zustimmen	to consent (to)
zugeben	to admit
unterstreichen	to underline
einwenden, einwerfen	to object (to)
berichtigen	to put right, rectify
bestreiten	to contest
(sich) widersprechen	to contradict
verneinen	to say no (to), to deny
abschlagen	to reject
kritisieren	to criticize
mißbilligen	to disapprove
predigen	to preach

diktieren	to dictate
plaudern	to chat
schwatzen	to chatter
brüllen	to howl, to roar
brummen	to grumble
murmeln	to murmur
flüstern	to whisper
summen	to hum
lauten	to sound; to be worded
verschweigen	to conceal
mündlich	oral
wörtlich	word-for-word, literal
ausdrücklich	express, explicit
ausführlich	detailed
schweigsam	silent
bravo	bravo, well done
jawohl	yes (indeed), right-o

Redewendungen und Sätze

keinen Laut von sich geben	not to utter a sound
keinen Ton sagen	not to breathe a word
ohne einen Ton zu sagen	without a word
den Mund aufmachen	to speak up
sich verständlich machen	to make o.s. understood
Meine Muttersprache ist Deutsch.	My mother-tongue is German.
Spricht hier jemand Deutsch?	Does anyone here speak German?
Sprechen Sie bitte langsamer.	Please speak more slowly.
Ich möchte kurz mit Ihnen sprechen.	I want to have a word with you.
Ich möchte nicht darüber sprechen.	I don't want to talk about it.
sich mit jdm besprechen	to confer with s.o.
mit jdm eine Aussprache haben	to talk the matter fully out with s.o.
sich zu(m) Wort melden	to catch the speaker's eye
ums Wort bitten	to ask permission to speak

etw in Worte kleiden	to put s.th. in words
reden, wie einem der Schnabel gewachsen ist	to call a spade a spade
Das ist nur so eine Redensart.	It's only a manner of speaking.
Das hat er mit keiner Silbe erwähnt.	He didn't mention a word about it.
um eine Antwort nie verlegen sein	never to be at a loss for an answer
Wem sagen Sie das!	You're telling me.
Was wollen Sie damit sagen?	What are you driving at?
Das hättest du mir sagen können.	You might have told me.
Sagen Sie es bitte noch einmal.	Repeat it please.
Ich habe weiter nichts zu sagen.	I have nothing to add.
unter uns gesagt	between you and me
Ich will ganz offen sein.	I'll be quite frank with you.
kein Blatt vor den Mund nehmen	not to mince words
jdm gründlich die Meinung sagen	to give s.o. a piece of o's mind
Darauf komme ich zurück.	I'll take you up on that.
Ich verspreche mir nicht viel davon.	I set no great hopes on it.
Das bestreite ich nicht.	There is no denying it.
Wir wollen nicht darüber streiten.	Don't let's quarrel about it.
etw ausführlich beschreiben	to give full details of s.th.
umständlich erzählen	to go into detail
vom Thema abschweifen	to wander off the subject
vom Hundertsten ins Tausendste kommen	to talk nineteen to the dozen
bloßes Gerede	(just) empty talk
Brechen wir da ab!	Let's drop the subject.
etw kurz abbrechen	to break s.th. off short
jdm das Wort abschneiden	to cut s.o. short
sich in Schweigen hüllen	to wrap o.s. in silence

Stillschweigen über etw bewahren	to observe secrecy about s.th.
das Schweigen brechen	to break (the) silence
Da bist du sprachlos, was?	There you're dumbfounded, aren't you?
Da bin ich sprachlos.	You don't say so!
nach seinen Angaben	according to him
jdm Bescheid geben	to give s.o. information
eine Bestellung ausrichten	to give a message to s.o.
aus der Schule plaudern	to tell tales (out of school)
Witze machen	to crack jokes
Mach keine Witze!	Quit joking!

23. Wollen, Handeln

Grundwortschatz: Absicht, Anordnung, Anwendung, Befehl, Beschluß, Entschluß, Entwicklung, Erfolg, Fehler, Fortschritt, Gelegenheit, Handlung, Kampf, Möglichkeit, Mühe, Mut, Nutzen, Plan, Problem, Schwierigkeit, Sieg, Tat, Übung, Versuch, Vorschlag, Wahl, Werk, Wille, Wunsch, Ziel, Zweck

abmachen, anfangen, anwenden, ausführen, befehlen, beginnen, sich bemühen, benutzen, beschließen, bestimmen, brauchen, drängen, durchführen, entscheiden, sich entschließen, entwickeln, erreichen, erwarten, erwerben, festhalten, fordern, fortsetzen, führen, gelingen, heben, hindern, kämpfen, können, lassen, leisten, loslassen, machen, mißlingen, mögen, packen, sich regen, sich rühren, schaffen, schieben, streben, tragen, treffen, treiben, tun, üben, unternehmen, verbieten, verfolgen, verlangen, vermeiden, versuchen, verweigern, verwenden, verwirklichen, vollenden, vorbereiten, wählen, warten, widerstehen, wirken, wollen, wünschen, ziehen

anstrengend, bereit, einverstanden, entschlossen, fähig, falsch, geschickt, gewandt, günstig, leicht, möglich, nötig, notwendig, nützlich, richtig, schwer, schwierig, selbstverständlich, sorgfältig, tätig, unmöglich, verantwortlich

meinetwegen, trotzdem, umsonst, vergebens, zufällig.

das Wollen	intention, ambition
das Handeln	action
die Bemühung	effort, trouble
der Eifer	zeal, eagerness

das Geschick	skill, ability
die Gewandtheit	skill
die Sorgfalt	care
die Ausdauer	endurance
die Anstrengung	strain, effort
die Energie	energy
der Schwung	dash, verve
die Leistung	accomplishment, performance
der Rekord	record
das Verdienst	merit
die Fähigkeit	capacity, (cap)ability
der Akt	act
die Tätigkeit	activity
die Maßnahme	measure
die Entscheidung	decision
die Vorschrift	prescription
die Forderung	demand
die Aufforderung	call, request
die Probe	proof, trial
der Mißerfolg	failure
das Pech	ill/bad luck
die Niederlage	defeat
der Widerstand	resistance
der Protest	protest
planen	to plan
vorhaben	to have in mind
beabsichtigen	to intend
berücksichtigen	to take into consideration; to consider
beanspruchen	to claim
anordnen	to dispose
vorschlagen	to propose, to suggest
vorschreiben	to prescribe
auffordern	to call upon
ersuchen	to request
einwilligen	to consent (to)
mitmachen	to join in
probieren	to try
imstande sein	to be capable of, to be able to
handeln	to act
erledigen	to execute, to carry out
ermöglichen	to make possible
erlangen	to get, to attain

erringen	to gain
ringen	to struggle
sich anstrengen	to exert o.s.
sich plagen	to toil
schleppen	to drag
vollbringen	to accomplish
übertreffen	to outdo, to surpass
überwinden	to overcome
siegen	to win
weitermachen	to carry on, to continue
zögern	to hesitate
schwanken	to waver
nachgeben	to give in, to yield
aufgeben	to give up, to abandon
stoppen	to stop
versagen	to fail
scheitern	to fail
unterliegen	to be overcome
sich wehren	to defend o.s.
sich weigern	to refuse
protestieren	to protest
verhindern	to hinder, to prevent
mißbrauchen	to abuse, to misuse
absichtlich	intentional
willens	willing
willig	willing
willkürlich	arbitrary
unwillkürlich	involuntary
freiwillig	voluntary
strebsam	studious, assiduous
eifrig	zealous, eager
tüchtig	(cap)able, qualified
überlegen	superior
selbständig	independent
energisch	energetic, vigorous
mutig	courageous
tapfer	brave, valiant
kühn	bold, audacious
aktiv	active
passiv	passive
umständlich	complicated
mühsam	troublesome
anstrengend	fatiguing, exhausting, strenuous

gründlich	thorough; detailed
oberflächlich	superficial
flüchtig	hasty, careless
nachlässig	negligent
vergeblich	vain

Redewendungen und Sätze

Was hat er vor?	What's he up to?
nichts vorhaben	to have no plans
Ich weiß nicht, was ich machen soll.	I don't know what to do.
Es ist ungefähr das, was ich wollte.	It's more or less what I wanted.
wenn Sie wollen	if you like
er ist entschlossen zu	he's determined to
sich auf etw einrichten	to prepare for s.th.
auf etw ausgehen	to aim at s.th.
Anstalten zu etw machen	to make preparations for s.th.
Pläne schmieden	to make plans
sich veranlaßt sehen	to feel bound to
jdm einen Wink geben	to give s.o. a tip/a hint
Das war eine abgemachte Sache.	That was a settled affair.
auf dem Sprunge sein	to be on the point of
freie Bahn haben	to have o's way clear
Zugang zu etw haben	to have accession to s.th.
sich mit etw aufhalten	to dwell on s.th.
sich mit etw abgeben	to meddle in s.th.
Ich habe zu tun.	I'm busy.
Ich habe Wichtigeres zu tun.	I've more important things to do.
ohne Rast und Ruh	without (a) respite
sich für etw einsetzen	to be engaged in s.th.
selbständig handeln	to act on o's own
umsichtig handeln	to use discretion
sicher auftreten	to have a self-assured manner
Hand anlegen	to lend a hand
die Probe auf etw machen	to prove s.th.
eine Probe ablegen	to give (a) proof of
viel Sorgfalt auf etw verwenden	to put a lot of care into s.th.

alles mitmachen	to be game for anything
gegen den Strom schwimmen	to go against the tide
die erste Geige spielen	to play first fiddle
sich etw beschaffen	to procure s.th. for o.s.
alle Kräfte anspannen	to strain every nerve, to exert all o's strength
den Hebel ansetzen	to tackle a matter
Hier muß der Hebel angesetzt werden.	This is where the matter must be tackled.
alle Hebel in Bewegung setzen	to move heaven and earth, to leave no stone unturned
alle Register ziehen	to pull every string
aufs Ganze gehen	to go all out for/go the whole hog *am*
nicht locker lassen	to hold fast, to stick to it
etw in Schwung bringen	to set s.th. going
in Schwung kommen	to get into o's stride
Da ist Schwung drin.	There is go in it.
etw auf die Spitze treiben	to carry things to breaking point/to extremes
des Guten zu viel tun	to overdo it
Nicht so stürmisch!	Not so fast!/Take it easy! *am*
Das hat viel Schweiß gekostet.	That was a tough job.
Schaffen Sie das?	Can you manage?
Die Sache klappt.	It's all right.
Das wird sich schwer machen lassen.	That would be difficult.
nicht zu Rande kommen	to make vain efforts
Das übersteigt meine Kräfte.	That's beyond me. That's too much for me.
nicht mehr weiter können/wissen	to be at the end of o's tether
Abstand nehmen von etw	to desist from s.th.
sich auf etw beschränken	to confine o.s. to s.th.
Stell dich (doch) nicht so an!	Don't make such a fuss!
Das ist zu umständlich.	That's too much bother.
Es lohnt sich nicht.	It's not worth it.
etw falsch anfassen	to tackle s.th. the wrong way
Das stört mich nicht im geringsten.	I don't mind a bit.
die Flinte ins Korn werfen	to throw up the sponge

24. Sitte (s. 34)

Grundwortschatz: Achtung, Aufgabe, Aufmerksamkeit, Auftrag, Bitte, Dank, Dienst, Ehre, Erlaubnis, Freiheit, Gabe, Geschenk, Gesetz, Gewissen, Grundsatz, Haltung, Hilfe, Ideal, Liebe, Mitleid, Opfer, Pflicht, Recht, Schicksal, Schuld, Trost

achten, achtgeben (auf), sich bedanken, sich bemühen, sich benehmen, bitten, danken, dienen, dürfen, (sich) entschuldigen, erlauben, geben, gehorchen, gewähren, helfen, lassen, lieben, müssen, nützen, schenken, schulden, sollen, verpflichten, versichern, versprechen, verzeihen

anständig, aufmerksam, böse, dankbar, frei, gerecht, gewöhnlich, gut, heilig, herzlich, ideal, nötig, notwendig, nützlich, recht, schuldig, sittlich, verantwortlich

bitte.

die Sitte	custom; morals *pl*
die Führung	conduct
das Benehmen	conduct, manners *pl*
der Anstand	(good) breeding, good manners *pl*
die Gesinnung	mentality
der Takt	tact, discretion
die Rücksicht	consideration
die Fürsorge	care, solicitude
die Unterstützung	support
die Menschlichkeit	humanity
der Helfer	helper
die Verantwortung	responsibility
das Versprechen	promise
das Zutrauen	confidence
das Mißtrauen	mistrust
der Verdacht	suspicion
der Betrug	deceit, deception
das Gute	good
das Gebot	commandment
die Verpflichtung	obligation, engagement
das Unrecht	wrong
die Gemeinheit	meanness
die Schande	shame
der Spott	mockery
die Entschuldigung	excuse
die Einigung	agreement; unification
die Einigkeit	concord

sich betragen	to behave, to conduct o.s.
befolgen	to follow, to observe
erfüllen	to fulfil, to comply with
sich erfüllen	to be fulfilled
verantworten	to answer for
dulden	to tolerate
schonen	to spare
gestatten	to permit
ermutigen	to encourage
entmutigen	to discourage
sich kümmern (um)	to look after, to take care (of)
beistehen	to assist
unterstützen	to support
trösten	to comfort
verzichten	to give up, to renounce
verdanken	to owe
trauen, vertrauen	to trust
mißtrauen	to mistrust
verehren	to revere, to venerate
schmeicheln	to flatter
betrügen	to deceive
verraten	to betray
vernachlässigen	to neglect
behindern	to hinder, to embarrass
belästigen	to bother, to annoy
belasten	to burden
beleidigen	to offend, to insult
kränken	to injure
spotten (über)	to mock at
verspotten	to scoff at
auslachen	to laugh at
verachten	to despise
vergelten	to pay back; to reward
vergeben	to forgive, to pardon
mahnen, ermahnen	to exhort
vorwerfen	to blame, to reproach
strafen	to punish
sich einigen	to come to an agreement
wiedergutmachen	to make good, to repair
harmlos	harmless
artig	good
brav	good, well-behaved
unschuldig	innocent

ehrlich	honest
gewissenhaft	conscientious
gutmütig	good-natured
großzügig	generous
edel	noble
behilflich	helpful
mitleidig	compassionate
menschlich	human
brüderlich	brotherly, fraternal
einig	in agreement, of one mind
erforderlich	required
zulässig	admissible
bedenklich	doubtful, delicate
rücksichtslos	regardless
unverschämt	impudent
schändlich	shameful
unnütz	useless
unrecht	unjust

Redewendungen und Sätze

ein Gebot der Menschlichkeit	the dictates of humanity
die Verantwortung für etw übernehmen	to accept (the) responsibility for s.th.
auf meine Verantwortung	at my risk
jdn zur Verantwortung ziehen	to call s.o. to account
jdm ein Versprechen abnehmen	to make s.o. promise s.th.
seinen Verpflichtungen nachkommen/nicht nachkommen	to meet/to fail to meet o's obligations
sich nicht schonen	not to spare o.s.
Sie können sich darauf verlassen.	You can count on that.
auf Treu und Glauben	in good faith
Rücksicht auf jdn nehmen	to consider s.o.
die Erlaubnis einholen	to ask for permission
Kann ich Ihnen behilflich sein?	Can I help you?
Gestatten Sie?	Do you mind?, May I?

Gestatten Sie!	Allow me!
Haben Sie die Güte, ...	Would you be so kind as to ...
Tun Sie mir den Gefallen und ...	Do me the favo(u)r of ...
einer Bitte entsprechen	to comply with s.o.'s request
Bemühen Sie sich nicht.	Don't bother.
Ich bin Ihnen sehr dankbar.	I'm very grateful to you.
jdm für etw dankbar sein	to be (much) obliged to s.o. for s.th.
jdm etw zu verdanken haben	to owe s.th. to s.o.
jdm die Hand schütteln	to shake hands with s.o.
Ich habe es für selbstverständlich gehalten.	I took it for granted.
Anteil an etw nehmen	to sympathize with s.th.
sich für jdn einsetzen	to stand up for s.o.
jdm die Stange halten	to take s.o.'s part
sich bei jdm beliebt machen	to make o.s. popular with s.o.
aus Prinzip	on principle
Das ist bei uns so Sitte.	That's the custom here.
nach alter Sitte	according to custom
es ist üblich	it's usual (practice)
nicht sehr gebräuchlich	out of use, obsolete
soweit erforderlich	if required/needed
Was nützt das?	What's the good of that?
den Ton angeben	to give the lead
ein rauher, aber herzlicher Ton	a rough but cordial atmosphere
nichts Gutes erwarten	to expect no good
Ich traue dem Frieden nicht.	I think it's too good to be true.
jdm nicht über den Weg trauen	not to trust s.o. farther than one can see him/than a yard
um jdn einen großen Bogen machen	to give s.o. a wide berth
Abstand von etw nehmen	to desist from s.th., to renounce s.th.
jdm lästig fallen	to bore s.o.
jdn in Verlegenheit bringen	to embarrass s.o.
jdn aufziehen	to pull s.o.'s leg
jdn auslachen	to laugh at s.o.

gute Miene zum bösen Spiel machen	to make the best of a bad job
jdm die Freude verderben	to spoil s.o.'s pleasure
es mit jdm verderben	to get in s.o.'s bad books
im Hintergrund bleiben	to keep in the background
jdn/etw durch den Schmutz ziehen	to throw dirt at s.o./at s.th.
sich um jeden Dreck kümmern, die Nase in jeden Dreck stecken	to poke o's nose into everything
zu einer List greifen	to resort to a ruse
im trüben fischen	to fish in troubled waters
die Stirn haben, etw zu tun	to have the cheek to do s.th.
frech werden	to be cheeky
Werde nicht frech!	Don't be impudent/cheeky!
So eine Frechheit!	Such impudence!, What (a) cheek!
die Frechheit haben (zu)	to have the insolence (to)
Sei nicht so garstig!	Don't be so nasty!
Ich verbitte mir diesen Ton!	I won't have you talk to me in that tone of voice.
Das geht ihn (gar) nichts an.	It's none of his business.
sich um seine eigenen Angelegenheiten kümmern	to mind o's own business
den Halt verlieren	to lose o's hold/footing
jdm Vorwürfe machen	to blame s.o.
Das ist eine Schande.	It's a shame/disgrace.
Ich muß zu meiner Schande gestehen, . . .	To my shame I must confess . . .
Er hat es nicht böse gemeint.	He meant no harm.
ohne böse Absicht	without malicious intent
Ich habe es nicht mit Absicht getan.	I didn't do it on purpose.
Ich kann nichts dafür.	I can't help it.
eine reine Weste haben	to have a clean slate
Seien wir doch ganz offen.	Let's be quite frank.
Nehmen Sie es mir (bitte) nicht übel.	I meant no harm.
eine Entschuldigung vorbringen	to offer an excuse

Dafür gibt es keine Entschuldigung.	There is no excuse for it.
sich keiner Schuld bewußt sein	to have a clear conscience
sich schuldig bekennen	to plead guilty
Vernunft annehmen	to listen to reason
wieder zur Vernunft kommen	to come to o's senses
sich in Güte einigen	to settle in a friendly way
Frieden mit jdm schließen	to make peace with s.o.
Böses mit Gutem vergelten	to return good for evil
Ich gratuliere!	(My) Congratulations!
die besten Glückwünsche	my sincere congratulations
Herzlichen Glückwunsch zum/zur . . .	Congratulations on . . ./Many happy returns of . . .
Grüße deine Eltern von mir.	Give my love to your parents.
zur Feier des Tages	in hono(u)r of the day
feierlich begehen	to celebrate
Auf Ihr Wohl!	Your health!, Here's to you!

25. Geburt, Lebensalter, Tod

Grundwortschatz: Alte(r), Alter, Anfang, Baby, Ende, Entwicklung, Frau, Geburt, Geburtstag, Jahr, Jugend, Junge, Kind, Leben, Mädchen, Mann, Mensch, Tod, Tote(r), Wesen, Zeit

sich entwickeln, leben, sein, sterben, vollenden, wachsen, werden

alt, geboren, gestorben, jung, lebendig, reif, tot

da, vorbei, vorüber.

das Lebensalter	age
das Dasein, die Existenz	existence
das Wachstum	growth
der Säugling	suckling, nursling
die Kindheit	childhood
der Erwachsene	grown-up, adult
der Lebensabend	old age

das Begräbnis	burial; funeral
das Grab	grave, tomb
aufwachsen	to grow up
erliegen	to succumb (to)
begraben	to bury
jugendlich	youthful, juvenile
mündig	of age
erwachsen	grown up, adult

Redewendungen und Sätze

Es war eine leichte/ schwere Geburt.	It was an easy/a difficult birth.
einem Kind das Leben geben	to give birth to a child
von (seiner) Geburt an	from (his) birth
von Kindheit an	from childhood
ein Kind aufziehen	to bring up a child
ein kleiner Junge	a small/little boy; an urchin; a youngster
mündig werden	to come of age
in mittlerem Alter	middle-aged
zu seinen Lebzeiten	during his lifetime
auf der Höhe des Lebens	in the prime of life
jdm das Leben retten	to save s.o.'s life
das Leben meistern	to cope with life
Sie macht sich das Leben leicht/schwer.	She makes life easy/difficult for herself.
ums Leben kommen	to die
in den letzten Zügen lie-gen	to be dying
eines/keines natürlichen Todes sterben	to die a natural/an unnatural death
zur Beerdigung gehen	to go to the funeral

26. Gesundheit, Krankheit (s. 42)

Grundwortschatz: Apotheke, Arznei, Arzt, Bett, Blut, Brille, Dok-tor, Fieber, Gefahr, Gift, Grippe, Kraft, Kranke(r), Krankheit, Medi-

zin, Mittel, Ruhe, Schlaf, Schmerz, Schnupfen, Tablette, Temperatur,
Tropfen, Unfall, Unglück, Untersuchung, Watte, Wunde, Zustand

abnehmen, aufstehen, behandeln, sich erholen, sich erkälten, fallen,
frieren, heilen, husten, leiden, pflegen, ruhen, schaden, schlafen,
schwitzen, untersuchen, verletzen, verwunden, zittern, zudecken

blind, gefährlich, gesund, kräftig, krank, mager, müde, schlimm,
schwach, übel, zart

weh, wohl.

die Gesundheit	health
das Wohl	good health
das Befinden	(state of) health
die Verfassung	state, condition
die Erkältung	cold
die Schwäche	weakness
der Schweiß	sweat, perspiration
das Leiden	suffering; affection, unhealthy state, sickness
die Erschöpfung	exhaustion
der Stich	shooting pain
die Entzündung	inflammation
die Blutung	bleeding, haemorrhage
die Behandlung	treatment, care
die Sprechstunde	consultation hour
der Verband(s)kasten	first-aid box/kit
die Pille	pill
die Drogerie	chemist's (shop)
niesen	to sneeze
spucken	to spit
quetschen	to bruise
schwellen	to swell
bluten	to bleed
erkranken	to fall ill
fiebern	to have a temperature
phantasieren	to rave
schmerzen	to be painful
ertragen	to bear
dulden	to suffer
verschreiben	to prescribe
einnehmen	to take
stärken	to strengthen

bekämpfen	to fight against
schonen	to save
sich schonen	to look after o.s.
ausschlafen	to have o's sleep out
zunehmen	to put on weight
heil	safe
munter	alert, lively
wohlauf	well, in good health
unwohl	unwell, indisposed
matt	weary, faint
erschöpft	exhausted, worn out
nervös	nervous
blaß	pale
bleich	pallid
schwächlich	weak
kränklich	sickly
schwindlig	dizzy
heiser	hoarse
wund	sore
blutig	bloody, blood-stained
schmerzhaft	painful
ansteckend	infectious; contagious
erträglich	bearable
schädlich	harmful, noxious
giftig	poisonous, toxic
tödlich	deadly, mortal

Redewendungen und Sätze

sich nach jds Befinden erkundigen	to inquire after s.o.'s health
gesund und munter	as fresh as a daisy
gesund und munter sein	to be bright and cheerful
wohlauf sein	to be in good health
bei bester Gesundheit sein	to be in the best of health
Er sieht blendend aus.	He looks fine.
Bleiben Sie gesund!	Keep well!
Ist Ihnen nicht ganz wohl?	Are you ill, or something?
Es könnte besser sein.	It could be better.

Sie sehen nicht gerade gut aus.	You don't look too good.
Es ist nicht gut um ihn bestellt.	He is in a bad way.
blaß werden	to turn pale
bleich werden	to turn livid/pale
elend aussehen	to look ill
Mir ist ganz schwindlig.	I feel quite dizzy.
Das geht über meine Kräfte.	That's too much for me.
Ich kann nicht mehr.	I can't go on (any more).
sich eine Krankheit holen	to catch a disease
heiser sein	to be hoarse, to have a sore throat
einen Frosch im Hals haben	to have a frog in o's throat
Ist hier in der Nähe eine Apotheke?	Is there a chemist's near here?
Es geht mir schon wieder besser.	I feel better already.
wieder zu Kräften kommen	to recover o's strength
auf seine Gesundheit achten	to mind o's health
Alles Gute!	All the best!
Baldige Besserung!	Get well soon!

27. Sauberkeit, Körperpflege

Grundwortschatz: Bad, Bürste, Haar, Handtuch, Haut, Kamm, Klinge, Schere, Schwamm, Seife, Spiegel, Staub, Taschentuch, Toilette, Wäsche, Wasser, WC

abtrocknen, baden, duschen, pflegen, putzen, sich rasieren, reiben, riechen (nach), schneiden, waschen, wischen

frisch, nackt, rein, sauber, schmutzig.

die Sauberkeit	tidiness, neatness
die Körperpflege	care of the body
die Reinigung	cleaning
die Dusche	shower(bath)
die Zahnpaste, die Zahncreme	tooth-paste
der Puder	powder

das Parfüm	perfume
die Hautcreme	skin/face cream
die Salbe	ointment
der Bart	beard; moustache
der Friseur	hairdresser
die Frisur	hairdressing; hair-do *am*
das Toilettenpapier	toilet-/tissue-paper
der Schmutz	dirt
der Schmutzfleck	stain
der Dreck	dirt, filth
das Klosett	lavatory, toilet
säubern, reinigen	to clean
spülen	to rinse
bürsten	to brush
pudern	to powder
(sich) kämmen	to comb
(sich) frisieren	to do/to dress o's hair
gurgeln	to gargle
gepflegt	tidy, well cared-for
reinlich	clean
staubig	dusty
schmierig	greasy
dreckig	dirty, filthy

Redewendungen und Sätze

Ich möchte eine Tube Zahnpaste.	I want a tube of toothpaste.
sich die Zähne putzen	to clean o's teeth
zum Friseur gehen	to go to the hairdresser's
sich die Haare schneiden lassen	to have o's hair cut
Kopfwaschen/Haarwaschen, bitte!	A shampoo(ing), please.
den Bart wachsen/abnehmen lassen	to grow a beard/have o's beard shaved off
sich frisieren lassen	to have o's hair done
Sie läßt sich (eine) Dauerwelle machen.	She's having a perm.
zur Fußpflege gehen	to go to the chiropodist's
ein Bad einlassen	to run a bath

Bitte geben Sie mir ein frisches/reines Handtuch.	Could you give me a fresh/clean towel, please.
sich mit dem Badetuch abtrocknen	to dry o. s. with the bath-towel
sich die Fingernägel (ver)schneiden	to cut o's fingernails
einen Fleck entfernen	to remove a stain
eine Papierserviette benutzen	to take a paper-napkin

VI. Haus / Haushalt

28. Haus, Wohnung (s. 30, 31)

Grundwortschatz: Ausfahrt, Ausgang, Bad, Bau, Boden, Dach, Decke, Ecke, Einfahrt, Eingang, Fenster, Garten, Gebäude, Halle, Haus, Heim, Hof, Hütte, Keller, Klingel, Küche, Mauer, Raum, Schloß, Schlüssel, Stufe, Toilette, Tor, Treppe, Tür, Vorderseite, Wand, WC, Wohnung, Zimmer, Zutritt

abschließen, betreten, decken, einrichten, eintreten, hereinkommen, hinausgehen, klopfen, mieten, öffnen, schließen, streichen, verlassen, verschließen, wohnen, zumachen, zuschließen

breit, eng, hoch, niedrig, offen, schmal

herein, hinauf, hinaus, hinten, oben, unten, vorn, zu.

das Grundstück	ground, property
das Hochhaus	multi-storey building; tower-block
der Zugang	access
der Durchgang	passage
der Aufgang	way up; stairs *pl*
das Erdgeschoß	ground-floor, first floor
das Stockwerk	floor, storey
der Fahrstuhl	lift, elevator *am*
das Geländer .	banister; handrail
das Gitter	railing(s); grating
die (Fenster-)Scheibe	(window-)pane
das Schild	(door/name-)plate
die Schwelle .	threshold, doorstep
die Klinke	handle

der Riegel	bolt, bar
die Diele	hall
der Flur	hall, hallway *am*, corridor
der Saal	hall
die Stube	room
die Kammer	chamber
die Lüftung	ventilator; ventilation
der Kamin	chimney; fire-place
der Fußboden	floor
der Balken	beam
der Pfeiler	pillar
das Gerüst	scaffold(ing)
der Ziegel	brick; tile
die Garage	garage
der Zaun	fence
die Miete	rent
der Mietvertrag	lease
der Mieter	tenant; lodger
der Vermieter	landlord
der Bewohner	occupant
bauen	to build
errichten	to construct; to erect
beziehen	to move into, to occupy
bewohnen	to live in, to occupy
ausziehen	to move out
umziehen	to (re)move
vermieten	to let
klingeln	to ring the bell
aufschließen	to unlock, to open
daheim	at home

Redewendungen und Sätze

ständiger Wohnsitz	(permanent) residence
Ich wohne seit Jahren hier.	I've lived here for years.
Das Zimmer geht nach dem Garten/nach der Straße.	The room faces/looks on to the garden/the street.
daheim sein/bleiben	to be/stay at home

Vielleicht bleiben wir doch zu Hause.	Perhaps we'll stay at home after all.
Bitte, lassen Sie die Tür offen.	Please leave the door open.
die Tür angelehnt lassen	to leave the door ajar
Tür zu!	Shut the door!
Es hat (jd) geklingelt.	Someone rang the bell!
Ich komme gleich wieder.	I'll be back in a moment. I'll be right back.
Ich bin gleich wieder da.	I'll only be a minute.
eine Wohnung suchen	to look for a flat/apartment *am*
Wie hoch ist die monatliche Miete?	What is the monthly rent?
Vorsicht! Bissiger Hund!	Beware of the dog.
Kein Zugang!	No entrance.

29. Wasser, Heizung, Licht (s. 52)

Grundwortschatz: Dampf, Feuer, Flamme, Gas, Hahn, Herd, Hitze, Kälte, Kohle, Lampe, Licht, Ofen, Öl, Rauch, Strahl, Streichholz, Strom, Tropfen, Wärme, Wasser

anmachen, anzünden, auslöschen, ausmachen, ausschalten, brennen, einschalten, fließen, heizen, kochen, laufen, leuchten, öffnen, rauchen, regeln, schalten, schließen, verbrennen

dunkel, elektrisch, feucht, frisch, heiß, hell, kalt, naß, warm

an, auf, aus, geschlossen, halb, offen, zu.

die Heizung	heating
die Ölheizung	oil heating
die Gasheizung	gas heating
das Erdgas	natural gas
der Heizkörper	heater; radiator
das Heizöl	fuel oil
das Rohr	pipe; tube
die Leitung	main(s)
der Tank	tank
das Feuerzeug	lighter
das Zündholz, das Streichholz	match

die Glut	live coals *pl*
die Asche	ash(es)
die Kerze	candle
der Leuchter	candlestick
die Glühbirne	bulb
die Beleuchtung	light, lighting; illumination
der Schalter	switch, knob
der Stecker	plug
die Steckdose	wall-plug, socket
die Sicherung	fuse; circuit-breaker
anstellen	to start
abstellen	to stop
anknipsen	to switch on
ausknipsen	to switch off
ausgehen (Licht, Feuer)	to go out, to burn out
aufdrehen	to turn on
zudrehen	to turn off
beleuchten	to light; to illuminate
tropfen	to drip; to leak
überlaufen	to run over
überfließen	to overflow

Redewendungen und Sätze

Die Wasserleitung ist eingefroren.	The water pipes are frozen.
Das Wasserrohr ist verstopft.	The water pipe is blocked.
die Heizung anstellen/ aufdrehen	to turn on/up the heating
die Heizung abstellen/zudrehen	to turn off the heating
Wir haben uns Ölheizung einbauen lassen.	We've had oil heating put in.
auf Erdgas umstellen	to switch to natural gas
Er hat Elektroheizung gewählt.	He's chosen electric heating.
den Stecker in die Steckdose stecken	to put the plug into the socket
Soll ich das Licht anmachen/ausmachen?	Shall I turn the light on/off?
Die Leitung muß repariert werden.	The mains need repairing.

30. Einrichtung, Möbel (s. 28, 31)

Grundwortschatz: Bank, Bett, Bild, Brett, Couch, Decke, Fernspre-
cher, Gardine, Gegenstand, Lampe, Möbel, Neuheit, Radio, Schrank,
Sessel, Sitz, Sofa, Spiegel, Stuhl, Telefon, Teppich, Tisch, Uhr,
Vorhang

aufhängen, aufstellen, benutzen, einrichten, gebrauchen, hängen,
stellen, verschließen

bequem, gemütlich, modern, neu, nötig, praktisch.

die Einrichtung	furniture; furnishings *pl*
die Vorrichtung	device
das Gestell	rack
das Regal	shelf, shelves *pl*
der Schreibtisch	writing-table, desk
die Schublade	drawer
der Bücherschrank	bookcase
der Fernseher/Fern-	television set
sehapparat	
die Liege	couch
die Kleiderablage/die	hall stand
Garderobe	
die Lehne	back; arm-rest
das Kissen	cushion; pillow
die Matratze	mattress
die Bettwäsche	bed-linen
die Matte	mat
die Tapete	wallpaper
der Haken	hook
das Becken	basin; sink
die Dusche	shower
der Kühlschrank	refrigerator
die Waschmaschine	washing machine

Redewendungen und Sätze

eine Wohnung beziehen	to occupy a flat
eine Wohnung möblieren	to furnish a flat
eine Vorrichtung anbrin-	to fix a gadget
gen	
ein Bild aufhängen	to hang a picture
eine Lampe aufhängen	to put in a light(-fitting)

eine Liege aufstellen	to stand a folding bed
ein Bett frisch beziehen	to change the linen
eine gemütliche Sitzecke	a cosy corner (seat)
Sie hat eigene Möbel.	She's got her own furniture.
ein Zimmer mit Teppich- **boden auslegen**	to lay wall-to-wall carpeting in a room
eine Tapete auswählen	to choose wallpaper
den Tapezierer bestellen	to order the decorator
den Vorhang aufziehen/ **zuziehen**	to open/to draw the curtain
den Tisch decken	to lay the table
den Tisch abräumen	to clear the table

31. Haushalt, Hausrat (s. 28, 30)

Grundwortschatz: Besen, Bürste, Deckel, Eimer, Faden, Flasche, Gabel, Gebrauch, Gerät, Glas, Griff, Hammer, Kasten, Lappen, Leiter, Löffel, Maß, Messer, Nagel, Netz, Pinsel, Rolle, Schachtel, Schere, Schlüssel, Schnur, Schüssel, Schwamm, Stab, Staub, Stock, Streichholz, Tasche, Tasse, Teller, Topf, Tuch, Vorrat, Waage, Wirtschaft

abtrocknen, binden, einkaufen, fegen, füllen, gebrauchen, heizen, kehren, nähen, öffnen, putzen, reiben, rühren, schälen, schließen, schneiden, schütteln, waschen, wiegen, wischen

neu, nötig, nützlich, praktisch.

der Haushalt	household
der Hausrat	household effects *pl*
das Geschirr	plates and dishes *pl*, table-ware; kitchen utensils *pl*
das Porzellan	porcelain, china
die Schale	bowl
die Platte	plate; dish
der Becher	mug, beaker
die Kanne	jug, pot; can
der Krug	jug
die Vase	vase
das Gefäß	vessel, receptacle
die Dose, die Büchse	tin, can; box
der Kessel	kettle; boiler
der Tiegel	saucepan

die Pfanne	frying-pan; saucepan
die Wanne	tub
der Kübel	bucket
der Korb	basket
der Beutel	bag, small bag
das Einkaufsnetz	string-bag
der Einkaufswagen	trolley *(in a supermarket)*
die Tube	tube
das Sieb	sieve, strainer
das Besteck	cutlery; knife, fork and spoon
der Stiel	handle; stick
der Henkel	handle
die Kaffeemaschine	coffee-machine, percolator
der Mixer	mixer
der Staubsauger	vacuum cleaner
die Leine	line; lead
der Strick	cord
das Seil	rope
das Kabel	cable
die Verlängerungsschnur	extension flex
der Schlauch	pipe, hose(s)
die Klammer	peg
der Haken	hook
der Klebstoff	adhesive (paste)
der Abfall	waste, refuse, rubbish, litter
der Müll	refuse, garbage *am*
entnehmen	to take (out)
leeren, ausleeren	to empty
auspressen	to press, to squeeze
zubinden	to tie up
aufbewahren	to keep, to store; to preserve
aufräumen	to clear (up), to tidy
abräumen (den Tisch)	to clear (the table)
wegräumen	to clear away
wegwerfen	to throw away
abwischen	to wipe (clean)
scheuern	to scour, to scrub
spülen	to rinse; to wash up
lüften	to air
bürsten	to brush

Redewendungen und Sätze

Trocken aufbewahren!	Keep dry.
Vor Gebrauch schütteln!	Shake before using.
eine Schürze umbinden	to put on an apron
Wasser (zum Kochen) aufsetzen	to put water on (to boil)
eine Flasche aufmachen	to uncork a bottle
Staub wischen	to dust (the furniture)
den Staubsauger anstellen/abstellen	to switch on/off the vacuum cleaner
Fenster putzen	to clean the windows
das Geschirr spülen/abwaschen	to rinse/wash the dishes
einen Nagel einschlagen	to hammer in a nail

32. Wäsche, Kleidung, Schmuck

Grundwortschatz: Anzug, Band, Bluse, Faden, Farbe, Geschmack, Gold, Größe, Handschuh, Handtuch, Hemd, Hose, Hut, Jacke, Kleid, Kleidung, Knopf, Leder, Mantel, Mode, Mütze, Nadel, Neuheit, Ring, Rock, Schirm, Schnur, Schuh, Silber, Socke, Stock, Stoff, Strumpf, Tasche, Taschentuch, Tuch, Wäsche, Wolle, Zeug

abnehmen, ändern, anziehen, aufhängen, ausziehen, binden, bügeln, flicken, glänzen, hängen, nähen, passen, putzen, reißen, tragen, waschen, zerreißen

alt, blau, braun, dick, dunkel, dünn, echt, eng, gelb, glatt, grau, grün, hell, kostbar, leicht, modern, neu, rot, schön, schwarz, warm, weiß, weit.

der Schmuck	juwel(le)ry, jewels *pl*
die Bekleidung	clothes *pl*
die Garderobe	wardrobe
die Reinigung	cleaning
der Pelz	fur
das Kostüm	costume; suit
das Jackett	jacket
die Strickjacke	cardigan
der Pullover	pullover
die Weste	waistcoat
der Kittel	smock, overall
die Schürze	apron

die Unterwäsche	underwear
der Schlafanzug	pyjama
der Kragen	collar
der Ärmel	sleeve
die Falte	fold
der Reißverschluß	zip-fastener
der Zwirn, das Garn	thread
die Seide	silk
der Gürtel	belt
der Riemen	strap
die Schleife	bow
der Schlips, die Krawatte	tie
der Knoten	knot
der Schal	muffler
die Stiefel pl	boots *pl*
der Absatz	heel
die Sohle	sole
die Brieftasche	wallet
die Handtasche	handbag
der Geldbeutel	purse
die Perle	pearl
die Kette	necklace
das Armband	bracelet
die Armbanduhr	wrist-watch

kleiden	to dress; to suit
bekleiden	to clothe
sich umkleiden/umziehen	to change (o's) clothes
anhaben	ho have on
anprobieren	to try on
aufsetzen	to put on
absetzen	to take off
einstecken	to pocket
reinigen	to clean
trocknen	to dry (up); to air
schmücken	to adorn

schlicht	plain, simple
geschmackvoll	in good taste
modisch	stylish, fashionable
elegant	elegant

Redewendungen und Sätze

Sie gibt viel für Kleider aus.	She spends a lot on clothes.
Ich brauche einen Straßenanzug.	I want a lounge suit.
einen Anzug von der Stange kaufen	to buy a suit ready-made/off the peg
Das paßt nicht.	It does not fit (me).
Das Jackett sitzt nicht.	The jacket does not fit.
Falten werfen	to fall into folds
reinigen und bügeln	to be cleaned and pressed
Ich möchte diesen Anzug gereinigt haben.	I want this suit cleaned.
Wann kann ich ihn abholen?	When can I call for it?
Stiefel anhaben	to be wearing boots
einen Knoten machen/lösen	to tie/undo a knot

VII. Gemeinschaft / Gesellschaft

33. Familie, Verwandtschaft

Grundwortschatz: Baby, Bruder, Ehe, Eltern, Familie, Frau, Großmutter, Heim, Junge, Kind, Mädchen, Mama, Mann, Mutter, Name, Onkel, Paar, Schwester, Sohn, Tante, Tochter, Vater, Vorname

heiraten, heißen

geboren, ledig, persönlich, privat, verheiratet, verwandt (mit)

namentlich.

die Angehörigen pl, die Verwandtschaft	relations pl, relatives pl
der Verwandte	relative
Mutti, Mami	mummy
Papa, Papi	dad, daddy
die Geschwister	brother(s) and sister(s)
der Großvater	grandfather
die Großeltern pl	grandparents pl
der Schwager	brother-in-law

der Neffe	nephew
die Nichte	niece
der Enkel	grandchild, grandson
die Nachkommen pl	descendants *pl*, offspring
die Kleinen pl	the little ones *pl*
das Ehepaar	married couple
der Ehemann	husband
die Ehefrau	wife
die Heirat	marriage
die Hochzeit	marriage, wedding
die Braut	bride
der Bräutigam	bridegroom
der Partner	partner
der Familienname	surname
der Wohnort, der Wohnsitz	domicile

sich verstehen	to get on with
sich verloben	to get engaged

verlobt	engaged
wohnhaft	domiciled, resident

namens	named; by the name of

Redewendungen und Sätze

seinen Namen angeben	to give o's name
seine Personalien angeben	to state o's particulars/ o's identification
meine Angehörigen	my relatives *pl*, my kin, my family
die nächsten Angehörigen	the next of kin
unter sich, im engsten Familienkreis	in the close family circle
Wie geht es Ihrer Familie?	How is your family?
in seinen vier Wänden	within o's four walls
ein entfernter Verwandter von mir	a distant relation of mine
Hochzeit halten	to get married
ein freudiges Ereignis	a happy event

34. Gemeinschaft, Gesellschaft (s. 24)

Grundwortschatz: Bekannte(r), Besuch, Beziehung, Dame, Dienst, Erlaubnis, Fest, Frau, Fräulein, Freund, Gast, Gefährte, Geschenk, Gesellschaft, Gewohnheit, Gruppe, Gruß, Herr, Hilfe, Interesse, Kamerad, Kreis, Nachbar, Person, Pflicht, Schutz, Sorge, Spiel, Unterhaltung, Verbindung, Verhältnis

aufnehmen, sich bedanken, begegnen, begleiten, sich benehmen, besuchen, bitten, danken, dienen, einladen, empfangen, (sich) entschuldigen, erlauben, erscheinen, feiern, grüßen, helfen, sich interessieren, kennen, mitbringen, nützen, schenken, schützen, sorgen, spielen, teilnehmen, treffen, unterhalten, versammeln, vorstellen, wiedersehen, winken

bekannt, beliebt, herzlich, höflich, liebenswürdig, nett, nützlich, persönlich, willkommen

gegeneinander, miteinander, nebeneinander.

die Gemeinschaft	community; communion
das Gesellschaftsleben	social life
die Freundschaft	friendship
die Bekanntschaft	acquaintance(s)
der Umgang	(social) intercourse, company
die Begleitung	company
der Begleiter	companion
der Besucher	visitor; guest
der Teilnehmer	participant
der Partner	partner
die Vereinigung	association
der Verein, der Klub	club
die Bindung	tie(s)
die Versammlung	meeting
die Zusammenkunft	meeting, gathering
die Begegnung, das Treffen	meeting
die Einladung	invitation
die Verabredung	appointment
die Aufnahme	reception, welcome
die Anwesenheit	presence
die Abwesenheit	absence
der Brauch	custom, usage
die Höflichkeit	politeness
der Glückwunsch	good wish, congratulation

der Titel	title
die Feier	ceremony
verkehren	to be in touch
zusammenkommen	to come together, to meet
sich zusammenschließen	to unite
gründen	to found
mitkommen	to come along
kennenlernen	to get to know, to meet
sich beteiligen	to participate
sich verabreden	to make an appointment, to have a date
vereinbaren	to agree upon
sich vertragen	to get on well, to be on good terms
begrüßen	to greet, to welcome
umarmen	to hug, to embrace
beglückwünschen, gratulieren	to congratulate
ehren	to honour
sich verabschieden	to take leave
sich trennen	to separate from
gemeinsam	common
gemeinschaftlich	jointly
gesellig	sociable
gesellschaftlich	social
gebräuchlich, üblich	usual
alltäglich	common (place)
feierlich	solemn
vertraut	familiar, intimate
anwesend	present
abwesend	absent

Redewendungen und Sätze

Sehr verehrte Anwesende!	Ladies and gentlemen!
im Namen (von)	on behalf of
Ich begrüße Sie im Namen von . . .	I greet you on behalf of . . .
Kann ich etwas für Sie tun?	Is there anything I can do for you?
Bemühen Sie sich nicht.	Don't bother.

Darf ich Sie um einen Gefallen bitten?	May I ask you a favo(u)r?
jdn freundlich aufnehmen	to receive s.o. kindly
etw gut/übel aufnehmen	to take s.th. well/badly
bekannt werden mit jdm	to get acquainted with s.o.
Bekanntschaft mit jdm schließen	to form an acquaintance with s.o.
ein Bekannter von mir	a friend of mine
jdn nur flüchtig gesehen haben	to have only caught a fleeting glimpse of s.o.
Ich kenne ihn ganz gut.	I know him pretty well.
Ich kenne ihn seit Jahren.	I've known him for years.
Anschluß suchen	to seek company
sich jdm anschließen	to join s.o.
sich bei jdm aufhalten	to stay with s.o.
Das sollen sie unter sich ausmachen.	They have to arrange that between themselves.
seine Zustimmung geben	to agree to
Darüber sind sich alle einig.	All are agreed/unanimous on that.
beteiligt an etw sein	to have a part in s.th.
im Bunde mit jdm sein	to be s.o.'s ally
gemeinsame Sache mit jdm machen	to make common cause with s.o.
gemeinschaftlich handeln	to act in concert
in aller Öffentlichkeit	in public
eine Zusammenkunft vereinbaren	to arrange an appointment
jdn zu sich bestellen	to send for s.o.
auf 11 Uhr bestellt sein	to have an appointment at 11 o'clock/hours *am*
verabredet sein	to have an appointment/a date *am*
Herr X erwartet mich.	Mr. X is expecting me.
Ich bin bei Herrn X angemeldet.	I've got an appointment with Mr. X.
sich zu etw anmelden	to enter o's name for s.th.
Ich wünsche, nicht gestört zu werden.	I don't want to be disturbed.
Es wird um Ruhe gebeten.	Quiet, please.
das gesellige Beisammensein	social gathering
Gestatten Sie, daß ich rauche?	Do you mind my smoking?

Ich möchte mich verabschieden.	I want to go and say good-bye.
Bleiben Sie doch noch ein Weilchen.	Do stay a little longer.
Ich muß leider aufbrechen.	I am sorry to say I must go.
Vielen Dank für die freundliche Einladung.	Thank you for your kind invitation.
Vielen Dank für die freundliche Aufnahme.	Many thanks for your hospitality.
Es war sehr nett.	I had a very nice time.
Ich habe mich gut unterhalten.	I have enjoyed myself very much.
Es freut mich, Sie kennengelernt zu haben.	I'm very happy to have made your acquaintance.
Man sieht Sie ja kaum noch.	We don't see much of you these days.
Ich hoffe, ich sehe Sie bald wieder.	I hope to see you again soon.
Auf baldiges Wiedersehen!	See you later.
Bis nachher!	So long for now!
Grüßen Sie vielmals . . .	Give my regards to . . .

35. Dorf, Stadt, Bevölkerung (s. 57)

Grundwortschatz: Bauer, Betrieb, Bevölkerung, Brücke, Café, Dorf, Fabrik, Garten, Gasthaus, Gebäude, Gegend, Geschäft, Halle, Hauptstadt, Haus, Hotel, Hütte, Kino, Kirche, Laden, Landstraße, Leute, Markt, Nachbar, Ort, Park, Platz, Restaurant, Schloß, Schule, Stadt, Straße, Theater, Tor, Treppe, Verkehr, Weg, Wohnung

wohnen

geöffnet, geschlossen, öffentlich.

die Gemeinde	parish; commune
die Siedlung	housing-estate
die Ortschaft	village, place
die Großstadt	large town, city
der Vorort	suburb
die Umgebung	surroundings *pl*
die Umwelt	environment

der Bezirk	district
die Gasse	lane
der Gehweg/Fußweg	footpath, pavement, sidewalk *am*
die Stadtmitte, das Zentrum	town centre
die Anlagen pl	(public) gardens *pl*, park
das Rathaus	town-hall, city-hall
die Burg	castle
der Turm	tower
das Hochhaus	multi-storey building; tower-block
der Spielplatz	playground, playing-field
der Sportplatz	sports field
der Parkplatz	parking place, car park; parking lot *am*
die Tankstelle	garage, filling station
die Kapelle	chapel
der Dom, das Münster	cathedral
der Friedhof	cemetery
das Denkmal	memorial; monument
der Stadtplan	map of the town
die Sehenswürdigkeit	objects *pl* of interest, curiosity
die Besichtigung	visit
der Besucher	visitor
der Bewohner, der Einwohner	inhabitant
bewohnen	to live in, to occupy
besichtigen	to visit
ländlich	rural
städtisch	urban; municipal
sehenswert	worth seeing

Redewendungen und Sätze

Wie heißt diese Straße?	What street is this?
Wohin geht/führt diese Straße?	Where does this road go?
Geht es hier zum/zur . . .?	Is this the way to . . .?
Wie komme ich dahin?	How does one get there?
Wie komme ich am besten zum/zur . . .?	Which is the shortest way to . . .

Können Sie mir den Weg zeigen zum/zur . . .?	Can you tell me the way to . . .?
Wie lange ist geöffnet?	How long does it stay open?
Lösen Sie die Karte am Automaten.	Get your ticket from the machine.
Fährt dieser Bus zur Stadtmitte?	Does this bus go to the town/centre?
Muß ich umsteigen?	Do I have to change?
Sagen Sie mir bitte, wo ich aussteigen muß.	Please tell me where to get off.
Er kommt von auswärts.	He comes from out of town.
auf dem Lande wohnen	to live in the country
Ich habe mich verlaufen.	I have lost my way.
Haben Sie einen Stadt-plan?	Have you got a map of the town?

36. Land, Volk, Nation (s. 38)

Grundwortschatz: Amerika, Amerikaner, Ausland, Bürger, Deutsche(r), Deutschland, England, Engländer, Fahne, Flüchtling, Frankreich, Franzose, Fremde(r), Grenze, Heimat, Italien, Land, Landkarte, Nation, Norden, Osten, GUS, Süden, USA, Volk, Westen, Zone

deutsch, englisch, französisch, fremd.

die Bundesrepublik Deutschland	the Federal Republic of Germany
Österreich	Austria
die Schweiz	Switzerland
Holland/die Niederlande pl	Holland/the Netherlands *pl*
Großbritannien	Great Britain
Spanien	Spain
Griechenland	Greece
die Europäische Gemein-schaft/EG	European (Economic) Community
Europa	Europe
der Ostblock	Eastern Bloc countries *pl*
das Inland	inland, home/native country
der Einwohner, der Be-wohner	inhabitant

der Ausländer	foreigner
die Staatsangehörigkeit	nationality
bewohnen	to live in, to inhabit
national	national
international	international
europäisch	European
amerikanisch	American
ausländisch	foreign

Redewendungen und Sätze

Welche Staatsangehörig-keit haben Sie?	What is your nationality?
Ich muß meinen Paß er-neuern/verlängern las-sen.	I have to get my passport renewed/extended.
Wann kommen wir an die Grenze?	When do we get to the border?
Ist die Grenzkontrolle streng?	Are the border controls strict?
Die Einreisebestimmun-gen sind sehr streng.	The conditions of entry are very strict.
Ich habe eine Aufent-haltsgenehmigung be-antragt/erhalten.	I've applied for/been given a residence permit.
im Osten wohnen	to live in the East
die Heimat verlassen	to leave o's home (country)

37. Soziale Verhältnisse (s. 42, 43, 46, 47)

Grundwortschatz: Beschäftigung, Besitz, Eigentum, Fortschritt, Gesellschaft, Gewinn, Gut, Kapital, Klasse, Leitung, Mangel, Not, Nutzen, Stand, Stellung, System, Unterschied, Verhältnis, Vermö-gen, Vorteil

behalten, beschäftigen, besitzen, brauchen, dienen, erwerben, erzeu-gen, gehören, gewinnen, haben, herrschen, leisten, nehmen, sparen, unterscheiden, verlieren, wegnehmen

arm, eigen, reich, sozial

wohl.

die Schicht	class
die Führung	leadership
der Eigentümer, der Inhaber	owner, proprietor
der Besitzer	possessor, proprietor
die Existenz	existence
das Einkommen	income
die Steuer	tax
die Rente	pension
der Rentner	(old age) pensioner
die Versicherung	insurance
die Sozialversicherung	national/social insurance
das Wohl	welfare
der Wohlstand	prosperity
der Reichtum	wealth
der Luxus	luxury
der Arbeitslose	unemployed person
die Arbeitslosigkeit	unemployment
die Arbeitslosenunterstützung	unemployment compensation/pay
die Entbehrung	want, privation
die Armut	poverty
das Elend	misery, distress
zurücklegen	to lay aside, to hold in reserve
zurückgeben	to give back, to return
übergeben	to hand over
überlassen	to leave
übernehmen	to take possession of
verleihen	to lend (out)
verschwenden	to waste
vermissen	to miss
ausnutzen	to exploit
betteln	to beg
wirtschaftlich	economic(al)
fortschrittlich	progressive; advanced
konservativ	conservative
liberal	liberal
wohlhabend	well-to-do
sparsam	economical
rückständig	backward
dürftig	scanty, meagre
elend	miserable, wretched
notleidend	needy

Redewendungen und Sätze

Die Rente wird erhöht.	Pensions are going to be increased.
Er bezieht Arbeitslosen-unterstützung.	He's on the dole.
reich mit etw versehen sein	to have plenty of s.th.
auskommen mit etw	to manage with s.th.
keine großen Sprünge machen können	to be forced to keep within bounds
sich in Unkosten stürzen	to go to expense
sparsam mit etw umgehen	to use s.th. sparingly, to economize on s.th.
Ich kann es mir nicht leisten.	I can't afford it.
knapp bei Kasse sein	to be short of cash
sich nach der Decke strecken	to make both ends meet
Meine Mittel sind erschöpft.	My means/funds are exhausted.
leer ausgehen	to go away empty-handed
von der Hand in den Mund leben	to live from hand to mouth
ins Elend geraten	to sink into poverty
zum Nachteil von	to the prejudice of
den Besitzer wechseln	to change hands

VIII. Staat / Verwaltung / Politik

38. Recht, Gesetz (s. 36)

Grundwortschatz: Artikel, Bund, Bürger, Freiheit, Frieden, Gesellschaft, Gesetz, Gleichheit, Land, Nation, Pflicht, Recht, Republik, Staat, Volk, Wahl

wählen

allgemein, frei, gerecht, gleich, öffentlich.

die Allgemeinheit, die Öffentlichkeit	(general) public
das Grundgesetz (der Bundesrepublik Deutschland), die Verfassung	constitution
die Demokratie	democracy
der Demokrat	democrat
der Staatsbürger	citizen
die Staatsangehörigkeit	nationality
der Wähler	elector, voter
die Mehrheit	majority
die Minderheit	minority
die Abstimmung	vote
die Zustimmung	assent
das Parlament	parliament
der Bundestag	Federal Diet
das Bundesland	federal state
der Bundespräsident	Federal President
das Staatsoberhaupt	head of state
rechtmäßig	lawful, legitimate
gesetzlich	legal
demokratisch	democratic
bürgerlich	civic; civil
national	national
staatlich	state (—)

Redewendungen und Sätze

wahlberechtigt sein	to be entitled to vote
das allgemeine Wahlrecht	universal suffrage
das Stimmrecht	the (right to) vote
Wahlen abhalten	to hold elections
zur Wahl/wählen gehen	to go to the polls
seine Stimme geben	to give o's vote
seine Stimme abgeben (für/gegen)	to cast o's vote (for/against)
die abgegebenen Stimmen	votes cast
das Wahlergebnis	election result
jdn einstimmig wählen	to elect s.o. unanimously

die Mehrheit der abgege- benen Stimmen erhal- ten	to secure the majority of the votes cast
mit großer Mehrheit ge- wählt werden	to be elected by a vast majority
mit Stimmenmehrheit	by the majority of votes cast
mit einer knappen Mehr- heit von drei Stimmen	by a bare/narrow majority of three
in der Minderheit sein	to be in the minority
Abstimmung durch Hand- zeichen	vote by show of hands
durch Zuruf wählen	to elect by acclamation
geheime Abstimmung	(voting by) ballot
zur Abstimmung bringen	to put to the vote
allgemeine Zustimmung finden	to meet with unanimous approval
für rechtmäßig erklären	to legitimate
der gesetzliche Vertreter	the legal reprentative
gesetzlich geschützt	protected by law; patented, registered
gesetzlich verboten	prohibited (by law)
das bürgerliche Recht	civil law
das Bürgerliche Gesetz- buch	(German) Civil Code
die bürgerlichen (Ehren-) Rechte	civil rights
staatlich anerkannt	officially recognized/certified
staatliche Einrichtung	public institution/services
Recht sprechen	to administer justice
unter Ausschluß der Öf- fentlichkeit	in camera, in closed session
die Öffentlichkeit aus- schließen	to exclude the public
das Urteil verkünden	to pronounce judgement

39. Staatliche Ordnung, Politik (s. 40, 41)

Grundwortschatz: Amt, Aufgabe, Bund, Dienst, Erklärung, Geg-
ner, Grenze, Konferenz, Lage, Macht, Minister, Möglichkeit, Partei,
Politik, Präsident, Problem, Regierung, Sitzung, System, Verfahren,
Verhandlung, Wahl

erklären, fordern, führen, herrschen, reden, überzeugen, verwirklichen, wählen

entschlossen, geschickt, klug, mächtig, möglich, politisch, schwach,
stark, tätig

links, rechts.

der Bundeskanzler	Federal Chancellor
der Politiker	politician
der Abgeordnete	deputy, delegate, M.P.
der Liberale	Liberal
der Freidemokrat	Free Democrat
der Sozialdemokrat	Social Democrat
der Christdemokrat	Christian Democrat
der Sozialist	socialist
die Versammlung	meeting, assembly
der Sprecher	orator; spokesman
die Aussprache	talk, discussion, debate
die Opposition	opposition
der Ausschuß	committee
der Aufruf	appeal; proclamation
der Anhänger	adherent, partisan, supporter
das Abkommen	agreement
der Vertrag	treaty
das Bündnis	alliance
der Verbündete	ally
regieren	to govern
(be)herrschen	to rule (over)
planen	to plan
verhandeln	to debate
abstimmen	to vote
zustimmen	to consent to
bewilligen	to grant
abschaffen	to abolish
auflösen	to dissolve
zurücktreten	to resign
demokratisch	democratic
liberal	liberal
sozialistisch	socialist
radikal	radical
christlich	Christian
konservativ	conservative
neutral	neutral

Redewendungen und Sätze

das öffentliche Wohl	the public good, the common weal
das Wohl des Ganzen im Auge haben	to have in view/mind the public good
dem Gemeinwohl dienen	to serve the general weal
im öffentlichen Interesse liegen	to be of interest to the public
die Interessen des Volkes schützen	to protect the interests of the people
das Volk vor Schaden bewahren	to keep the people from harm
das Land schützen	to protect the country
die nationalen Interessen vertreten/wahrnehmen	to look after the interests of the nation
das Wirtschaftswachstum fördern	to promote economic growth
die öffentlichen Finanzen in Ordnung halten/bringen	to keep/put in (good) order the finances of the community
den Wohlstand mehren	to increase prosperity
die öffentliche Ordnung festigen	to strengthen public order
der inneren Sicherheit dienen	to serve internal security
die Umwelt schützen	to protect the environment
einer guten Sache dienen	to serve a good cause
Entwicklungshilfe leisten	to render development aid
dem Frieden dienen	to serve peace
den Frieden erhalten	to keep the peace
Friedenspolitik betreiben	to pursue a pacific policy
eine kluge Politik betreiben	to pursue a prudent/clever policy
Verbündete gewinnen	to gain/win allies
einen Vertrag schließen	to make a pact/a treaty
einen Vertrag unterzeichnen	to sign a treaty
ein Abkommen unterzeichnen	to sign an agreement
ein verläßlicher Vertragspartner sein	to be a reliable party (to the contract)
einem Bündnis die Treue halten	to remain loyal to an alliance

gemeinsame Sache machen (mit)	to make common cause (with)
um die Macht kämpfen	to struggle for power
die Massen hinter sich bringen	to bring the masses behind one
die Situation erfassen/verändern	to seize/alter the situation
Vertrauen (er)wecken	to inspire confidence
sich ein Programm geben	to draw up a programme
Forderungen stellen	to raise claims
Interessen vertreten	to safeguard interests
eine Aussprache herbeiführen	to bring about a debate
den Wahlkampf führen	to lead the election campaign
die Verhältnisse ändern	to alter the conditions
am alten festhalten	to hold to the former state of affairs
sich zur freiheitlich-demokratischen Grundordnung bekennen	to declare o's loyalty to the free democratic constitutional structure of this country
Wahlen durchführen	to hold elections
die Entspannung der Lage	the easing of the situation, the relaxation of tension(s)
Die Regierung ist zurückgetreten.	The Cabinet/Government resigned.

40. Verwaltung (s. 39)

Grundwortschatz: Abteilung, Amt, Angelegenheit, Anordnung, Aufenthalt, Auskunft, Ausweis, Beamte(r), Behörde, Bekanntmachung, Beschluß, Bürger, Büro, Dienst, Direktor, Erlaubnis, Konferenz, Leitung, Liste, Mappe, Nummer, Ordnung, Papier, Paß, Person, Post, Präsident, Problem, Rede, Sitzung, Verfahren, Verhandlung, Verzeichnis, Vorsicht

anwenden, aufpassen, bestimmen, dienen, durchführen, erklären, erlauben, fordern, führen, gehorchen, melden, mitteilen, ordnen, reden, überzeugen, verbieten, versammeln, verwirklichen

falsch, geöffnet, geschlossen, möglich, öffentlich, richtig, tätig.

die Verwaltung	administration
die Organisation	organization
die Information	information
die Bestimmung	regulation, order

die Vorschrift	prescription, instruction, regulation(s)
die Anmeldung	registration
die Anfrage	inquiry
der Antrag, das Gesuch	application
die Bescheinigung	certificate
die Genehmigung	approval, permission
die Zustimmung	assent
die Maßnahme	measure
der Personalausweis	identity card
der Stempel	stamp
die Kartei	(card-)index (box)
der Ordner	file
das Formular	form
die Steuer	tax
der Bote	messenger
verwalten	to administer
organisieren	to organize
(sich) informieren	to inform (o.s.)
anweisen	to assign
anordnen	to order
verordnen	to decree
vorschreiben	to prescribe
bekanntmachen	to announce
anmelden	to give notice, to report
sich anmelden	to register (o.s.); to check in
sich abmelden	to give notice of o's departure; to check out
beantragen	to apply for
bescheinigen	to certify
ausstellen	to issue
genehmigen	to approve
stempeln	to stamp
zustimmen	to consent to
bewilligen	to grant
ablehnen	to decline, to reject
abschaffen	to abolish
entlassen	to dismiss, to give notice
sich beschweren	to make a complaint
bekleiden	to hold, to occupy (position)
verantwortlich	responsible
amtlich	official

vorschriftsmäßig	according to regulations; in due form
förmlich	formal
formlos	informal

Redewendungen und Sätze

nach den geltenden Be-stimmungen	according to the regulations
unter die gesetzlichen Bestimmungen fallen	to come under the official regulations
in ein Register eintragen	to enter in a register
ein Formular ausfüllen	to fill in a form
eine Urkunde ausstellen	to make out a document
eine Bescheinigung aus-stellen	to issue a certificate
ein Gesuch einreichen	to present a request
einen Antrag stellen	to propose a motion
einen Antrag annehmen	to carry a motion
einen Antrag ablehnen	to reject a motion
mit Genehmigung (von)	with (the) consent (of)
eine schriftliche Geneh-migung	a written approval
die Genehmigung einho-len	to secure the approval
die Genehmigung ertei-len	to grant permission
eine Gebühr erheben	to make a charge
Gesetzlich geschützt.	Patented. Registered. (Protected by law.)

41. Organisation (s. 39)

Grundwortschatz: Beschluß, Frieden, Gegner, Genosse, Klasse, Konferenz, Mitglied, Mitte, Nation, Partei, Politik, Programm, Rede, Republik, Stimme, Streit, Vorsitzende(r), Wahl, Ziel

beschließen, eintreten, kämpfen, reden, teilnehmen, überzeugen, wählen

linke(r), politisch, rechte(r), sozial.

die Organisation	organization
der Politiker	politician
der Wähler	elector, voter
der Anhänger	adherent, partisan, supporter
die Mehrheit	majority
die Minderheit	minority
die Opposition	opposition
die Abstimmung, die Wahl	vote
die Demokratie	democracy
der Demokrat	democrat
der Sozialismus	socialism
der Sozialist	socialist
der Kommunismus	communism
der Kommunist	communist
die Vertretung	representation
der Verband	association, federation
die Gewerkschaft	trade/labor *am* union
die Versammlung	meeting
die Veranstaltung	meeting
die Tagung	conference
der Beitrag	subscription
organisieren	to organize
veranstalten	to hold
vertreten	to represent
sich versammeln	to gather
tagen	to sit (in conference)
abstimmen, wählen	to vote
zustimmen	to consent to
aufrufen	to call on, to appeal to
planen	to plan
national	national
konservativ	conservative
liberal	liberal
demokratisch	democratic
sozialistisch	socialist
kommunistisch	communist
radikal	radical

Redewendungen und Sätze

an einer Tagung teilneh-men	to attend a meeting
von der Tagesordnung absetzen	to remove from the agenda
über etw abstimmen las-sen	to put a question to the vote
in geheimer Abstimmung	by secret ballot
mit absoluter Mehrheit	by an absolute majority
mit knapper Mehrheit	by a bare/narrow majority
ans Ruder kommen	to take the helm
am Ruder sein	to be at the helm
ein begeisterter Anhän-ger	an enthusiast, a fan

42. Klinik, Krankenhaus (s. 26, 37)

Grundwortschatz: Anwendung, Apparat, Arznei, Arzt, Bett, Dok-tor, Fall, Fieber, Hilfe, Instrument, Kasse, Kranke(r), Krankenhaus, Krankheit, Medizin, Operation, Patient, Schein, Sorge, Tablette, Temperatur, Unfall, Untersuchung, Watte, Wunde

anwenden, aushalten, behandeln, beobachten, heilen, helfen, messen, pflegen, retten, sorgen, untersuchen, verbinden, verletzen

krank, schwach, übel, ungesund, weh.

die Klinik	clinic
die Anstalt	hospital, establishment, home
die Praxis	practice; consultation-room
das Sprechzimmer	surgery
die Sprechstunde	consulation/surgery hour(s)
die Aufnahme	admission, admittance
der Krankenwagen	ambulance
die Krankenschwester	nurse
die Krankenkasse	health/sick insurance (fund)
der Notarzt	first-aid doctor, doctor on emergency call
der Helfer	helper
die Beobachtung	observation
die Behandlung	treatment, care

die Spritze	injection; syringe
die Verletzung	injury
die Verwundung	wound
der Verband	dressing
der Verband(s)kasten	first-aid box/kit
das Pflaster	plaster
die Pille	pill
die Salbe	ointment
das Rezept	prescription
die Pflege	care, attention
die Kur	cure
verordnen	to prescribe
verschreiben	to prescribe
spritzen	to inject
operieren	to operate on

Redewendungen und Sätze

Ich brauche einen Überweisungsschein fürs Krankenhaus.	I need a transfer note for the hospital.
Es ist kein Bett frei.	There are no beds free.
Der Verletzte wurde ins Krankenhaus eingeliefert.	The injured person was taken to hospital.
Ihr Zustand hat sich verschlechtert.	Her condition has got worse.
aus dem Krankenhaus entlassen	to release from hospital
Er liegt auf der chirurgischen Station/Chirurgie.	He's in the surgical ward.
eine ansteckende Krankheit	a contagious disease
ärztlichen Rat einholen	to ask for/seek medical advice
Äußerlich. Nur für äußerlichen Gebrauch.	For external use/application only. Not to be taken.
Innerlich. Zum Einnehmen.	For internal use.
jdm eine Spritze geben	to give s.o. an injection/a shot
sich operieren lassen (an)	to be operated on (for)
Wann hat Doktor X Sprechstunde?	What are Dr X's consultation hours?

43. Schutz, Sicherheit, Hilfe (s. 37, 44)

Grundwortschatz: Dieb, Flucht, Flüchtling, Gefahr, Hilfe, Not, Polizei, Polizist, Schloß, Schlüssel, Schutz, Sicherheit, Spur, Strafe, Tat, Unfall, Unglück, Untersuchung, Vorsicht, Waffe

bestrafen, fliehen, helfen, melden, nützen, retten, schützen, untersuchen, verbieten, verfolgen, verhaften, verschließen, (sich) versichern, verteidigen, wagen, warnen (vor), zuschließen

bereit, gefährlich, geheim, nützlich, sicher, stark.

die Sicherung	safeguard, protection
die Versicherung	insurance; assurance
die Vorschrift	regulation
die Schranke	bar, barrier
die Sperre	barrage; stop, lock
die Kontrolle	control
die Aufsicht	supervision
die Warnung	warning
das Verbot	prohibition, interdiction, ban
der Vorfall, der Zwischenfall	incident
der Zeuge	witness
die Verletzung	injury
der Notruf	emergency call
die Meldung	announcement, report
die Befreiung	liberation
die Feuerwehr	fire-brigade
die Rente	pension
der Rentner	(old age) pensioner
das Altenheim	old people's home
der Umweltschutz	environmental control
sichern	to secure, to safeguard
sperren	to bar; to stop, to lock
beschützen	to protect, to shelter
überwachen	to watch over
kontrollieren	to control
durchsuchen	to search, to go through
einsetzen	to set in, to bring into action
eingreifen	to intervene
bekämpfen	to combat, to fight (against)
befreien	to free

bergen	to recover, to bring to safety
versorgen	to take care of, to look after
übertreten	to infringe, to trespass on/against
verunglücken	to meet with an accident
erwischen	to catch
freilassen	to set free, to release, to liberate
entkommen	to get away, to escape
ausreißen	to run away, to desert
flüchten	to take refuge
berechtigt	justified, legitimate
verboten	forbidden, prohibited
heimlich	clandestine
vorsichtig	careful
unversehrt	uninjured; intact

Redewendungen und Sätze

sich polizeilich anmelden	to register (o.s.) with the police
sich ausweisen	to prove o's identity
für Ordnung sorgen	to maintain order
in Ordnung halten	to keep in order
in bester Ordnung	in apple-pie order
Anordnungen treffen	to give orders, to make arrangements
Maßnahmen ergreifen	to take measures
sich gegen etw sichern	to protect o.s. from s.th.
sicherheitshalber	to be on the safe side
auf Nummer Sicher	in safe custody
hinter Schloß und Riegel	under lock and key; in jail
einer Sache einen Riegel vorschieben	to put a stop to s.th.
jdn in Verdacht haben	to suspect s.o.
auf Ersuchen von	on request of
als Zeuge aussagen	to give evidence (as witness)
Wie verhält sich die Sache? Wie verhält es sich damit?	How do things stand?
Die Sache verhält sich so:	Matters stand like this:
Die Sache verhält sich ganz anders.	It is quite a different matter.
sich zur Wehr setzen	to show fight

sich seiner Haut wehren	to defend o.s.
etw im Keime ersticken	to nip s.th. in the bud
frei ausgehen	to go free
sich von etw befreien	to free o.s. from s.th.
sich auf und davon machen	to make off
sich (nicht) erwischen lassen	(not let o.s.) get caught/copped
ohne Zwischenfall	uneventful
Würden Sie mir helfen?	Would you assist me?
sein Leben für jdn einsetzen	to risk o's life for s.o.
das Rote Kreuz	the Red Cross
im Notfall	if need be, in case of need
Bitte benachrichtigen Sie ...	Please notify ...
in Gefahr schweben	to be in danger
mit knapper Not davonkommen	to have a narrow escape
den Schaden aufnehmen	to state/assess the damages
etw beiseite räumen	to move s.th. aside
eine Störung beseitigen	to repair/clear a fault; to get s.th. going again
Zurücktreten, bitte!	Stand/Step back, please!
Weitergehen!	Keep moving!
Betreten verboten!	Keep off. No trespassing.
Vorsicht! Lebensgefahr!	Danger!

44. Verteidigung (s. 43)

Grundwortschatz: Atom, Ausbildung, Befehl, Dienst, Feind, Frieden, Gefahr, Gegner, Gewehr, Heer, Kamerad, Kampf, Krieg, Kugel, Marsch, Matrose, Pflicht, Rakete, Schlacht, Schlag, Schuß, Schutz, Sicherheit, Sieg, Soldat, Übung, Waffe

befehlen, dienen, gehorchen, kämpfen, schießen, schützen, treffen, üben, verteidigen, widerstehen

bereit, gefährlich, notwendig, sicher.

die Verteidigung	defence
der Widerstand	resistance
der Wehrdienst	military service

die Bundeswehr	German Federal Armed Forces *pl*
die Marine	navy
die Luftwaffe	Air Force
die Truppe	troop
die Einheit	unit
die Uniform	uniform, dress
die Kaserne	barracks *pl*
dienen	to serve (in the army)
ausrüsten	to equip
ausbilden	to instruct, to train
bewachen	to guard
beschützen	to protect
zielen	to (take) aim
kommandieren	to command
siegen	to win, to be victorious
militärisch	military
feindlich	hostile

Redewendungen und Sätze

die allgemeine Wehrpflicht	the compulsory military service
seinen Wehrdienst ableisten	to do/complete o's military service
Er ist dienst(un)tauglich.	He is (un)fit for service.
Bei welcher Waffe hat er gedient?	In which service was he?
Welches ist sein Dienstgrad?	What is his (military) rank?
Wie lange sind Sie ausgebildet worden?	How long did your training last?
Wache haben	to be on guard
die Runde machen	to go the rounds
einen Befehl ausführen	to carry out/execute an order
Zu Befehl, Herr Hauptmann!	Yes/Right/Very good, sir!
Jawohl, Herr Unteroffizier!	Yes, sergeant!

45. Unordnung, Gewalt

Grundwortschatz: Angriff, Feind, Gefahr, Gegner, Gewalt, Gift, Kampf, Krieg, Kugel, Mord, Opfer, Revolution, Schaden, Schlacht, Schlag, Schreck(en), Schuß, Streit, Unglück, Verbrechen, Waffe

abreißen, angreifen, anzünden, besetzen, brechen, brennen, drohen, hindern, kämpfen, schaden, schießen, schlagen, spalten, stehlen, stören, stoßen, umbringen, untergehen, verbrennen, verderben, verfolgen, verletzen, vernichten, verweigern, verwirren, verwunden, widerstehen, zerbrechen, zerreißen, zerschlagen, zerstören, zwingen

furchtbar, gefährlich, kaputt

durcheinander, gegeneinander.

die Unordnung	disorder
die Störung	disturbance, trouble
die Einmischung	interference, intervention
der Unfug	mischief
der Protest	protest
der Terror	terror
der Widerstand	resistance
die Zerstörung	destruction
der Zerfall	ruin, decay
der Verrat	treason
die Spionage	espionage
der Spion	spy
der Mörder	murderer, assassin
der Täter	author (of a crime); culprit
der Verbrecher	criminal
die Drohung	threat, menace
der Zwang	constraint, compulsion
der Überfall	surprise attack, hold-up
der Zusammenstoß	collision, clash
der Krach	crash; row
der Bruch	breach
die Krise	crisis
die Pistole	pistol
die Bombe	bomb
die Vernichtung	annihilation
der Notruf	emergency call
sich einmischen	to meddle (in)
sich empören	to rebel, to revolt

zusammenstoßen	to collide, to crash
umwerfen	to overthrow
umstürzen	to overturn
beschädigen	to damage
abbrechen	to break off
aufbrechen	to break open
einbrechen	to break into, to burgle
zusammenbrechen	to collapse; to break down
eindringen	to penetrate
überfallen	to fall (up) on; to hold up
einnehmen	to take
unterdrücken	to oppress
mißhandeln	to ill-treat
verraten	to betray
bekämpfen	to fight (against)
streiten	to quarrel
quälen	to torment
rauben	to rob
hauen	to beat
prügeln	to beat (up)
verhindern	to prevent
beseitigen	to do away, to eliminate
töten, totschlagen	to kill
erschlagen	to slay
erschießen	to shoot s.o. dead
sprengen	to blow up, to blast
ruinieren	to ruin
zerfallen	to fall into ruin
zugrunde gehen	to go to ruin
umkommen	to perish
sich rächen	to take vengeance
revolutionär	revolutionary
grausam	cruel
schrecklich	frightful; terrible
entsetzlich	horrible
feindlich	hostile

Redewendungen und Sätze

die rauhe Wirklichkeit	the hard facts
die Ordnung stören	to disturb the peace

jdm Hindernisse in den Weg legen	to place obstacles in s.o.'s way
auf Hindernisse stoßen	to come across obstacles
Hindernisse aus dem Weg räumen	to get rid of obstacles
durcheinander bringen	to confuse/make confused
wie Kraut und Rüben (durcheinander)	hopelessly muddled up, in a jumble
Verwirrung stiften	to cause confusion
in Verwirrung geraten	to get into confusion
Unfug treiben	to be up to mischief
grober Unfug	gross misdemeano(u)r
außer Rand und Band sein/geraten	to be/get out of hand
Krach machen	to make a row
auf Biegen oder Brechen	by hook or (by) crook; somehow or other
zu Bruch gehen	to break, to get broken
in die Brüche gehen	to go to pieces, to break up
auf die schiefe Bahn geraten	to fall into evil ways
jdm Unrecht tun	to do s.o. an injustice
jdm einen Strich durch die Rechnung machen	to cross s.o.'s plans
jdm einen Strick drehen	to trip s.o. up with s.th.
Öl ins Feuer gießen	to add fuel to the fire
einen Streit vom Zaun brechen	to pick a quarrel (with)
jdm auf den Leib rücken	to press s.o. hard
jdn in die Enge treiben	to drive s.o. to the wall/into a corner
unter Zwang	under compulsion
jdm einen Stoß versetzen	to deal s.o. a blow
über den Haufen werfen	to upset, to throw to the winds
jdn im Stich lassen	to leave s.o. in the lurch
ein Verbrechen begehen	to commit a crime
in Flammen aufgehen/stehen	to go up/to be in flames
Widerstand leisten	to offer resistance
den Widerstand aufgeben	to give in

IX. Arbeit / Technik / Wirtschaft

46. Beruf (s. 37, 47, 50)

Grundwortschatz: Arbeiter, Arzt, Bauer, Beamte(r), Beruf, Doktor, Fahrer, Forscher, Handwerk, Ingenieur, Jäger, Kapitän, Kraftfahrer, Landwirt, Lehrer, Matrose, Mechaniker, Metzger, Polizist, Richter, Soldat

arbeiten, entwickeln, erwerben, erzeugen, fahren, fangen, festmachen, führen, heilen, jagen, lehren, leisten, pflanzen, pflegen, richten, säen, schreiben, untersuchen, verdienen, verkaufen, zeichnen

tätig.

die Existenz	existence
der Handwerker	artisan
der Gärtner	gardener
der Bergmann	miner
der Seemann	seaman, sailor, mariner
der Fischer	fisherman
der Maurer	bricklayer, mason
der Glaser	glazier
der Schlosser	locksmith
der Klempner, der Flaschner	plumber
der Elektriker	electrician
der Techniker	technician
der Tischler, der Schreiner	joiner
der Maler	painter
der Schneider	tailor, dressmaker
der Friseur	hairdresser
der Bäcker	baker
der Fleischer, der Schlachter	butcher
der Koch	cook
der Tankwart	filling-station/petrol-pump attendant
der Kaufmann	businessman; merchant
der Verkäufer	seller, dealer
der Vertreter	representative
der Buchhändler	bookseller
die Sekretärin	secretary

der Musiker	musician
der Zahnarzt	dentist
der Rechtsanwalt	lawyer, solicitor
der Pfarrer	parson
ausüben	to practise, to exercise; to fulfil
beruflich	professional

Redewendungen und Sätze

Was ist er von Beruf?	What does he do? What is he by profession/by trade?
einen Beruf erlernen	to learn a trade/profession
einen Beruf ergreifen/ ausüben	to get/have a job
sich eine Existenz aufbauen	to make a living
den Beruf wechseln	to change jobs
Sie ist freiberuflich tätig.	She works freelance.
Er hat sich für den Beruf des Rechtsanwalts entschieden.	He decided to become a lawyer.
Durch seinen Unfall ist er berufsunfähig geworden.	His accident has made him unfit for work.
Ihm ist die Berufswahl schwergefallen.	He found it difficult to decide on a job.
Er geht in die Berufsschule.	He goes to the vocational/technical school.

47. Arbeit, Arbeitsplatz (s. 37, 46, 50)

Grundwortschatz: Angebot, Arbeit, Betrieb, Büro, Chef, Fabrik, Firma, Fleiß, Gehalt, Geschäft, Kollege, Laden, Lehrling, Leitung, Lohn, Meister, Mühe, Nachfrage, Posten, Stelle, Stellung, Werk

arbeiten, bedienen, sich bemühen, beschäftigen, durchführen, einstellen, führen, können, leisten, sich regen, (sich) rühren, schaffen, sich verbessern, verdienen, vorbereiten

geschickt, praktisch, tätig, verantwortlich.

der Arbeitsplatz	job
die Werktätigen	working classes *pl*
das Unternehmen	undertaking; enterprise
der Unternehmer	employer
der Arbeitgeber	employer
der Arbeitnehmer	employee
die Arbeitskraft	worker; labo(u)r
der Mitarbeiter	collaborator
die Arbeitszeit	working time/hours *pl*
die Zusammenarbeit	co-operation
der Fachmann	expert, specialist
der Gehilfe	helper, assistant
der Angestellte	employee (in office)
der Leiter	head, manager
die Bewerbung	application
die Einstellung	engagement
die Beschäftigung	occupation
der Vertrag	contract
der Tarif	tariff
die Leistung	work (done)
der Wettbewerb	competition
der Verdienst	earnings *pl;* gain, profit
die Gewerkschaft	trade union
der Streik	strike
die Arbeitslosigkeit	unemployment
der Arbeitslose	unemployed person
sich bewerben (um)	to apply (for)
zusammenarbeiten	to work together, to co-operate, to collaborate
leiten	to direct, to manage
vertreten	to represent; to act for
entlassen	to dismiss; to sack
kündigen	to give in o's notice; to give s.o. notice
streiken	to strike
berufstätig	working; having a job
selbständig	independent; set up (on o's own), self-employed
verantwortlich	responsible
arbeitslos	out of work, unemployed

Redewendungen und Sätze

sein Brot verdienen	to earn o's living
ein Haufen Arbeit	a pile of work
tüchtig arbeiten	to work hard, to do a good day's work
unter Tage arbeiten	to work underground
Arbeit suchen	to look for work
Ich suche Arbeit.	I (wish to) seek employment.
angestellt sein	to be employed
Lohn- und Gehaltsempfänger	salaried and wage-earning employees *pl*
die Leitung übernehmen	to take over (control)
unter der Leitung (von)	under the management of
die Vertretung für jdn übernehmen	to take the place of/to deputize for s.o.
eine Vertretung übernehmen	to take over an agency
sich selbständig machen	to set up for o.s.
in (den) Streik treten	to (go on) strike
Zur Zeit ist keine Stelle frei.	There are no vacancies at present.
mit jdm in Wettbewerb/ Konkurrenz treten	to compete with s.o.
mit jdm in Wettbewerb/ Konkurrenz stehen	to be in competition with s.o.
jdm Wettbewerb/Konkurrenz machen	to set up in competition with s.o.
Er ist z. Zt. ohne Konkurrenz.	There is no one to compete with him at the moment.

48. Landwirtschaft, Gartenbau, Weinbau (s. 14, 15)

Grundwortschatz: Apfel, Bauer, Birne, Boden, Butter, Dorf, Ei, Ernte, Feld, Frucht, Garten, Gemüse, Gerät, Getreide, Gras, Gut, Hahn, Hof, Honig, Huhn, Insekt, Jahreszeit, Kartoffel, Käse, Kirsche, Korn, Kuh, Kultur, Land, Landwirt, Landwirtschaft, Mehl, Milch, Mist, Mühle, Nutzen, Obst, Ochse, Öl, Pferd, Pflanze, Pflug, Rind, Rose, Sack, Saft, Schaf, Schwein, Stall, Stroh, Tabak, Traktor, Vieh, Wein, Weizen, Wiese, Wirtschaft, Wolle

erzeugen, füttern, gießen, graben, halten, nützen, pflanzen, pflegen, pflücken, säen, sammeln, schneiden

grün, nützlich, reif.

der Gartenbau	gardening, horticulture
der Weinbau	wine/vine-growing
der Ackerbau	agriculture, farming
der Acker	field
die Weide	pasture
die Saat	green corn
der Roggen	rye
die Gerste	barley
der Hafer	oat(s)
der Mais	maize, corn *am*
der Ertrag	yield
der Mähdrescher	combine-harvester
die Scheune	barn
der Stier, der Bulle	bull
das Kalb	calf
der Esel	donkey, ass
die Ziege	goat
die Herde	herd; flock
das Geflügel	fowl, poultry
die Geflügelfarm	poultry farm
die Ente	duck
die Gans	goose
die Taube	pigeon
die Biene	bee
das Beet	(flower-)bed, patch
der Same(n)	seed
der Salat	salad, lettuce
der Kohl	cabbage
die Bohne	bean
die grüne/weiße Bohne	French/haricot bean
die gelbe Rübe, die Möhre, die Karotte	carrot
die rote Rübe	beet (root)
die weiße Rübe	turnip
die Erbse	pea
die Gurke	cucumber
die Tomate	tomato
die Erdbeere	strawberry
die Pflaume	plum
der Pfirsich	peach
der Strauß	bunch, bouquet
der Kranz	wreath
der Rasen	lawn, green
die Hacke	pick, hoe

der Spaten	spade
die Schaufel	shovel
der Rechen, die Harke	rake
der Pfahl	post, stump
die Stange	pole
der Schlauch	pipe, hose
der Brunnen	spring; well
die Rebe	vine
die Traube	(bunch of) grape(s)
der Weinberg	vineyard
die Weinlese	grape-picking
der Winzer	wine-grower
anbauen	to grow, to till
bearbeiten, bestellen	to cultivate
umgraben	to dig (up)
pflügen	to plough
hacken	to hoe
rechen, harken	to rake
mähen	to mow
dreschen	to thresh
ernten	to harvest, to gather
melken	to milk
düngen	to dung, to fertilize
züchten	to cultivate, to grow; to breed
wirtschaftlich	economic(al)
landwirtschaftlich	agricultural
fruchtbar	fertile

Redewendungen und Sätze

gut gepflegt	well-cared for
auf dem Lande leben	to live in the country
das Feld bebauen/bestellen	to till the ground
das Vieh füttern	to feed the cattle
eine gute/schlechte Ernte	a good/bad harvest
die Ernte einbringen	to gather in the harvest
Das ist richtiges Erntewetter.	This is real harvest weather.

Die Schafe werden ge-schoren.	The sheep are being sheared.
ein Beet anlegen	to lay out a bed
einen Strauß binden	to make up a bunch of flowers
Es duftet nach Rosen.	You can smell the roses.
Der Apfelbaum steht in Blüte.	The apple-tree is in bloom.
Die Kirschen haben gut angesetzt.	The cherries have taken well.
ein gutes Weinjahr	a good year for wine

49. Forst, Jagd, Fischerei (s. 15)

Grundwortschatz: Ast, Baum, Fell, Fels, Fisch, Fluß, Gewehr, Hafen, Holz, Jagd, Jäger, Meer, Mücke, Netz, Schnur, Schuß, See, Segel, Stamm, Strom, Wald, Wasser, Wirtschaft, Zweig

fangen, jagen, pflegen, schießen, wandern

wild.

der Forst	forest
die Fischerei	fishing, fishery
der Laubwald	deciduous/hardwood forest
der Nadelwald	coniferous forest
der Hochwald	high/timber forest
das Revier	hunting-ground
das Wild	game
das Reh	roe (buck)
der Fuchs	fox
der Hase	hare
das Kaninchen	rabbit
die Ente	duck
die Flinte	gun
die Beute	bag
der Fischer	fisherman
der Teich	pond
der Kahn	punt, canoe
das Boot	boat; row(ing)-boat
züchten	to breed, to rear
angeln	to angle, to fish
fischen	to fish

Redewendungen und Sätze

Bäume fällen	to fell/chop down trees
Er hat eine Jagd gepach-	He's rented a shoot/hunting-ground
tet.	
eine Spur aufnehmen	to pick up a track
einen guten Fang ma-	to make a good catch
chen	
Brauche ich hier zum An-	Do I need a licence to fish here?
geln einen Erlaubnis-	
schein?	
die Netze auswerfen	to cast the nets
Er betreibt eine Forellen-	He breeds trout.
zucht.	

50. Handwerk (s. 46, 47)

Grundwortschatz: Brett, Draht, Druck, Eisen, Faden, Farbe, Glas, Gold, Gummi, Hammer, Handwerk, Holz, Leder, Lehre, Lehrling, Maß, Material, Mauer, Meister, Messer, Metall, Mühle, Nagel, Nutzen, Papier, Pinsel, Presse, Reparatur, Schere, Schlag, Silber, Stahl, Stein

packen, binden, drehen, drucken, drücken, ersetzen, flicken, graben, greifen, heben, heizen, kleben, klopfen, kochen, lehren, leisten, lösen, machen, malen, messen, mischen, nachsehen, nähen, putzen, schlagen, schneiden, spannen, streichen, tragen, treiben, waschen, ziehen

ganz, kaputt, nützlich, praktisch, sorgfältig.

der Handwerker	artisan
der Geselle	journeyman, helper
die Innung	guild
das Werkzeug	tool
die Werkstatt	workshop
die Bäckerei	baker's shop
die Fleischerei, die Metz-	butcher's shop
gerei	
das Beil	hatchet; chopper
die Säge	saw
die Feile	file
der Bohrer	drill, bore(r)
die Zange	pliers *pl;* pincers *pl*
der Stift	tack

die Schraube	screw
der Leim	glue
bauen	to build, to construct
instand halten	to keep in good repair
instand setzen, ausbessern, reparieren	to repair
wiederherstellen	to restore
bearbeiten	to work, to process
formen	to shape
biegen	to curve, to bend
wickeln	to wind, to reel
pressen	to press
hämmern	to hammer
schmieden	to forge
schärfen	to sharpen
schleifen	to sharpen, to grind; to polish
feilen	to file
hobeln	to plane
polieren	to polish, to burnish
spritzen	to (paint-)spray
färben	to colo(u)r; to dye
sägen	to saw
bohren	to bore, to drill
nageln	to nail
leimen	to glue
löten	to braze; to solder
schmelzen	to smelt; to fuse
gießen	to found, to cast
schlachten	to slaughter
ordentlich	in good order

Redewendungen und Sätze

Können Sie mir eine Werkstatt empfehlen?	Can you recommend a good mechanic?
Können Sie das in Ordnung bringen?	Can you repair/fix it?
Können Sie es gleich machen?	Can you do it right away?
die Schraube anziehen	to tighten the screw
einen Nagel einschlagen	to hammer in a nail

blau färben	to dye blue
ein Handwerk (er)lernen/(be)treiben	to learn/follow a trade
sein Handwerk verstehen	to know o's business/job
jdm ins Handwerk pfuschen	to meddle with s.o's work
Handwerk hat goldenen Boden.	A useful trade is a profitable asset.

51. Rohstoff, Baustoff

Grundwortschatz: Eisen, Erde, Gas, Glas, Gold, Gummi, Holz, Kohle, Kreide, Material, Metall, Öl, Salz, Sand, Silber, Stahl, Stein

brechen, gewinnen, graben

roh.

der Rohstoff	raw material
der Baustoff	material
das Erdöl	(mineral) oil, petroleum
das Erdgas	natural gas
das Erz	ore
die Steinkohle	hard coal
die Braunkohle	browncoal, lignite
der Bergbau	mining industry; mine-working
der Bergmann	miner
das Bergwerk, die Grube, die Zeche	mine
der Schacht	pit
der Kalk	lime
der Kies	gravel
der Zement	cement
der Beton	concrete
der Ziegel	tile
der Ziegelstein	brick
der Kunststoff	plastics *pl*
abbauen	to exploit
bohren	to drill
fördern	to extract

Redewendungen und Sätze

nach Öl bohren	to prospect/bore/drill for oil
Erdöl gewinnen	to win oil
Erz fördern	to haul ore
Erz aufbereiten	to work (off)/dress ore
Erz verhütten	to smelt ore
Steinkohle fördern	to extract hard coal/pit-coal
Braunkohle im Tagebau gewinnen	to exploit brown coal by open cast working/surface mining
(ins Bergwerk) einfahren	to descend (into the pit)
neue Baustoffe verwenden	to use new materials
Kalk brennen	to burn lime
Beton mischen/gießen	to mix/cast concrete
Holz bearbeiten	to work/dress wood
Stahl veredeln	to refine steel
Metall verarbeiten	to manufacture metal
Material behandeln/verarbeiten	to treat, to work up/to manufacture, to finish material(s)
Kunststoff herstellen	to make/produce plastic(s) material

52. Energie (s. 29)

Grundwortschatz: Atom, Benzin, Dampf, Gas, Kohle, Kraft, Nutzen, Öl, PS, Sonne, Stärke, Strom, Wasser, Wind

brennen, erzeugen, verbrennen

elektrisch, schwach, stark.

die Energie	energy
die Atom-/Kernenergie	atomic/nuclear energy
die Sonnenenergie	solar energy, sun power
das Kraftwerk	power station/plant
das Wasserkraftwerk	hydroelectric power station/plant
das Atom-/Kernkraftwerk	atomic/nuclear power plant
die Spaltung	splitting, fission
die Atom-/Kernspaltung	nuclear fission
der Brennstoff	fuel
die Turbine	turbine
der Kraftstoff, das Benzin	fuel, petrol, gas(oline) *am*

das Heizöl	fuel oil
die Elektrizität	electricity
die Spannung	tension
die Hochspannung	high tension
der Leiter	conductor
die Leitung	lead, wire
das Kabel	cable, flex
die Batterie	battery
strahlen	to radiate
leiten	to conduct
treiben	to drive, to put/set in motion
nutzen	to use, to utilize

Redewendungen und Sätze

Das Haus wird zum Teil mit Sonnenenergie geheizt.	The house is in part heated with sun power.
Wir brauchen neues Heizöl.	We need new fuel oil.
Die Leitung ist unterbrochen.	The line is broken.
Die Batterie ist leer.	The battery has/is run down.
die Batterie laden	to charge the battery/accumulator
Die Energiekosten haben sich erhöht.	Energy costs have increased.
Der Strom ist ausgefallen.	There's no electricity.
Ein Kabel ist gerissen.	A cable has torn.
Vorsicht! Hochspannung!	Danger! High tension current!
Eine neue Ölquelle wurde entdeckt.	A new oil-well/source of oil was discovered.
fündig werden	to find, to strike

53. Technik, Maschine, Motor (s. 54, 58)

Grundwortschatz: Apparat, Auto, Benzin, Betrieb, Entwicklung, Erfinder, Fabrik, Firma, Gas, Gerät, Geschwindigkeit, Industrie, Ingenieur, Instrument, Knopf, Lauf, Maschine, Motor, Öl, Plan, Prüfung, PS, Rad, Rakete, Versuch, Werk, Wirtschaft, Zweig ausschalten, einschalten, einstellen, entwickeln, funktionieren, laufen, leisten, machen, regeln, schaffen, schalten, verbessern, versuchen, zählen, zeichnen

elektrisch, genau, schnell, technisch

aus, ein.

die Technik	technics *pl;* technique
der Techniker	technician
das Unternehmen	firm, enterprise
die Eisenhütte	iron and steel works *pl*
die Ausstattung	equipment
die Vorrichtung	device
die Konstruktion	construction
der Entwurf	design, draft, plan
die Erfindung	invention
die Verbesserung	improvement
die Düse	nozzle, jet
die Turbine	turbine
der Automat	automatic machine; slot-machine
der Schalter	switch, knob
die Taste	key
der Kontakt	contact
der Anschluß	connection, tapping
der Magnet	magnet
der Hebel	(hand-)lever
das Gelenk	joint
die Kurbel	handle, crank
die Achse	axle
die Pumpe	pump
das Ventil	valve
die Feder	spring
die Umdrehung	turn
die Leistung	power; output
der Zähler	meter
der/das Ersatzteil	spare part

ausstatten	to equip
konstruieren	to construct
entwerfen	to design, to draw up, to trace
planen	to plan
erfinden	to invent

erproben	to try (out); to experiment
anschließen	to connect
anstellen	to start (up), to switch on
abstellen	to stop, to switch off
abschalten	to disconnect
zünden	to ignite
(an)treiben	to drive; to propel
ölen	to oil, to lubricate
schmieren	to grease
auseinandernehmen	to take apart, to dismantle
industriell	industrial
mechanisch	mechanical
automatisch	automatic

Redewendungen und Sätze

technische Angaben pl	data *pl*
technische Daten pl	technical data *pl*
aus technischen Gründen	for technical reasons
die technische Entwicklung	technological development
der Fortschritt der Technik	advances in technology *pl*
eine hochentwickelte Technik	a highly advanced technic/ technique
neue Techniken anwenden	to apply new techniques
in Betrieb nehmen	to bring/put into service
in Betrieb setzen	to set working/in operation
in Betrieb sein	to be in operation/action
außer Betrieb setzen/ sein	to put/to be out of action
in gutem/schlechtem Zustand	in good/bad working order
zulässige Belastung	safe load
Öl wechseln	to change the oil
im Entwurf sein	to be in the planning stage
sehr verbesserungsbedürftig sein	to be badly in need of improvement
verbesserungsfähig sein	to be capable of improvement

54. Herstellung, Erzeugnis (s. 53)

Grundwortschatz: Apparat, Artikel, Benzin, Ergebnis, Farbe, Fehler, Form, Gegenstand, Gerät, Gestalt, Glas, Griff, Gummi, Lager, Leder, Marke, Material, Menge, Neuheit, Papier, Plan, Produkt, Qualität, Quantität, Reihe, Schwierigkeit, Stahl, Stoff, Stück, Umfang, Verfahren, Vorrat, Zustand

ausführen, bestehen (aus), entstehen, erzeugen, gelingen, herstellen, machen, mischen, mißlingen, packen, verwenden, verwirklichen

billig, fein, fertig, genau, gerade, groß, gut, hart, hohl, klein, schief, schlecht, schwierig, sorgfältig, teuer, wert.

die Herstellung, die Produktion	production; output
das Erzeugnis	product
die Fertigung	making, fabrication, manufacture
der Kunststoff	plastics *pl*
das Blech	sheet(metal); tin(-plate)
die Pappe	cardboard
der Ersatz	substitute
der Ausschuß	rejects *pl*
der Schrott	scrap-iron
produzieren	to turn out
(an)fertigen	to make, to manufacture
taugen	to be worth/good (for)
lagern	to store
aufbewahren	to keep
künstlich	artificial; synthetic
brauchbar	usable
vorrätig	in store/stock
haltbar	durable, lasting, solid

Redewendungen und Sätze

freie (Markt-)Wirtschaft	free economy
gelenkte Wirtschaft	planned economy
Die Firma stellt elektrische Geräte her.	The firm produces electrical appliances.
zur Herstellung von etw dienen	to be the basis for the production of s.th.

direkt vom Erzeuger	direct from the manufacturer's
aus einem Guß	in one casting
zum Patent anmelden	to patent
den Bedarf decken	to meet the demands, to satisfy the needs
auf Bestellung	to order

55. Ware, Gewerbe, Handel (s. 56)

Grundwortschatz: Angebot, Artikel, Auftrag, Ausstellung, Bedarf, Bedingung, Geschäft, Gewicht, Gewinn, Gramm, Handel, Interesse, Kauf, Kilo, Kosten, Kunde, Laden, Lager, Lebensmittel, Liste, Markt, Menge, Messe, Muster, Nachfrage, Neuheit, Nutzen, Pfund, Preis, Rechnung, Sack, Verhandlung, Verkauf, Verzeichnis, Vorrat, Vorteil, Waage, Ware, Wert, Zustand

abmachen, anbieten, annehmen, ausführen, aussuchen, bekommen, besorgen, bestellen, bezahlen, bezeichnen, bieten, brauchen, bringen, einführen, einkaufen, enthalten, erhalten, erwerben, gewinnen, sich interessieren, kaufen, kosten, kriegen, liefern, mitnehmen, nehmen, rechnen, schicken, sinken, steigen, verdienen, verkaufen, verlangen, verlieren, wegschaffen, wiegen, zeigen

alt, billig, günstig, interessant, neu, prima, teuer, wert

umsonst.

das Gewerbe	trade, profession
der Händler	dealer, trader, tradesman; merchant
die Handlung	firm; shop
das Warenhaus, das Kaufhaus	store(s)
der Supermarkt	supermarket
der Inhaber	holder, owner
der Kaufmann	merchant
der Verkäufer	salesman, seller; shop-assistant
die Bedienung	service
die Selbstbedienung	self-service
der Käufer	buyer
der Verbrauch	consumption
der Verbraucher	consumer
der Vertreter	representative, agent
die Werbung	publicity

die Reklame	advertisement
die Probe	sample, specimen
das Schaufenster	shop-window, show window *am*
die Bestellung	order
die Abmachung	agreement, arrangement, settlement
der Abschluß	conclusion; bargain
der Vertrag	contract
die Lieferung	delivery; consignment
die Ausfuhr / der Export	export(s), exportation
die Einfuhr / der Import	import(s), importation
der Einkauf	purchase
die Quittung	receipt
der Absatz	sale
der Umsatz	turnover
der Tausch	exchange
der Schund	trash
die Sorte	sort, kind
die Packung	packing; packet
die Tüte	(paper) bag
die Kiste	chest, case; box
das Faß	barrel
die Forderung	demand, claim
der Verlust	loss
handeln	to trade; to bargain
verhandeln	to negotiate
gründen	to establish
vertreten	to represent
vermitteln	to mediate
werben	to advertise
loswerden	to get rid of
abschließen	to conclude, to effect
beziehen	to get, to buy; to subscribe to
beschaffen	to procure, to furnish
verschaffen	to offer, to procure
herabsetzen	to reduce, to cut
einwickeln	to wrap (up)
auswickeln	to unwrap, to undo
einpacken, verpacken	to pack (up)
auspacken	to unpack
verladen	to load; to ship
einkaufen, einholen	to (go out and) buy, to go shopping
aussuchen	to pick and choose, to select
tauschen, umtauschen	to exchange

verbrauchen	to consume
verderben	to get spoiled
zurückgehen lassen	to send back, to return
geschäftlich	business . . .; on business
wirtschaftlich	economic(al)
preiswert	worth the money, good value
vorteilhaft	advantageous
unentgeltlich	free (of charge)
verderblich	perishable

Redewendungen und Sätze

ein Gewerbe betreiben	to follow a trade
Was macht das Geschäft?	How is business?
jdn geschäftlich sprechen	to see s.o. on business
eine gegenseitige Abmachung	a mutual agreement
in gegenseitigem Einvernehmen	in mutual understanding
eine einmalige Gelegenheit	a unique chance
Das ist äußerst vorteilhaft.	That's a bargain.
guten Absatz finden	to sell rapidly, to find a ready market
knapp werden	to run short/low
Zerbrechlich!	Handle with care!
Gesetzlich geschützt.	Patented. Registered.
Zeigen Sie mir bitte Ihre neuesten Muster.	Can you show me your latest designs?
Ich möchte etwas Besseres.	I would prefer something better.
Das ist genau das, was ich suche.	That's the very thing I want.
Können Sie es mir zurücklegen?	Could you put it aside for me?
Sonst noch etwas?	Anything else?
Was darf es sein?	What would you like? What can I do for you?
eine Bestellung aufgeben	to give an order
Lieferung frei Haus	free door to door delivery

bei Lieferung	on delivery
etw in Empfang nehmen	to receive s.th.
den Empfang bescheini- gen	to acknowledge receipt

56. Geld, Geldverkehr (s. 55)

Grundwortschatz: Bank, Betrag, Gehalt, Geld, Gewinn, Gold, Kapital, Kasse, Kosten, Lohn, Mark, Million, Pfennig, Preis, Prozent, Scheck, Schein, Schuld, Silber, Summe, Vermögen, Wechsel, Wert

ausgeben, (sich) ausrechnen, bekommen, bezahlen, erhalten, gelten, gewinnen, haben, kosten, kriegen, leihen, rechnen, schätzen, schulden, sparen, teilen, verdienen, verlieren, zahlen, zählen

halb, hundert, tausend, viel, wenig

minus, plus, umsonst, zusammen.

der Geldverkehr	circulation of money
die Währung	currency, standard
die D-Mark	German mark
die Börse	Stock Exchange
die Sparkasse	savings-bank
die Wechselstube	exchange office
der Wechselkurs	rate of exchange
das Bargeld	cash
die Münze	coin
die Banknote	bank-note, bank bill *am*
das Konto	account
die Überweisung	remittance; transfer
die Zahlung, die Bezah- lung	payment
die Quittung	receipt
der Beleg	receipt
die Zinsen pl	interest
der Kredit	credit
der Anteil	part, share
die Einnahme	taking, receipt
die Ausgabe	expense, expenditure
das Einkommen	income, revenue
der Verdienst	earnings *pl*, profit
die Unkosten pl	costs *pl*, expenses *pl*
die Abgabe	tax, duty

die Steuer	tax
der Sparer	saver, depositer
der Verlust	loss
betragen	to amount to
einzahlen	to pay in
kündigen	to call in
einnehmen	to take, to make
erzielen	to realize
sich lohnen	to be profitable
berechnen	to charge
anweisen	to remit
überweisen	to transfer
borgen	to borrow; to lend, to lean *am*
umtauschen	to exchange; to convert
wechseln	to change
bar	ready, cash; (in) cash, cash down
kostenlos	free (of charge)
fällig	due

Redewendungen und Sätze

eine Rechnung erteilen/ bezahlen	to make/to settle an account
Wieviel macht das?	How much is this?
alles inbegriffen	everything included
an der Kasse	at the cash-desk
gegen bar	for cash
bar bezahlen	to pay (in) cash
Können Sie 100 Mark wechseln?	Can you change 100 marks?
Können Sie auf 100 Mark herausgeben?	Can you give me change for 100 marks?
Zahlungen leisten	to make payments
in Zahlung geben	to offer as payment
in Zahlung nehmen	to take in (part)payment
gegen Quittung	on receipt
eine Quittung ausstellen	to give a receipt
einen Scheck ausstellen	to draw a cheque
Ich möchte diesen Scheck einlösen.	Can you cash this cheque for me?

gültig sein	to be in circulation
Wie steht die D-Mark?	What is the exchange rate for the German mark?
beiseite legen	to put by
Ich möchte dies auf mein Konto einzahlen.	I should like to pay this into my account.
Geld auf der Bank haben	to have money in the bank
Geld einzahlen	to pay in money
Geld abheben	to withdraw money
sein Geld anlegen	to invest o's money
viel Geld ausgeben	to spend a lot of money
Geld beschaffen	to find (the) money
bargeldlos zahlen	to pay by cheque
Zinsen tragen/bringen	to bear interest
Zinsen berechnen	to charge interest
Einnahmen und Ausgaben	receipt and expenditure

X. Verkehr / Transport / Reise

57. Straße, Straßenverkehr (s. 35, 58)

Grundwortschatz: Ausfahrt, Bus, Durchfahrt, Einfahrt, Entfernung, Fahrrad, Ferne, Gefahr, Kurve, Landstraße, Lärm, Leute, Menge, Ordnung, Platz, Richtung, Schritt, Sicherheit, Straße, Strecke, Umleitung, Unfall, Verkehr, Vorsicht, Wagen, Weg, Zeichen, Zufahrt

anhalten, aussteigen, benutzen, durchqueren, erreichen, fahren, gehen, halten, laufen, spazierenfahren, spazierengehen, überqueren, umsteigen, verpassen, wegfahren, weggehen, weglaufen, weitergehen

entfernt, entgegengesetzt, fern, frei, gefährlich, gelb, grün, langsam, laut, rot, schnell, sicher

links, rechts, vorbei, vorwärts.

der Verkehr, der Betrieb	traffic; bustle
der Transport, die Beförderung	transport
der Straßenverkehr	street/road traffic
die Hauptstraße	main street
der Gehweg, der Fußweg	footpath; pavement, sidewalk *am*
der Fußgänger	pedestrian

der Radfahrer	cyclist
das Verkehrszeichen	traffic/road sign
die Ampel	traffic lights *pl*
die Kreuzung, der Übergang	crossing
die Unterführung	subway, underpass *am*
die Fahrbahn	road, pavement *am*
das Pflaster	pavement
die Einbahnstraße	one-way street
die Benutzung	use
der Halt, die Haltestelle	stop, halt
die Straßenbahn	tram, streetcar *am*
die U-Bahn/Untergrundbahn	underground, tube, subway *am*
das Verkehrsmittel	(means *pl* of) transport
das Verkehrsamt	tourist office
das Verkehrsbüro	tourist agency
der Fahrgast	passenger
der Fahrschein	ticket
die Sperre	barrier, gate *am*
die Baustelle	road works, „work in progress"
der Umweg	detour
das Hindernis	obstacle
verkehren	to run
befördern, transportieren	to transport
radfahren	to ride a (bi)cycle, to bike
absteigen	to get off, to alight
aufsteigen	to get on (to)
losfahren	to drive off, to depart
weiterfahren	to drive on
vorbeifahren	to drive past, to pass (by)
überfahren	to drive past; to run over
zurückfahren	to drive back
abbiegen	to turn off
einbiegen	to turn into
abkürzen	to take a short out
vorbeigehen	to go by, to pass
steckenbleiben	to be stuck, to come to a standstill
stehenbleiben	to stop
durchlassen	to let pass/through
umleiten	to divert
sperren	to bar

besetzt	occupied; full (up)
überfüllt	overcrowded
Stop!	stop
Weiter!	go on
geradeaus	straight ahead/on

Redewendungen und Sätze

eine belebte Straße	a busy street
sich in der Straße irren	to mistake the road, to take the wrong road
in eine Straße einbiegen	to turn into a street
vom Wege abbiegen	to turn off the road
links/rechts einbiegen	to turn left/right
um die Ecke biegen	to turn (round) the corner
Kurvenreiche Strecke!	Winding road
starker Verkehr	heavy traffic
Heute morgen war starker Verkehr.	The traffic was very heavy this morning.
Ich bin durch den Verkehr aufgehalten worden.	I was held up in the traffic.
Straßenarbeiten!	Road under repair.
Achtung! Baustelle!	Road-up.
Durchgang/Durchfahrt gesperrt!	Closed to traffic!
Kein Durchgang.	No thoroughfare! No trespassing!
Radfahren verboten!	No cycling.
das Signal überfahren	to go through the lights
Halten Sie bitte. Warten Sie!	Stop here. Wait for me.
Ist eine Bushaltestelle in der Nähe?	Is there a bus-stop near here?
Welcher Bus fährt zum/ zur . . .?	What bus do I take to . . .?
Fährt dieser Bus zum/ zur . . .?	Does this bus take me to the . . .?
Wo muß ich aussteigen?	Where do I get off?
Nächste Haltestelle, bitte.	Next stop, please.

58. Auto, Kraftverkehr (s. 53, 57)

Grundwortschatz: Auto, Benzin, Bus, Fahrer, Fahrschule, Fahrt, Führerschein, Geschwindigkeit, Kraftfahrer, Lkw, Motorrad, Omnibus, Panne, Pkw, Rad, Reifen, Scheinwerfer, Sitz, Spur, Taxi, Umleitung, Unfall, Verkehr, Vorfahrt, Vorsicht, Wagen, Zeichen

anhalten, aussteigen, beladen, benutzen, einsteigen, fahren, halten, parken, schalten, schieben, tanken, überholen, wegfahren

frei, gefährlich, schnell, sicher

links, rechts, rückwärts, vorwärts.

der Kraftverkehr	motor traffic
das Kraftfahrzeug	motor vehicle
das Fahrzeug	vehicle
das Moped	moped
der Anhänger	trailer
das Steuer(rad), das Lenk-rad	(steering-)wheel
die Kupplung	clutch
die Bremse	brake
der Blinker	(winking) indicator
das Rücklicht	rear light
das Horn	horn
die Hupe	hooter
der Behälter	container
das Zubehör	accessories *pl*
das Ersatzrad	spare wheel
der Zündschlüssel	ignition key
der Kofferraum	boot
die Höchstgeschwindig-keit	maximum speed; speed limit
die Autobahn	(Federal) motorway
die Bundesstraße	Federal Highway
der Parkplatz	car park; parking space
das Parkhaus	multi-storey
die Parkuhr	parking meter
die Tankstelle	garage, filling station
der Tank	tank
der Tankwart	service-station attendant
steuern, lenken	to drive
kuppeln	to clutch, to declutch
blinken	to signal

abblenden	to dip/dim the headlights
hupen	to hoot, to sound o's horn
bremsen	to brake
stoppen	to stop
ausladen, entladen	to unload

Redewendungen und Sätze

Wo kann ich meinen Wagen reparieren lassen?	Where can I get my car repaired?
Ich hatte (unterwegs) eine Panne.	I had a break-down (on my way).
Das Auto hat eine Panne.	The car has broken down.
Können Sie mir beim Radwechsel helfen?	Will you help me put on the spare?
Mein Wagen ist festgefahren.	My car is stuck in the mud.
Können Sie mich abschleppen?	Can you tow me?
Er hat einen Unfall gehabt.	He had an accident.
Wo kann ich ein Auto mieten?	Where can I rent a car?
Wo kann ich parken?	Where can I park?
Kann ich hier kurz parken?	May I park here for a while?
Können Sie mir mit Benzin aushelfen?	Could you give me some petrol/gas *am?*
Ich muß tanken.	I must fill up/get some petrol.
Wo ist hier eine Tankstelle?	Where is a petrol/gas *am* station near here?
Wo ist die nächste Tankstelle?	Where is the nearest petrol/gas *am* station?
voll tanken	to fill up/gas up *am*
Ich brauche Luft.	I want some air.
Prüfen Sie die Luft, bitte.	Please check the tyres/tires *am*
Sehen Sie bitte das Öl nach.	Please check the oil.
Öl wechseln	to change the oil
den Wagen abschmieren	to lubricate the car
die Bremse anziehen	to put on the brake(s)
die Bremse lösen	to take off the brake(s)

Gas wegnehmen	to throttle back/down
plötzlich scharf bremsen	to brake suddenly
vorsichtig fahren	to drive with caution

59. Eisenbahn (s. 62)

Grundwortschatz: Abfahrt, Aufenthalt, Ausgang, Auskunft, Bahn, Eingang, Fahrkarte, Fahrt, Gepäck, Klasse, Koffer, Pfeife, Platz, Reise, Verbindung, Verkehr, Wagen, Zug

abfahren, abholen, abladen, anhalten, ankommen, aussteigen, beladen, besetzen, einsteigen, erreichen, fahren, halten, pfeifen, reisen, umsteigen, verpassen

pünktlich, spät

ab, an.

die Eisenbahn	railway, railroad *am*
der Bahnhof	station
der Bahnsteig	platform
der Zugverkehr	railway traffic; train service
der Eilzug	through train
der D-Zug/Schnellzug	express
der Güterzug	goods train
der Autoreisezug	car (sleeper) train
der Schlafwagen	sleeping-carriage, sleeper *am*
der Fahrplan	timetable
das Kursbuch	railway guide
der Schalter	booking/ticket office
das Gleis	line, track
die Lokomotive	engine
das Abteil	compartment
der Tunnel	tunnel; subway
die Ankunft	arrival
die Verspätung	delay
die Rückfahrt	return journey/trip
die Rückfahrkarte	return (ticket)
die Gepäckannahme	deposit
die Gepäckausgabe	delivery
der Gepäckträger	porter
verkehren	to run
fahrplanmäßig	according to schedule, on time

Redewendungen und Sätze

Ich nehme den Zug.	I am going by train.
Zweimal München einfach.	Two singles to M.
Berlin Rückfahrkarte zweiter.	Berlin return second.
Wie lange gilt die Fahrkarte?	How long is the ticket valid?
Eine Platzkarte nach . . .	Can I reserve a seat to . . .?
Kann ich über Hannover fahren?	Can I go via/by way of H.?
Kann ich die Fahrt unterbrechen?	Can I break the journey?
Muß ich umsteigen?	Will I have to change?
Wo muß ich umsteigen?	Where must I change?
den Anschluß erreichen/ verpassen	to catch o's/to miss the connection
Wo ist die Gepäckannahme?	Where is the deposit/baggage checked *am?*
Mein Zug geht in . . . Minuten.	My train leaves in . . . minutes.
Von welchem Bahnsteig fährt der Zug ab?	From which platform does the train go/start?
Ist der Platz frei?	Is this seat taken?
Würden Sie bitte das Fenster öffnen/schließen?	Would you open/close the window, please?
Wie lange haben wir Aufenthalt in . . .?	How long does the train stop at . . .?
Alles aussteigen!	All change.
jdn von der Bahn abholen	to meet s.o. from the train/at the station
jdn auf die/zur Bahn bringen	to take/to see s.o. to the station

60. Schiffahrt (s. 62)

Grundwortschatz: Abfahrt, Bord, Fahrt, Fluß, Hafen, Kapitän, Klasse, Küste, Ladung, Linie, Matrose, Meer, Mündung, Ozean, Schiff, See, Segel, Strom, Sturm, Ufer, Wasser

abfahren, ankommen, fahren, landen, schwimmen, sinken, tanken, überqueren, untergehen.

die Schiffahrt	navigation
die (Handels-)Marine	(merchant) navy/(service)
die Besatzung	crew, complement
der Seemann	seaman, sailor, mariner
die Schiffspapiere pl	ship's papers *pl*
das Ticket	ticket
die Überfahrt	crossing
die Kreuzfahrt	cruise
die Ankunft	arrival
die Landung	landing
der Kanal	canal
das Boot	boat
der Dampfer	steamer, liner
der Bug	bow, head
das Heck	stern
der Mast	mast
das Ruder	rudder, helm; oar
die Kabine	cabin
die Fracht	freight
die Leine	cord
das Tau	rope
die Schwimmweste	life-jacket
der Rettungsgürtel	life-belt
der Rettungsring	life-buoy
das Rettungsboot	life-boat
rudern	to row
schleppen	to tow
anlegen	to put ashore
buchen	to book
backbord	port(side)
steuerbord	starboard

Redewendungen und Sätze

unter deutscher Flagge fahren	to fly German colo(u)rs
Boot fahren	to go boating
Wann geht das nächste Schiff?	When does the next boat leave?
Wann muß ich an Bord gehen?	When must I go on board?

Wann legen Sie ab?	When are you sailing?
Wo legt das Schiff unter- **wegs an?**	Where does the ship stop on the voyage?
Kann ich in . . . an Land **gehen?**	Can I go ashore at . . .?
Fracht berechnen	to charge freight
die Schwimmweste anle- **gen**	to put on the life-jacket
seekrank sein	to be seasick

61. Flugverkehr (s. 62)

Grundwortschatz: Aufenthalt, Bord, Flug, Flugzeug, Geschwindigkeit, Höhe, Ladung, Linie, Maschine, Motor, Paß, Sitz, Start, Verkehr, Ziel

fliegen, landen, rollen, starten, steigen, tanken, tragen, überqueren

hoch, schnell.

der Flugverkehr	air traffic
der Flughafen, der Flug- **platz**	airport, aerodrome
der Hubschrauber	helicopter
das Düsenflugzeug	jet(plane)
der Airbus	air bus
die Startbahn	runway
die Landung	landing, touch-down
die Zwischenlandung	stopover
der Rückflug	return flight
der Bug	nose
das Heck	rear, tail
der Propeller	propeller
die Düse	jet
die Kabine	cockpit, cabin
die Besatzung	crew
der Pilot	pilot
die Fracht	freight
buchen	to book
abfliegen	to take off
aufsteigen	to rise, to ascend
überfliegen	to fly over
schweben	to glide; to hover

| backbord | port(side) |
| steuerbord | starboard |

Redewendungen und Sätze

auf dem Luftweg	by air
die Entfernung in Luftlinie	the distance as the crow flies
das Flugzeug nach . . .	the plane for . . .
Wann startet/geht die nächste Maschine nach . . .?	When does the next plane leave for . . .? When is there a plane to . . .?
Wieviel Gepäck kann ich mitnehmen?	How much luggage/baggage *am* can I take?
Gibt es einen Zubringerdienst?	Is there a shuttle-service to the airport?
Wie lange dauert die Fahrt nach dem/zum Flughafen?	How long is the trip to the airport?
Wann werde ich abgeholt?	At what time will they pick me up?
Sicherheitsgurt anlegen!	Fasten your seat belts!
luftkrank sein	to be air-sick

62. Reise, Hotel, Restaurant (s. 59, 60, 61)

Grundwortschatz: Abfahrt, Abschied, Aufenthalt, Auskunft, Ausland, Besuch, Büro, Fahrkarte, Fahrt, Flug, Fremde(r), Gast, Gasthaus, Gepäck, Grenze, Gruß, Heimat, Hotel, Karte, Koffer, Landkarte, Paß, Rechnung, Reise, Restaurant, Rückkehr, Toilette, WC, Ziel, Zimmer

bedienen, bestellen, besuchen, bezahlen, durchqueren, fahren, fliegen, grüßen, heimkehren, packen, reisen, verbringen, wegfahren, wiedersehen, winken, zahlen

frei, fremd.

der Reisende	traveller, passenger
der Tourist	tourist
das Reisebüro	travel agency
das Verkehrsbüro	tourist agency
das Verkehrsamt	tourist office
der Prospekt	prospectus, leaflet, folder *am*
das Kursbuch	railway guide

der Fahrplan	timetable
die Abreise	departure
der Anschluß	connection
die Rast	rest, halt
die (Autobahn-) Raststätte	road house
die Gaststätte, das Lokal	restaurant
das Wirtshaus	pub(lic house); inn; saloon *am*
der Gasthof	hotel, inn
der Wirt	landlord, proprietor
die Bedienung	service; waiter, waitress
der Ober(kellner)	waiter
der Empfang	reception
die Unterkunft	lodging
der Wohnort	residence
das Inland	inland; home/native country
buchen, bestellen, belegen	to book
verreisen	to go on a journey
abreisen	to depart
aufbrechen	to set out
eintreffen	to arrive
sich aufhalten	to stay
unterbringen	to lodge
übernachten	to stay (over night)
rasten	to rest, to halt
abbrechen	to break off
unterwegs	on the way
wohnhaft	residing, resident

Redewendungen und Sätze

Ich reise um . . . ab.	I am leaving at . . .
Übermorgen reise ich ab.	I shall be leaving the day after to-morrow.
bei meiner Abreise von hier	on leaving this place (here)
Ich bin auf der Durchreise.	I am passing through.
Wann fahren Sie ab?	When are you leaving?
Ich bin in acht Tagen zurück.	I shall be back in a week.

Wir übernachten in Karlsruhe.	We'll spend the night in K.
Wie komme ich dahin?	How can I get there?
Ich schreibe, sobald ich ankomme.	I'll write as soon as I get there.
Ich war dreieinhalb Jahre im Ausland.	I stayed/spent three and a half years abroad.
Hoffentlich haben Sie eine gute Fahrt gehabt.	I hope you had a good trip.
Muß ich hier aussteigen?	Is this where I get out?
Wie lange brauche ich bis Leipzig?	How long will it take to go to L.?
Hast du deinen Paß bei dir?	Have you got your passport?
Können Sie mir Auskunft geben?	Can you give me any information?
Wo kann ich mein Gepäck lassen?	Where can I leave my luggage/baggage *am?*
Können Sie mein Gepäck holen (lassen)?	Will you send for my bags?
Hier ist mein Gepäckschein.	Here is the ticket/check *am* for my trunk.
Wo ist die Gepäckaufbewahrung?	Where is the left luggage office/check room for baggage *am?*
Können Sie mir ein Hotel empfehlen?	Can you recommend a hotel?
Könnte ich ein Zimmer für eine Nacht haben?	Can I have a room for the night?
Kann ich das Zimmer sehen?	I should like to see the room.
Was kostet es pro Tag?	What is the rate per day?
den Anmeldeschein ausfüllen	to fill out the registration form
Hat jd nach mir gefragt?	Did anyone ask to see me?
Hat mich jd angerufen?	Was there a telephone message for me?
Darf ich Ihr Telefon benutzen?	Do you mind if I use your phone?
Ist Post für mich da?	Are there any letters for me?
Können Sie mir eine Zeitung bringen?	Can you get me a newspaper?
Kann ich etwas Wäsche waschen lassen?	Can I have some laundry done?

Wecken Sie mich bitte um . . .	Please call me at . . .
Ich möchte nicht gestört werden.	I do not wish to be disturbed.
Wollen Sie bitte die Rechnung fertig machen.	Please make out my bill.
Wollen Sie bitte meine Post nachsenden (nach . . .).	Please forward my mail (to . . .).
Wo ist hier ein gutes Lokal?	Where is there a good restaurant?
Ich kenne ein gutes Lokal.	I know a good place.
Wann machen Sie zu?	When do you close?
Ist dieser Tisch frei?	Is this table reserved?
Ich möchte etwas Einfaches.	I want something simple.
Ich trinke ein kleines Helles.	I'll have a small bitter.
Ich hätte lieber etwas Alkoholfreies.	I'd rather have a soft drink.
Das habe ich nicht bestellt.	I did not order this.
Ist das mit Bedienung?	Is the service charge included?
Behalten Sie den Rest.	Keep the change.
Ich möchte den Geschäftsführer sprechen.	I should like to speak to the manager.

63. Post, Telefon, Zoll

Grundwortschatz: Adresse, Amt, Anruf, Antwort, Apparat, Brief, Draht, Ferngespräch, Fernsprecher, Gepäck, Gespräch, Grenze, Gruß, Hörer, Karte, Klingel, Leitung, Luftpost, Name, Nummer, Ort, Post, Ruf, Telefon, Telegramm, Verbindung, Wort, Zoll

abnehmen, anrufen, antworten, bekommen, erhalten, grüßen, hören, kleben, läuten, melden, mitteilen, öffnen, prüfen, rufen, schicken, schreiben, senden, sprechen, telefonieren, verbinden, verzollen, wählen, warten, wiegen

direkt, dringend.

der Eilbrief	express letter
der Einschreibbrief, das Einschreiben	registered letter
das Fernschreiben	teleprint, telex, teletype message *am*
die Drucksache	printed matter
das Päckchen	small parcel, package
das Paket	parcel
die Sendung	consignment
die Postleitzahl	postal code, postcode
der Absender	sender, adresser
der Empfänger	adressee
das Porto	postage
die Briefmarke	stamp
die Gebühr, der Tarif	charge, fee
der Stempel	stamp
die Beförderung	transport, transmission
die Zahlkarte	Giroform; postal/money order
die Postanweisung	postal order
der Schalter	counter
der Briefträger	postman, mailman *am*
der Briefkasten	letter-box, pillar-box
die Telefonzelle	call-box, booth
der Teilnehmer	subscriber
das Ortsgespräch	local call
die Rufnummer	telephone number
die Vorwahl(nummer)	dialling code
das Fernsprech-/Telefonbuch	(tele)phone directory
die Zollkontrolle	customs inspection

adressieren	to address
zukleben	to gum down, to seal
freimachen, frankieren	to frank
einwerfen	to post, to mail *am*
absenden	to send (off)
stempeln	to stamp; to cancel
befördern	to transport, to transmit
zurückschicken	to send back, to return
telegrafieren	to send a telegram
klingeln	to ring
sich melden	to answer the telephone
auflegen	to restore, to hang up
kontrollieren	to control
durchsuchen	to search

zulassen	to admit
postwendend	by return of post
postlagernd	to be called for
beiliegend	attached; enclosed
telefonisch	by phone
drahtlos	wireless

Redewendungen und Sätze

Bitte wo ist das nächste Postamt?	Where is the nearest post office, please?
Was kostet ein Luftpostbrief nach . . .?	What is the postage for an airmail letter to . . .?
eine Briefmarke aufkleben	to stick on a stamp
Würden Sie so freundlich sein und den Brief einstecken?	Would you be good enough to post this letter for me?
Wann ist die nächste Leerung?	When will the next collection be?
Bitte nachsenden!	Please forward.
Ist die Post schon da?	Has the postman been?
Ist nichts mit der Post gekommen?	Has any mail come?
Wo ist der Schalter für postlagernde Sendungen?	Where can I find poste-restante letters? Where is the poste-restante?
das Datum des Poststempels	the date of the postmark
gegen Nachnahme	cash/collect *am* on delivery; C. O. D.
ein Paket aufmachen	to open a parcel
umgehend antworten	to answer by return of post
Ich möchte ein Telegramm aufgeben.	I want to send a telegram.
ein Telegramm mit Rückantwort	a telegram with repaid reply
ein Telegrammformular ausfüllen	to fill in a telegraph form
Haben Sie Telefon?	Are you on the phone?
Geben Sie mir bitte Ihre Telefonnummer.	Please, give me your phone number.

Rufen Sie mich morgen irgendwann an.	Ring me up some time tomorrow.
Ich rufe Sie morgen an.	I'll call you tomorrow.
Wo ist hier eine (öffentliche) Telefonzelle?	Where is there a public call-box/telephone-booth *am?*
Den Hörer abnehmen	to lift the receiver
Den Hörer auflegen	to replace the receiver
Die Münze einwerfen	to insert the coin
Anschluß haben	to get through
Ich bekomme keine Verbindung.	I can't get through.
Es meldet sich niemand.	They do not answer.
Ich rufe später noch mal an.	I shall call back later.
Ein Gespräch für Sie.	A call for you.
Sie werden am Telefon verlangt.	You are wanted on the telephone.
Hier (ist) X.	Mr/Mrs X. speaking.
Am Apparat.	Speaking.
Hier spricht . . .	This is . . . speaking.
Würden Sie bitte etwas ausrichten?	Would you take a message for me?
Sagen Sie ihm bitte, er möchte mich anrufen, wenn er kommt.	Tell him to give me a ring when he comes in.
Danke für Ihren Anruf.	Thanks for phoning.
Haben Sie etwas zu verzollen?	Have you anything to declare?
Ich habe nichts zu verzollen.	I have nothing to declare.
Soll ich alles öffnen?	Must I open everything?
Das ist alles für meinen persönlichen Gebrauch.	All this is for my personal use.
Hier habe ich nur . . .	There is nothing here but . . .
Vorsicht, bitte.	Please be careful.
Das sind Geschenke.	These are gifts.
Das ist alles, was ich habe.	This is all I have.
Wieviel muß ich zahlen?	How much must I pay?
Sind Sie fertig?	Have you finished?
Ich finde mein Gepäck nicht.	I cannot find my luggage/ baggage *am.*

XI. Information / Bildung

64. Presse, Zeitung, Zeitschrift (s. 67, 68)

Grundwortschatz: Anzeige, Artikel, Bekanntmachung, Bericht
Bild, Blatt, Druck, Ereignis, Kritik, Kultur, Nachricht, Neuigkeit, Papier, Politik, Presse, Seite, Sport, Tatsache, Wort, Zeile, Zeitung

berichten, drucken, durchsehen, erscheinen, erwähnen, lesen, melden, mitteilen, schreiben

interessant.

die Information	information
die Zeitschrift	magazine, review, periodical
die Illustrierte	(illustrated) magazine
die Meldung	report, message
die Mitteilung	communication; notice, notification
die Veröffentlichung	publication
der Aufsatz	essay, article
der Leitartikel	editorial
die Schlagzeile	headline
die Spalte	column
die Reklame	advertisement
die Werbung	publicity
das Plakat	poster, bill
der Reporter	reporter
der Journalist	journalist
der Leser	reader
der Zeitungskiosk	newspaper stand
das Zeitungspapier	newsprint
anzeigen, inserieren	to advertise
informieren	to inform
benachrichtigen	to notify, to give notice of
veröffentlichen	to publish
werben	to advertise
aktuell	topical, current

Redewendungen und Sätze

informiert sein über etw	to be informed about s.th., to have knowledge of s.th.
aus der Zeitung erfahren	to learn from the paper
Ist das die heutige Zeitung?	Is that today's paper?
eine Anzeige aufgeben	to put in an advertisement
eine Zeitung/Zeitschrift abonnieren	to take out a subscription to a newspaper/magazine
die Zeitung abbestellen	to cancel the newspaper

65. Radio, Fernsehen

Grundwortschatz: Apparat, Bericht, Bild, Fernsehen, Film, Funk, Gerät, Hörer, Hörfunk, Kamera, Knopf, Konzert, Kritik, Musik, Nachricht, Programm, Radio, Rundfunk, Spiel, Sport, Ton, Wetter, Wort, Zeichen, Zuschauer

anmachen, ausschalten, berichten, einschalten, einstellen, empfangen, hören, melden, sehen, senden, spielen, sprechen, zeigen, zuhören

deutlich, klar, laut, leise.

der Sender	transmitter; station
die Sendung, die Übertragung	transmission; broadcast, telecast
das Mikrophon	microphone
der Sprecher	announcer
der Lautsprecher	loud-speaker
die Antenne	aerial
der Empfang	reception; listening-in
der Empfänger	receiver, receiving set
der Fernsehapparat, das Fernsehgerät	television receiver/set, teleview apparatus
der Farbfernseher	colour television
der Bildschirm	screen
die Welle(nlänge)	wave(-length)
die Röhre	valve, tube *am*
die Taste	key, knob
die Tagesschau	news of the day
die Zeitansage	time-check
der Wetterbericht	weather forecast

| der Spielfilm | feature (film) |
| die Störung | interference; atmospherics, statics *am;* jamming; break-down |

fernsehen	to watch television
übertragen	to transmit; to broadcast; to televise
anstellen	to switch on, to turn on
abstellen	to switch off, to turn off

Redewendungen und Sätze

Mein Apparat ist nicht in Ordnung.	My set is out of order.
Der Empfang ist gut/ schlecht.	The reception is good/poor.
Ein Teil/eine Röhre muß erneuert/ersetzt werden.	A part/valve must be (renewed)/replaced.
Die Antenne scheint nicht in Ordnung zu sein.	There seems to be s.th. wrong with the aerial.
Heute abend gibt es ein gutes Programm.	There's a good programme on this evening.
Bitte stellen Sie Ihren Apparat leiser/auf Zimmerlautstärke.	Please turn your set down/to a moderate level.
Die Debatte wird im Fernsehen übertragen.	The debate will be shown on television.
Haben Sie (die) Nachrichten gehört?	Did you hear the news?
Was sagt denn der Wetterbericht?	What was the weather-forecast?
Bitte, zeigen Sie mir die neuesten Modelle von Farbfernsehern.	Please show me the latest colour television models.

66. Foto, Film, Ton

Grundwortschatz: Apparat, Aufnahme, Band, Bild, Blitz, Farbe, Film, Foto, Kamera, Kino, Musik, Schallplatte, Sprache, Stimme, Ton, Vorstellung, Wort aufnehmen, drehen, einstellen, entwickeln, fotografieren, hören, spielen, sprechen, zeigen

deutlich, klar.

der Fotograf	photographer
die Fotografie	photography; photo(graph)
das Lichtbild	photo(graph); (lantern-)slide
die Kopie	copy; print
die Vergrößerung	enlargement
die Spule	spool; reel
die Leinwand	screen
der Plattenspieler	record-player
das Tonband	tape
das Tonbandgerät	tape recorder
die Kassette	cassette
der Kassettenrecorder	cassette recorder
das Mikrophon	microphone

filmen	to film
kopieren	to copy; to print
vergrößern	to enlarge
vorführen	to show, to present; to project
klingen	to sound

farbig	coloured

Redewendungen und Sätze

Aufnahmen machen	to take pictures; to make recordings
Abzüge machen	to make prints
einen Abzug von jedem Bild machen lassen	to have a print made of each exposure
Ich möchte von diesem Foto eine Vergrößerung.	I should like to have this photo enlarged.
Was kostet eine Vergrößerung?	What do you charge for an enlargement?
etw verfilmen	to make a screen version of s.th.
Gehen wir ins Kino.	Let's go to the pictures/movies *am*.
Was wird diese Woche gegeben?	What's on this week?
Wann fängt die Vorstellung an?	When does the performance start?

67. Schrift, Schreiben (s. 64, 68, 69, 70)

Grundwortschatz: Antwort, Blatt, Bleistift, Brief, Buchstabe, Feder, Fehler, Heft, Karte, Kreide, Lineal, Linie, Liste, Papier, Punkt, Satz, Schrift, Schwamm, Seite, Tafel, Verzeichnis, Wort, Zahl, Zeichen, Zeile, Zettel

antworten, auswischen, falten, lesen, mitteilen, schreiben, streichen, unterschreiben

deutlich, falsch, kurz, lang, richtig.

das Schreiben	writing; letter
die Handschrift	hand(writing); manuscript
die Überschrift	heading, headline
die Unterschrift	signature
die Anschrift	address
die Niederschrift	minutes *pl*
die Abschrift	copy, carbon, duplicate
die Kopie	copy
der Durchschlag	carbon (copy)
das Schriftstück	writing
der Schreibtisch	writing-table, desk
die Schreibmaschine	typewriter
das Schreibpapier	writing paper
das Schreibmaschinen-papier	typewriting paper
das Kohlepapier	carbon paper
das Durchschlagpapier	bank-paper, flimsy
das Komma	comma; decimal point
der Strich	stroke, dash
die Klammer	bracket; parenthesis
die Notiz	note
der Block	block, pad
der Bogen (Papier)	sheet
der (Brief-)Umschlag	envelope
der Briefwechsel	correspondence
die Tinte	ink
der Buntstift, der Farb-stift	crayon, coloured pencil
der Filzstift	felt-tip(ed) pen
der Federhalter	penholder
der Füller	fountain-pen
der Kugelschreiber	ball(-point) pen

aufschreiben	to write/take down
notieren	to note (down), to put down
abschreiben, kopieren	to copy, to make a copy
eintragen	to enter; to register, to record
ausfüllen	to fill in/out *am*
tippen	to type
unterzeichnen	to sign
unterstreichen	to underline
durch-, ausstreichen	to strike/cross out, to cancel
radieren	to rub out, to erase
abkürzen	to abbreviate
buchstabieren	to spell
entziffern	to make out, to decipher
schmieren	to (write a dreadful) scrawl
schriftlich	written; in writing, by letter
abschriftlich	copied; as a copy
wörtlich	literal, verbal; to the letter, word-for-word
leserlich	legible
hochachtungsvoll	yours faithfully/sincerely

Redewendungen und Sätze

in Briefwechsel mit jdm stehen	to correspond with s.o.
etw schriftlich aufsetzen	to set s.th. down in writing
ausführlich schreiben	to write out in full
nicht zu entziffern	indecipherable
Ich kann es nicht entziffern.	I can't make out what it says.
nach Diktat schreiben	to take down from dictation
ein Diktat aufnehmen	to take dictation
Machen Sie bitte zwei Durchschläge.	Make two carbon copies of it.
den Empfang eines Briefes bestätigen	to acknowledge receipt of a letter
Absatz!	New line/paragraph.
Ohne Absatz.	Run on.
einen Absatz machen	to start a new line
Wie schreibt man . . .?	How do you spell . . .?
Wie schreibt sich . . .?	

Anmerkungen machen	to write notes (to a text), to annotate (a text)
in der Anlage	enclosed
eckige Klammer	(square) bracket
runde Klammer	round bracket, parenthesis
Klammer auf/zu.	Open/Close brackets.
in Klammer(n) setzen	to put in parentheses
beglaubigte Abschrift	certified (true) copy

68. Literatur, Buch (s. 64, 67, 69, 70)

Grundwortschatz: der Band, Bild, Blatt, Buch, Buchstabe, Druck, Gedicht, Inhalt, Kritik, Kultur, Liste, Literatur, Papier, Roman, Satz, Schrift, Seite, Umfang, Verzeichnis, Wort, Zeile

binden, drucken, erscheinen, erzählen, leihen, lesen, studieren, übersetzen.

der Verlag	publishing house, (the) publishers *pl*
die Druckerei	printers *pl*
die Buchbinderei	bookbinding
die Buchhandlung	bookshop
die Veröffentlichung	publication
der Verfasser, der Autor	author, writer
der Titel	title
die Einleitung	introduction
der Text	text
das Kapitel	chapter
der Abschnitt	section, part, paragraph
der Absatz	break, new line
die Anmerkung, die Fußnote	note, foot-note
die Erläuterung	explanation, explanatory remark/note
der Einband	binding, cover
der Umschlag	jacket
die Bücherei, die Bibliothek	library
die Gesamtausgabe	complete edition
das Taschenbuch	paper back
die Erzählung	story, tale
das Märchen	fairy-tale
die Übersetzung	translation

das Wörterbuch	dictionary
der Atlas	atlas
die Lektüre	reading; books *pl*, literature
der Leser	reader
verfassen	to write, to compose
erläutern	to comment (up)on
veröffentlichen	to publish
einbinden	to bind
umblättern	to turn over
umfangreich	extensive, long

Redewendungen und Sätze

soeben erschienen	just published
Goethes sämtliche/ausgewählte Werke	complete/selected works of Goethe
Das Buch ist vergriffen.	The book is out of print.
Eine Neuauflage wird vorbereitet.	A new edition is being prepared.
Die Bibliothek ist nach Sachgebieten geordnet.	The library is arranged according to subjects.
ein Prospekt über Neuerscheinungen	a prospectus about new books/publications
in einem Wörterbuch nachschlagen	to consult a dictionary
das lose Blatt	the loose page
Was liest du da?	What's that you are reading?
flüchtig lesen	to give a cursory glance

69. Dichtung, Kunst (s. 67, 68)

Grundwortschatz: Ausdruck, Ausstellung, Bau, Bild, Brücke, Bühne, Chor, Dichter, Druck, Eindruck, Farbe, Form, Gedicht, Gesang, Gestalt, Glas, Idee, Instrument, Kirche, Konzert, Kunst, Künstler, Kunstwerk, Lied, Linie, Meister, Melodie, Musik, Pinsel, Programm, Publikum, Rolle, Roman, Ruhm, Schauspiel, Spiel, Sprache, Stein, Stimme, Stück, Szene, Tanz, Theater, Ton, Vorhang, Vorstellung, Werk, Wort, Zuschauer bauen, darstellen, drucken, erzählen, malen, schaffen, schreiben, singen, spielen, sprechen, vollenden, zeichnen, zeigen

berühmt, ernst, heiter, komisch.

die Dichtung	fiction
die Malerei	painting
die Baukunst	architecture
der Schriftsteller	writer
die Erzählung	tale, story
das Märchen	fairy-tale
der Text	text
der Vers	verse
die Darstellung	(re)presentation
das Thema	theme, subject
der Stil	style
der Sänger	singer
der Musiker	musician
das Orchester	orchestra
die Kapelle	light orchestra, band
das Klavier	piano
die Geige	violin
die Note	note
die Oper	opera
das Theaterstück	play
das Drama	drama
das Trauerspiel, die Tragödie	tragedy
das Lustspiel, die Komödie	comedy
der Akt	act
der Auftritt	scene; entrance
die Probe	rehearsal
die Aufführung	performance
der Schauspieler	player, actor
der Maler	painter
der Entwurf	outline, draft
die Skizze	sketch
die Zeichnung	drawing
die Grafik	graphic art(s); print, engraving, etching

das Gemälde	painting, picture
der Rahmen	frame; setting(s)
die Plastik	plastic art; sculpture
die Sammlung	collection
die Galerie	gallery
das Museum	museum

die Säule	column
der Turm	tower; steeple
der Dom, das Münster	cathedral
die Kapelle	chapel

musizieren	to make music
tanzen	to dance
aufführen	to present, to perform; to execute
proben	to rehearse
auftreten	to enter, to appear
entwerfen	to outline, to (give a rough) sketch (of)
skizzieren	to sketch
gestalten	to form, to shape
ausstellen	to exhibit

künstlerisch	artistic(al)
dramatisch	dramatic(al)
tragisch	tragic(al)
musikalisch	musical
malerisch	pictorial, picturesque

Redewendungen und Sätze

einen Roman veröffentlichen	to publish a novel
Was wird heute abend gegeben?	What is playing tonight?
Haben Sie noch Plätze für heute abend?	Have you any seats for tonight?
Wann beginnt die Abendvorstellung?	When does the evening performance start?
Kann ich Karten telefonisch bestellen?	Can I order tickets by telephone?
Kann ich Karten im Vorverkauf haben?	Can I book seats in advance?

Wie lange dauert die Vorstellung?	How long does the play last?
eine Rolle spielen	to play a part
auftreten als	to act the role of
musikalisch sein	to be musical
Wer dirigiert?	Who ist conducting?
Wie lange ist Pause?	How long is the interval/intermission *am?*
Beifall finden	to meet approval
Beifall klatschen	to applaud
einen Entwurf machen	to make a plan/rough sketch/rough outline(s)/model
Gestalt annehmen	to take shape
zur Schau stellen	to show
in Öl malen	to paint in oils
nach Art von . . .	after the manner of . . .
Ich kann mir keinen Vers darauf machen.	I cannot make head or tail of it.
zum Thema haben	to have for (a) theme/subject
Das gehört nicht zum Thema.	That is off the point.
Kehren wir zum Thema zurück.	Let us get back to the point.
die erste Geige spielen	to play first fiddle
auf die Pauke hauen	to beat the drum
nach Noten singen	to sing at sight
vom Blatt spielen	to play at sight
Es ist immer dasselbe Lied/Theater.	It's always the same (old) story.
Mach kein Theater!	Don't make a fuss.
ein bleibender Eindruck	a lasting impression
wie im Märchen	like a fairy-tale

XII. Erziehung / Lehre / Forschung

70. Erziehung, Schule, Unterricht (s. 67, 68)

Grundwortschatz: Antwort, Arbeit, Aufgabe, Aufmerksamkeit, Ausbildung, Ausdruck, Beispiel, Bild, Buch, Charakter, Chemie, Direktor, Einfluß, Erklärung, Erlaubnis, Fach, Fehler, Frage, Gedächtnis, Gespräch, Haltung, Hilfe, Interesse, Jugend, Junge, Kenntnis,

Kind, Klasse, Klingel, Konferenz, Kritik, Kultur, Kurs, Lehre, Lehrer, Lied, Mädchen, Mappe, Pause, Pflicht, Plan, Prüfung, Pult, Rat, Rede, Regel, Schule, Schüler(in), Spiel, Sprache, Stoff, Strafe, Stunde, Übung, Unterricht, Vertrauen, Wert, Wissenschaft, Wort, Zahl, Ziel

anerkennen, antworten, arbeiten, aufpassen, belohnen, beobachten, bestrafen, bilden, darlegen, darstellen, denken, erklären, erlauben, erzählen, erziehen, folgen, fragen, führen, helfen, sich interessieren, lassen, lehren, leisten, lernen, lesen, merken, prüfen, raten, rechnen, reden, regeln, schreiben, singen, spielen, sprechen, turnen, üben, verbessern, verbieten, verstehen, vorbereiten, wiederholen, wissen, zeichnen, zeigen, zuhören

aufmerksam, auswendig, falsch, gebildet, genau, gut, interessant, richtig, schlecht, streng.

die Erziehung	education
die Bildung	formation
der Erzieher	educator; tutor
der Kindergarten	kindergarten, nursery school
die Volksschule, die Grundschule	elementary/primary school, grade school *am*
die Hauptschule	9-year elementary school
die Realschule	six-form (O-levels) high school
das Gymnasium	(Secondary/Grammar School, High School *am*)
die Volkshochschule	(adult education institute)
der Anfänger	beginner, learner
das Abc, das Alphabet	ABC, alphabet
das Einmaleins	multiplication table(s)
die Naturwissenschaft(en)	natural science
die Mathematik	mathematics
die Physik	physics
die Biologie	biology
die Geographie, die Erdkunde	geography
die Berechnung	reckoning, calculation
die Formel	formula
die Diskussion	discussion
das Betragen	conduct

das Lob	praise
die Anerkennung	approval
die Belohnung	reward
der Tadel	blame
die Güte	goodness, kindness
die Strenge	severity, strictness
die Begabung	natural gift, talent
die Leistung	work; result(s)
die Beurteilung	judgement
das Zeugnis	report; marks *pl*
die Note, die Zensur	mark, point *am*
das Anschauungs-material	visual aids *pl*
das Thema	theme, subject; topic
der Aufsatz	composition, essay, theme *am*
das Diktat	dictation
die Verbesserung, die Korrektur	correction; correct(ed) version
das Lehrbuch	textbook, manual
das Wörterbuch	dictionary
der Stundenplan	time-table
die Entschuldigung	excuse(note)
der Ranzen	satchel
der Zirkel	compasses *pl*
loben	to praise
tadeln	to blame
lenken	to lead
fördern	to encourage, to aid
belehren	to teach, to instruct
aufklären	to enlighten
unterrichten	to teach; to give lessons
ausbilden	to instruct, to train
durchnehmen	to do, to go over
vorlesen	to read out
diktieren	to dictate
korrigieren	to correct
wegwischen	to sponge off
aufgeben	to give, to assign *am*
abgeben	to hand in
einsammeln	to collect (in/up)
fleißig	hard-working, industrious
faul	lazy, idle

genügend	fair
befriedigend	satisfactory
ausreichend	sufficient
mangelhaft	unsatisfactory, (poor)
ungenügend	insufficient, (poor)
chemisch	chemical
mathematisch	mathematical

Redewendungen und Sätze

mit gutem Beispiel vorangehen	to set a good example
das gute Benehmen	the good conduct
sich gut/schlecht aufführen	to behave well/badly
jdn eines Besseren belehren	to set s.o.'s opinion right
sich belehren lassen	to listen to reason
unterrichten, Unterricht erteilen	to give lessons
Es ist Unterricht.	There are classes now.
im Unterricht	in school/class
ein deutscher Lehrer	a German teacher
ein Deutschlehrer	a teacher of German
Verstanden?, Klar?	Is that clear (to you)?
gründliche Kenntnisse	a thorough knowledge
Nur weiter so!	Keep going!
vom Thema abkommen	to wander from the point
aufs Thema zurückkommen	to come back to the subject
ein Diktat schreiben	to do dictation
von jdm abschreiben	to crib from s.o.
Sind Sie so weit?	You are ready?
die Hefte abgeben/einsammeln	to hand in/to collect up/in the exercise-books
Ich rufe nach dem Alphabet auf.	I call the roll in alphabetical order.
eine Prüfung ablegen	to take an examination
eine Prüfung bestehen	to pass an examination
gut/schlecht abschneiden	to do well/badly
mit Ach und Krach	barely, by the skin of o's teeth

71. Hochschule, Universität (s. 72, 73)

Grundwortschatz: Begriff, Bewußtsein, Doktor, Fach, Forscher, Gedanke, Geist, Geschichte, Grundsatz, Hörer, Idee, Kritik, Kurs, Lehre, Lehrer, Problem, Rede, Student, Studium, System, Untersuchung, Urteil, Verstand, Versuch, Wissenschaft, Zweifel

bilden, denken, finden, fragen, hören, sich interessieren, lehren, lernen, lesen, nachdenken, ordnen, reden, schreiben, studieren, suchen, teilnehmen, untersuchen, verstehen, versuchen, vorbereiten, wissen

gebildet, gelehrt

gewiß, möglich, wahrscheinlich.

die Hochschule	college, academy
die Universität	university
das Institut	institute
das Seminar	seminar; training-college
die Fakultät	faculty
das Wissensgebiet	discipline; science
die Forschung	research (work)
die Bildung	education, learning
der Hörsaal	lecture-room/hall
das Semester	term
die Vorlesung	lecture, course of lectures
der Vortrag	lecture, talk
der Wissenschaftler	scholar; man of science, scientist
der (Universitäts-)Professor	(university-)professor
forschen	to research
begreifen	to comprehend, to seize
beweisen	to prove, to argue
urteilen	to judge
zweifeln	to doubt
kritisieren	to criticize
vortragen	to lecture on
wissenschaftlich	scientific

Redewendungen und Sätze

Sprachen studieren	to study languages
eine Vorlesung belegen/ besuchen	to subscribe to/to attend a course (of lectures)
eine Vorlesung halten	to give a lecture
einen Vortrag über etw halten	to give a lecture, to read a paper (on)
Kenntnisse gewinnen	to acquire knowledge
geistig arbeiten	to use o's brains
nach den neuesten Erkenntnissen	according to the latest findings
Er geht auf die Universität.	He's going to university.
Sie hat ein Stipendium bekommen.	She's got a grant.

72. Mathematik, Naturwissenschaft (s. 71)

Grundwortschatz: Atom, Beweis, Chemie, Entdeckung, Erklärung, Gesetz, Medizin, Natur, Regel, Untersuchung, Verfahren, Versuch, Wissenschaft, Zahl

beobachten, entdecken, erklären, finden, fragen, lehren, lernen, messen, rechnen, spalten, studieren, suchen, untersuchen, versuchen, wissen

falsch, genau, richtig, sicher, zufällig.

die Mathematik	mathematics
die Naturwissenschaft	(natural) science
die Rechnung, die Berechnung	reckoning, calculation
die Formel	formula
der Computer	computer
die Beobachtung	observation
das Experiment	experiment
die Entdeckung	discovery
der Entdecker	explorer
der Zufall	chance, accident
die Physik	physics
die Kernforschung	nuclear research
die Kernspaltung	nuclear fission
die Kernverschmelzung	nuclear fusion
der Reaktor	nuclear reactor

die Biologie	biology
die Erdkunde, die Geographie	geography
der Umweltschutz	pollution control
berechnen	to calculate
beweisen	to prove, to argue
verschmelzen	to fuse
mathematisch	mathematical
wissenschaftlich	scientific
naturwissenschaftlich	scientific
gesetzlich, gesetzmäßig	legal, lawful
physikalisch	physical
chemisch	chemical
biologisch	biological

Redewendungen und Sätze

Untersuchungen über etw anstellen	to carry out experiments on s.th., to research into s.th.
nach den Ursachen forschen	to search for the causes
Was war die wirkliche Ursache?	What was the real reason?
Es hat sich herausgestellt, daß ...	It turned out that ...
zu einem Ergebnis kommen	to arrive at a result
zu keinem Ergebnis kommen	not to arrive at any result/conclusion
zu dem Schluß kommen, daß ...	to come to the conclusion that ...
einen Schluß aus etw ziehen	to draw a conclusion from s.th.
zum Beweis (dafür)	in proof of it
Fortschritte erzielen	to make progress

73. Philosophie, Religion (s. 21, 71)

Grundwortschatz: Angst, Bewußtsein, Frage, Freiheit, Geist, Glaube, Glück, Gott, Grund, Grundsatz, Hoffnung, Ideal, Idee, Kirche, Kreuz, Kritik, Kultur, Leid, Liebe, Los, Materie, Mensch, Menschheit, Opfer, Problem, Religion, Schicksal, Schönheit, Schuld, Seele, Sinn, Tatsache, Tod, Ursache, Ursprung, Urteil, Verstand, Vertrauen, Wahrheit, Welt, Wesen, Wille, Wirkung, Zweck, Zweifel

annehmen, bitten, dasein, denken, erkennen, fragen, glauben, hoffen, leiden, lieben, sein, verstehen, wollen

böse, frei, glücklich, gut, heilig, ideal, schön, schuldig, sittlich, tatsächlich, vernünftig, wahr, weise, wesentlich, zufällig.

die Philosophie	philosophy
das Denken	thinking, thought
der Denker	thinker
die Wirklichkeit	reality
das Dasein/die Existenz	existence
die Vernunft	reason
die Anschauung	idea(s)
die Annahme	supposition, hypothesis
die Aufklärung	enlightenment
die Theorie	theory
das Prinzip	principle
das Geschick	fate, destiny
die Bestimmung	destiny
der Zufall	chance, accident
die Weisheit	wisdom
das Gebet	prayer
die Andacht	devotion; prayers *pl*
das Bekenntnis	confession, profession (of faith)
die Menschlichkeit	humaneness, humanity
die Predigt	sermon
urteilen	to judge
vertrauen	to trust
beten	to pray
bekennen	to confess; to avow
predigen	to preach
opfern	to sacrifice
zweifeln	to doubt
geistig	intellectual, mental; spiritual
theoretisch	theoretic(al)
grundsätzlich	fundamental; on principle
ursprünglich	original

religiös	religious
seelisch	psychic(al), mental
wunderbar	prodigious; miraculous
ewig	eternal
zwecklos	aimless; useless
sinnlos	senseless, absurd
gläubig	believing

Redewendungen und Sätze

der Sinn des Daseins	the meaning of life
im/aus Prinzip	in/on principle
ein Problem streifen	to touch (lightly) on a problem
eine Theorie aufstellen	to put forward a theory
im Bereich des Möglichen	within the bounds of possibility
aus Überzeugung	by conviction
gegen seine Überzeugung	contrary to o's convictions
nach seiner Überzeugung leben/handeln	to live/to act according to o's convictions
zu der Überzeugung gelangen, daß . . .	to come to the conclusion that . . .
einen Gedanken fassen	to form/conceive an idea
in Erwägung ziehen	to consider
sich Gedanken machen über	to think about
gläubig sein	to be religious
an Gott glauben	to believe in God
zur Kirche gehen	to go to church
seine Andacht verrichten	to say o's prayers

XIII. Freizeit

74. Sport, Spiel, Erholung

Grundwortschatz: Ball, Buch, Ferien, Fernsehen, Freizeit, Fußball, Gegner, Kampf, Karte, Lager, Lauf, Marsch, Pause, Publikum, Ruhe, Schallplatte, Spaß, Spiel, Sport, Start, Stimmung, Strecke, Tanz, Tor,

Übung, Unterhaltung, Urlaub, Vergnügen, Wochenende, Zelt, Ziel, Zuschauer

(sich) ausruhen, baden, basteln, sich erholen, sich freuen, genießen, kämpfen, klettern, laufen, lesen, reiten, rennen, ruhen, schlagen, schwimmen, spazierenfahren, spazierengehen, spielen, springen, starten, turnen, üben, unterhalten, verbringen, wandern, werfen

frei, frisch, froh, fröhlich.

die Erholung	recreation
der Sportplatz	sports field
die Mannschaft	team; crew
der Sportler	sportsman
der Spieler	player
der Läufer	runner
der Dauerlauf	long distance race/run
das Rennen	race(-meeting)
die Runde	lap; round
der Sprung	jump; dive
der Wurf	throw
der Schwimmer	swimmer
das Schwimmbad	swimming-bath/pool *am*
der Schi/Ski	ski
der Schlitten	sledge, sled *am,* toboggan
der Wettkampf	match
der Rekord	record
die Entspannung	relaxation
die Party	party
der Urlauber	holiday-maker; man on (furlough) leave
das Camp/Lager	camp
das Camping	camping
der Campingplatz	camping/caravan ground/site
der Spaziergang	walk, stroll
die Wanderung	walking-tour, hike
der Ausflug	excursion, trip
die Rast	rest, halt
der Rucksack	rucksack
die Spielsachen pl, das Spielzeug	playthings *pl,* toys *pl*
die Puppe	doll
der Roller	scooter
die Schau	show
der Zirkus	circus

der Zoo	zoo
die Wette	bet
das Rätsel	puzzle
trainieren	to train
ringen	to wrestle
boxen	to box
rudern	to row, to go boating
segeln	to sail
schilaufen	to ski
tauchen	to dive
sich entspannen	to relax
marschieren	to march
rasten	to (take a) rest, to repose
lagern, zelten, campen	to camp
schaukeln	to swing; to rock; to seesaw
fernsehen	to look at/watch television
ausgehen	to go out, to leave the home
bummeln	to stroll
sich amüsieren	to enjoy o.s., to have a good time
tanzen	to dance
wetten	to bet
sportlich	sporting
sportbegeistert	sports-minded

Redewendungen und Sätze

im Laufschritt	running, at the run/double
ein gutes Stück Weg zurücklegen	to cover a distance
Halt machen	to (make a) halt
Machen wir mal Pause.	It's time for a break.
Wintersport treiben	to go in for winter sports
Schlitten fahren	to sledge/sleigh; to go sledging/sleighing; to toboggan/coast *am*
Die Abfahrt/der Aufstieg ist ziemlich steil.	The down-hill run/the ascent is rather steep.
ein Hindernis nehmen	to jump an obstacle
das Rennen machen	to make the race
einen Rekord aufstellen	to set up/establish a record

die Führung haben	to have the lead
Wer hat das Tor geschossen?	Who scored the goal?
Wie viele Tore haben sie geschossen?	How many goals did they score?
unentschieden spielen	to tie/draw a game
Heute ist mein freier Tag.	It's my day off today.
Wo verbringen Sie Ihre Ferien?	Where are you going to spend your holidays?
auf/in/im Urlaub sein	to be on holidays/leave/furlough *mil*
Urlaub machen	to have a holiday
Urlaub nehmen	to take o's holiday(s)/ o's furlough/leave
in Urlaub gehen/fahren	to take a holiday
Ich habe zwei Wochen Urlaub.	I'm on leave for a fortnight.
ein Zelt aufschlagen	to pitch a tent
ein Zelt abbrechen	to strike a tent
unter freiem Himmel schlafen	to sleep under the stars
einen Ausflug machen	to make an excursion
Kahn fahren	to go boating
Gehen wir tanzen.	Let's go dancing.
Darf ich um diesen Tanz bitten?	May I have this dance?
Ich kenne ein nettes Lokal.	I know a good place.
Ich habe keine Lust, heute abend wegzugehen.	I don't feel like going out tonight.

XIV. Abkürzungen

Abs./Absender	fr./from; sender
Abt./Abteilung	Dpt., dept.; sect./department; section
a. D./außer Dienst	ret./retired
Adr./Adresse	a, add./address
allg./allgemein	usu./usually, generally
Anm./Anmerkung	N.B. (nota bene)/remark, note

Bd., Bde./Band, Bände	v., vol(s)/volume(s); tom./tome(s)
bes./besonders	esp./especially
Betr., betr./Betreff, be- treffend, betrifft	re, con/subject, concerning
bez./bezüglich	ref./with refer(ence) to
Bhf./Bahnhof	St./station
b. w./bitte wenden	P. T. O./please turn over
bzw./beziehungsweise	resp./respective(ly)
C/Celsius	C, Cels./Celsius, Centigrade
ca./circa, zirka	a, approx./about, approximately
D/Damen	—/Ladies
desgl./desgleichen	do./ditto, likewise
dgl./dergleichen	—/such, the like, of this kind
d. h./das heißt	i. e. (id est)/that is
DIN/Deutsches Institut für Normung	DIN/German Standard(s) Institute
DM/Deutsche Mark, D-Mark	DM/German Mark(s)
Dr./Doktor	D./Doctor
DRK/Deutsches Rotes Kreuz	G.R.C./German Red Cross
dt./deutsch	G/German
e. V./eingetragener Verein	Inc./incorporated
evtl./eventuell	—/possibly, perhaps
Fa./Firma	Messrs/firm
Forts./Fortsetzung (folgt)	—/continuation/to be cont(inue)d
Frl./Fräulein	—/Miss
geb./geboren(e)	—/born
Gebr./Gebrüder	Bros./Brothers
Ges./Gesellschaft	comp./company
ges. gesch./gesetzlich ge- schützt	pat./patent(ed)
gest./gestorben	d., dec.; ob./dead, died, deceased; obit
gez./gezeichnet	sgd/signed
GmbH [gɛsmbeˈhaː]/Ge- sellschaft mit be- schränkter Haftung	Ltd., Inc. *am*/Limited (liability-compa- ny), Incorporated *am*

H/Herren	—/Gent./Gentlemen
i. A./Im Auftrag	p. p. (per procurationem), per/by proxy, by order, on behalf of
i. allg./im allgemeinen	—/in general
Ing./Ingenieur	Eng./engineer
Inh./Inhaber	prop./proprietor
Inh./Inhalt	—/content(s)
i. R./im Ruhestand	ret., retd./retired
i. V./in Vertretung	p. p. (per procurationem), per/by proxy
Jh./Jahrhundert	c., cent./century
Kap./Kapitel	ch., chap./chapter; cap. (caput)
Kfz. [kaɛf'tsɛt]/Kraftfahrzeug	—/motor vehicle
Kto./Konto	a/c, acc/account current
lfd./laufend	inst./instant
LKW, Lkw ['elkawe]/Lastkraftwagen	—/lorry, truck
Mill./Million(en)	—/million(s)
Min., min/Minute(n)	m, min, Min./minute(s)
N/Nord(en)	N./North
Nachf./Nachfolger	suc(c)./successor(s)
nachm./nachmittags	p. m. (post meridiem), a/afternoon
n. Chr./nach Christus, nach Christi Geburt	A. D. (anno Domini)/ after Christ
NS/Nachschrift	P. S. (postscriptum)/postscript
O/Ost(en)	E./East
od./oder	—/or
p. A./per Adresse	c/o /care of
Pf/Pfennig(e)	—/pfennig(s)
PKW, Pkw ['pekawe]/Personenkraftwagen	—/(motor)car
Prof./Professor	Prof./(University) professor
S/Süd(en)	S./South
S./Seite	p./page
s./siehe	v. (vide)/see

St./Stück	pcs., ea./piece(s), each
Str./Straße	St., st., av./street, avenue
Tel./Telefon	t., tel.; tp *am*/telephone
u. a./unter anderem	int. al. (inter alia)/among other things
UKW [uka'we] /Ultra-kurz(welle)	VHF/very-high-frequency, ultra-short wave, FM/frequency modulation
usw./und so weiter	etc. (et cetera), a.s.o./and so on, and so forth
v. Chr./vor Christus, vor Christi Geburt	B. C./before Christ
verh./verheiratet	m, mar./married
vgl./vergleiche	cf., conf(er), cp., comp./compare
vorm./vormittags	a. m. (ante meridiem)/before noon
VW [fau'we]/Volkswagen	VW/Volkswagen
W/West(en)	W./West
z. B./zum Beispiel	e. g. (exempli gratia)/for example, for instance
z. H./zu Händen	c/o /care of
z. Z./zur Zeit	—/at the time being

Deutsches Register zum Aufbauwortschatz

Die Ziffern hinter den Wörtern geben die Seiten an. Nicht aufgenommen
sind die Wörter, die sich im Grundwortschatz finden.

B

Bach 172
backbord 283
Backe 179
Bäcker 256
Bäckerei 263
Bahn 171
Bahnhof 281
Bahnsteig 281
Balken 220
Banknote 274
bar 275
barfuß 180
Bargeld 274
Bart 179, 218
Batterie 267
bauen 220, 264
Baukunst 300
Baustelle 277
Baustoff 265
beabsichtigen 204
beachten 195
beanspruchen 204
beantragen 244
beantworten 200
bearbeiten 261, 264
beben 172, 187
Becher 224
Becken 223
bedauerlich 188
Bedauern 186
bedeckt 174
bedenklich 210
Bedienung 271, 286
Bedürfnis 179
(sich) beeilen 163, 165
beeinflussen 158
Beere 175
Beet 260
befestigen 159
Befinden 215
(sich) befinden 152
befolgen 209
befördern 277, 289
Beförderung 276, 289
befreien 249
Befreiung 249
befriedigen 187
befriedigend 156, 305

Befriedigung 186
befürchten 187
begabt 191
Begabung 191, 304
Begegnung 230
(sich) begeistern 187
Begeisterung 186
Begleiter 230
Begleitung 230
beglückwünschen 231
begraben 214
Begräbnis 214
begreifen 275, 306
begreiflich 196
begründen 195
begrüßen 231
Behälter 279
Behandlung 215, 247
Behauptung 195
(sich) beherrschen 191,
    241
behilflich 210
behindern 209
beides 146
Beifall 199
Beil 263
beiliegend 290
beisammen 160
beiseite 163
beistehen 209
Beitrag 246
beizeiten 165
bejahen 200
bekämpfen 216, 249,
    254
bekanntlich 196
bekanntmachen 200,
    244
Bekanntschaft 230
bekennen 309
Bekenntnis 309
beklagen 187
bekleiden 227, 244
Bekleidung 226
belasten 148, 209
belästigen 209
Beleg 274
belegen 195, 286
belehren 304
beleidigen 209

beleuchten 222
Beleuchtung 222
bellen 177
Belohnung 304
bemerkenswert 155
Bemerkung 199
Bemühung 203
benachrichtigen 292
Benehmen 208
Benutzung 277
Benzin 266
Beobachtung 194, 247,
    307
beraten 195
berechnen 195, 275,
    308
Berechnung 195, 303,
    307
berechtigt 250
Bereich 152
bereuen 187
Bergbau 265
bergen 250
Bergmann 256, 265
Bergwerk 265
berichtigen 200
berücksichtigen 204
beruflich 257
berufstätig 258
Berührung 181
Besatzung 283, 284
beschädigen 254
beschaffen 272
Beschäftigung 258
Bescheid 199
bescheiden 192
bescheinigen 244
Bescheinigung 244
beschleunigen 165
beschreiben 200
Beschreibung 199
beschützen 249, 252
(sich) beschweren 244
beseitigen 254
besetzt 278
besichtigen 234
Besichtigung 234
Besitzer 237
besorgt 188
besprechen 200

erschlagen 254
erschöpft 216
Erschöpfung 215
erschrecken 187
erschweren 159
erstaunlich 188
ersuchen 204
ertönen 150
Ertrag 260
ertragen 186, 215
erträglich 216
erwachsen 214
Erwachsene 213
Erwartung 186
erwidern 200
erwischen 250
Erz 265
Erzählung 298, 300
Erzeugnis 270
Erzieher 303
Erziehung 303
erzielen 275
Esel 260
eßbar 184
Essig 184
etliche 146
Europa 172, 235
europäisch 236
Europäische
  Gemeinschaft/
  EG 235
eventuell 196
ewig 168, 310
Existenz 213, 237, 256,
  309
Experiment 307
Export 272

F

Fachmann 258
Fähigkeit 204
Fahrbahn 277
Fahrgast 277
Fahrplan 281, 286
fahrplanmäßig 281
Fahrschein 277
Fahrstuhl 219
Fahrzeug 279

Fakultät 306
fällig 165, 275
Falte 227
Familienname 229
(sich) färben 150, 264
Farbfernseher 293
farbig 295
Farbstift 296
Faß 272
faul 304
Feder 268
Federhalter 296
Feier 231
feierlich 231
Feiertag 168
feig(e) 193
Feile 263
feilen 264
feindlich 188, 252, 254
Feindschaft 186
Fensterscheibe 219
Fernschreiben 289
Fernsehapparat 223,
  293
fernsehen 294, 312
Fernseher 223
Fernsehgerät 293
Fernsprechbuch 289
Ferse 179
fertigen 270
Fertigung 270
Festland 172
festsetzen 165
Fett 184
fettarm 184
fettig 151
Feuchtigkeit 173
Feuerwehr 249
Feuerzeug 221
feurig 170
fiebern 215
Figur 149
filmen 295
Filzstift 296
Finsternis 165, 171
fischen 262
Fischer 256, 262
Fischerei 262
Fläche 149
Flaschner 256

flattern 163, 177
Fleck 152
Fleischer 256
Fleischerei 263
fleißig 192, 304
Flinte 262
flüchten 250
flüchtig 206
Flughafen 284
Flugplatz 284
Flugverkehr 284
Flur 172, 220
Flüssigkeit 170
flüstern 201
Flut 172
folglich 160
fördern 265, 304
Forderung 204, 272
Formel 303, 307
formen 264
förmlich 245
formlos 245
Formular 244
forschen 306
Forschung 306
Forst 262
fortschrittlich 237
fortwährend 168
Fotograf 295
Fotografie 295
Fracht 283, 284
frankieren 289
frech 193
Frechheit 191
Freidemokrat 241
freilassen 250
freimachen 289
freiwillig 205
Freundschaft 186, 230
Friedhof 234
friedlich 192
Friseur 218, 256
(sich) frisieren 218
Frist 165
Frisur 218
Frost 173
frostig 174
fruchtbar 261
frühstücken 184
Fuchs 262

Englisches Register zum Aufbauwortschatz

L

Schrifttum/Literature

F. Wilhelm Kaeding, Häufigkeitswörterbuch der deutschen Sprache. Steglitz. 1897; Berlin. 1898.

F. L. Thorndike, The Teacher's Word Book. New York. 1921.

A. C. Henmon, A French Word Book Based on a Count of 400 000 Running Words. Madison, Wisconsin. 1924.

W. Horn, Basic Writing Vocabulary. Berlin. 1926.

B. Q. Morgan, German Frequency Word Book. New York. 1928. 1931.

Interim Report on Vocabulary Frequency. London. 1930/31.

Harald E. Palmer, Second Interim Report on Vocabulary Selection. Tokyo. 1931.

Hugo Bakonyi, Die gebräuchlichsten Wörter der deutschen Sprache. München. 1933, 1939.

C. K. Ogden, The system of Basic English. New York. 1934.

Carnegie-Konferenz 1934/35. publ. 1936: Interim Report on Vocabulary Selection.

Michael Philip West, The New Method English Dictionary. London. 1935, 1961/4.

C. K. Ogden, The General Basic English Dictionary. 1940, 1957/13.

Helen S. Eaton, Comparative Frequency List. A study based on the first 1000 Words in English, French, German, and Spanish Frequency Lists. New York. 1934.

Basic English. A general Introduction with Rules and Grammar. London. 1944.

Bulletin officiel de l'Education Nationale, numéro 24 du 8 juin 1950.

Michael West, A General Service List of English Words. 1953.

M. Auber, Le Vocabulaire pour Baccalauréats. Guide de fréquence. Allemand. O. J.

G. Gougenheim, R. Michéa, P. Rivenc et A. Sauvageot, L'Elaboration du Français Elémentaire. Paris. 1956.

Walter Schultze, Der Wortschatz in der Grundschule. Stuttgart. 1956.

Pierre Fourré, Premier Dictionnaire en Images. Les 1300 mots fondamentaux du français. Paris. 1956.

Wortschatzminimum der deutschen Sprache für die Mittelschule. Moskau. 1957.

Georges Gougenheim, Dictionnaire Fondamental de la Langue Française. Paris. 1958.

Français Fondamental, Ier degré. ed. rev., Paris. 1959.

René Michéa, Vocabulaire Allemand Progressif. Paris. 1959.

Kinderduden. Mannheim. 1959.

Alfred Haase, Englisches Arbeitswörterbuch. Frankfurt (Main). 1959, 1961/2.

I. W. Rachmanow, Wörterbuch der meistgebrauchten Wörter der englischen, deutschen und französischen Sprache. Moskau. 1960.

R. Zellweger, Le vocabulaire du bachelier. 3000 mots allemands choisis et présentés. Lausanne. 1962.

P. Féraud, P. Fourré, R. Pratt, My First Dictionary in Pictures. Paris. 1963.

Hans-Heinrich Wängler, Rangwörterbuch hochdeutscher Umgangssprache. Marburg. 1963.

Georges Matoré, Dictionnaire du vocabulaire essentiel. Paris. 1963.

Eliane Kaufholz, Marc Zemb, H. Neuss, Vocabulaire de Base de l'Allemand. Paris. 1963.

Léon Verlée, Basis-Woordenboek voor de Franse Taal. Antwerpen. 1963.

Günter Nickolaus, Grund- und Aufbauwortschatz Französisch. Stuttgart. 1963.

Erich Weis, Grund- und Aufbauwortschatz Englisch. Stuttgart. 1964.

Helmut Meier, Deutsche Sprachstatistik. Hildesheim. 1964.

J. Allan Pfeffer, Grunddeutsch. Basic (Spoken) German Word List, Grundstufe. New Jersey. 1964.

J. Allan Pfeffer, Grunddeutsch. Index of English Equivalents for the Basic (Spoken) German Word List. Grundstufe. New Jersey. 1965.

Německé Základní Lexikální Minimum. Praha. 1965.

Francouzské Základní Lexikální Minimum. Praha. 1965.

368

Anglické Základní Lexikální Minimum. Praha. 1965.

Michael West, An International Reader's Dictionary. London. 1966.

G. Gougenheim, R. Michéa, P. Rivenc, A. Sauvageot, L'élaboration du Français Fondamental (Ier degré). Paris. 1967.

J. Allan Pfeffer, Grunddeutsch. Basic (Spoken) German. Idiom List. Grundstufe. New Jersey. 1968.

Heinz Oehler, Grundwortschatz Deutsch/Essential German/Allemand fondamental. Stuttgart. 1966, 1977. London, Toronto, Wellington, Sidney 1966, 1967. Paris. 1966. Taipeh 1968.

Nicole Landrieux, Analyse structurale des vocabulaires fondamentaux de l'allemand. Thèse présentée devant l'Université de Paris Sorbonne. 1975.

Paul Procter, Defining vocabulary. In: Longman Dictionary of Contemporary English. 1978.

Lesen leicht gemacht

Einfache oder vereinfachte Texte aus der deutschen Literatur, die Freude am Lesen wecken und die Kenntnisse der deutschen Sprache und Literatur erweitern. Illustrationen, Vignetten, einsprachige Worterklärungen und Fragen zu den Texten erleichtern das Leseverständnis.

Die Reihe wird fortgesetzt.

Klett Edition Deutsch